महिला सशक्तीकरण
दशा और दिशा

महिला सशक्तीकरण

दशा और दिशा

योगेन्द्र शर्मा

लोकभारती प्रकाशन

लोकभारती प्रकाशन
पहली मंजिल, दरबारी बिल्डिंग, महात्मा गाँधी मार्ग
इलाहाबाद-211 001
वेबसाइट : www.lokbhartiprakashan.com
ईमेल : info@lokbhartiprakashan.com
शाखाएँ : 1-बी, नेताजी सुभाष मार्ग, दरियागंज
नयी दिल्ली-110 002
अशोक राजपथ, साइंस कॉलेज के सामने
पटना-800 006 (बिहार)
36-ए, शेक्सपियर सरणी
कोलकाता-700 017

मूल्य : ₹ 450

प्रथम संस्करण : 2018
द्वितीय संस्करण : 2020

आस्था पेपर कन्वर्टर
प्रयागराज द्वारा मुद्रित

MAHILA SASHAKTIKARAN : DASHA AUR DISHA
by Yogendra Sharma

ISBN : 978-93-86863-96-6

श्री राम दीन मिश्र
श्रीमती सत्यवती मिश्रा
श्री देवेन्द्र शर्मा
एवं
श्रीमती शन्नो देवी शर्मा
की
पुण्य स्मृति में

—योगेन्द्र शर्मा

अनुक्रमणिका

प्राक्कथन

महिलाओं की संख्या विश्व की जनसंख्या के लगभग आधी है इसलिए उन्हें आधी दुनिया भी कहा जाता है और उनके उन्नयन के बिना परिवार, समाज व राष्ट्र की प्रगति सम्भव नहीं है। आज वे विभिन्न क्षेत्रों में, यथा विज्ञान, प्रौद्योगिकी, तकनीकी, शिक्षा, पुलिस, रक्षा, प्रबन्धन एवं चिकित्सा आदि, अपनी योग्यताओं एवं क्षमताओं को उजागर कर रही हैं। वे जागरूकता एवं आत्मनिर्भरता की ओर उन्मुख हैं। पूर्वापेक्षा उनकी स्थिति में सुधार हुआ है, अधिकारों एवं सुरक्षा में बढ़ोतरी भी हुई है लेकिन अब भी वे मंजिल से दूर हैं, उन्हें वह सब-कुछ प्राप्त नहीं हो सका है जो उनका अभीष्ट है। उनके विरुद्ध होनेवाले अपराधों में विगत की तुलना में वृद्धि हुई है यद्यपि नये और कठोर कानून भी बने हैं लेकिन प्रभावी क्रियान्वयन तथा सामाजिक चेतना के अभाव में सशक्तीकरण का लक्ष्य पूर्ण नहीं हो सका है। भ्रूण हत्या, लैंगिक असमानता, घरेलू हिंसा, एसिड अटैक, दहेज प्रताड़ना और यौन उत्पीड़न बदस्तूर जारी है, तलाकशुदा, परित्यक्ता और विधवाओं के समक्ष विभिन्न चुनौतियाँ हैं साथ ही बाल-विवाह की प्रथा भी समाप्त नहीं हो सकी है। महिलाओं को इग्नोर करने और टालरेट करने की प्रवृत्ति का त्यागकर कुकृत्यों के प्रयास के विरुद्ध आवाज उठानी होगी तथा विधिक कार्यवाही के प्रति तत्पर होना होगा तभी उन्हें प्रताड़ना, अत्याचार एवं शोषण से मुक्ति सम्भव होगी। चाणक्य का कथन है कि जैसे ही डर आपके समीप आये उस पर हमला करके उसे समाप्त कर देना चाहिए। इसके गूढ़ार्थ को चरितार्थ करने हेतु आत्मरक्षा के गुर उन्हें सीखने होंगे और उपायों का सहारा लेना होगा। निराशा निर्बलता का चिह्न है अतः उन्हें धैर्य एवं आशा को सँजोकर उपयुक्त प्रतिकार की दिशा में अग्रसर होकर सबल एवं सशक्त होने का परिचय देने की आवश्यकता है। उनकी शिक्षा एवं स्वास्थ्य के विकास से, उनके प्रति भेदभाव के व्यवहार और मनोवृत्ति का त्याग करके, जनसहयोग तथा उनमें जागृति उत्पन्न करके और कल्याणकारी योजनाओं के प्रभावी क्रियान्वयन से निश्चित ही उनकी स्थिति बेहतर होगी तथा सशक्तीकरण का मार्ग प्रशस्त होगा। 'महिला सशक्तीकरण: दशा और दिशा' शीर्षक कृति में महिलाओं की यथार्थ स्थिति का चित्रण किया गया

है साथ ही उनके विकास पर प्रकाश भी डाला गया है। आशा है कि यह कृति महिलाओं की प्रगति के उद्देश्यों को पूर्ण करने में सहायक होगी।

कु. मनस्वी, कु. अनुष्का, डॉ. शालिनी शर्मा, डॉ. अमित कान्त पण्डित, श्रीमती पूनम शर्मा, श्री सुमित शर्मा, श्रीमती सुमनलता शर्मा, श्री दिनेश पाण्डेय, श्रीमती आशा पाण्डेय, श्री दीपक कुमार राय एवं श्रीमती आद्या राय आदि स्नेहीजन की शुभकामनाओं के फलस्वरूप कृति पूर्ण हो सकी अतः सभी के प्रति मैं हार्दिक आभार व्यक्त करता हूँ।

--योगेन्द्र शर्मा

महिला सशक्तीकरण : दशा और दिशा

कब तक बनी रहेगी नारी शोषण की प्रतीक ?

आधुनिक युग में नारी को प्रत्येक क्षेत्र में पुरुष के समान अधिकार दिये जाने की बातें जोर-शोर से कही जाती रही हैं। सच भी है कि नारी को पूर्वापेक्षा अधिक अधिकार मिले हैं। उसकी स्थिति में विगत सदियों की तुलना में परिवर्तन भी आया है पर क्या वास्तव में नारी को शोषण से मुक्ति मिल सकी है? स्पष्ट उत्तर है कि नहीं। वास्तविकता यह है कि नारी का जीवन अश्रुमय इतिहास रहा है। वह उपेक्षित बनी रही है। स्नेह, समर्पण, करुणा, उदारता और ममता की प्रतिमूर्ति होते हुए भी उसको उसका प्रतिफल नहीं मिल सका है। दैहिक, मानसिक और सामाजिक स्तर पर उसे यातना के दौर से गुजरना पड़ा है। फिल्म या विज्ञापन कोई भी क्षेत्र हो सदियों की तरह वह आज भी स्वयं को असुरक्षित महसूस कर रही है अपने जीवन के उलझे प्रश्नों को हल करने में। आधुनिकता की होड़ में महानगरीय संस्कृति हम पर हावी होती जा रही है और इससे पाश्चात्य सभ्यता तथा ऐयाशी की प्रवृत्ति को बढ़ावा मिला है जिसके परिणामस्वरूप नारी का शोषण परिवार तथा समाज के स्तर पर बदस्तूर जारी है। यूनिसेफ की रिपोर्ट में कहा गया है कि हमारे देश में 77 प्रतिशत लड़कियाँ बीस वर्ष की आयु तक यौन हिंसा द्वारा प्रताड़ित होती हैं। इनमें अधिकांश घर के सदस्य, रिश्तेदार या शिक्षक के द्वारा प्रताड़ित होती हैं। संयुक्त राष्ट्र संघ की संस्था 'एशियन सेण्टर फॉर ह्यूमन राइट्स' के प्रकाशन 'इण्डियाज़ हेल हाउस' में बताया गया है कि बाल-संरक्षण गृहों में बच्चे यौन हिंसा के शिकार होते हैं। वास्तविकता यह है कि कानून बना देने मात्र से बाल-विवाह, भ्रूण हत्या या आनर किलिंग की रोकथाम तब तक सम्भव नहीं है जब तक कि मानसिकता न बदले और समाज के सभी वर्गों का सहयोग न मिले। आये दिन समाचार-पत्रों तथा अन्य स्रोतों से ऐसी खबरें मिलती हैं जिसमें नारी को बलात्कार, आत्महत्या अथवा हत्या का शिकार होना पड़ता है। 'वीमेन लिव' आन्दोलन भी अपनी सार्थकता खो चुका है। उच्च वर्ग की महिलाएँ ब्यूटी सैलून से सुसज्जित होकर जीन्स पहनकर स्वयं के लिए आभिजात्य वर्ग का दावा भले कर लें पर दोहरी मानसिकता को जीनेवाली ये महिलाएँ

आम नारी का प्रतिनिधित्व तो नहीं करती हैं। मौका मिलने पर वासना के भूखे भेड़िये पुरुष वर्ग दरिन्दों की तरह अबला और असहाय युवतियों तथा अल्पवयस्क बालिकाओं पर टूट पड़ते हैं, अपनी हवस का शिकार बनाकर या तो हत्या कर देते हैं या चलती-फिरती लाश की तरह असुरक्षित जीवन जीने को विवश कर देते हैं।

नारी की अस्मिता कहीं भी सुरक्षित नहीं रह गयी है। रक्षक ही भक्षक बन जाते हैं। नारी निकेतन और पुलिस थाने आदि में दैहिक शोषण की घटनाएँ जब तब प्रकाश में आती रहती हैं। बहला-फुसलाकर भगायी गयी लड़कियों को यातनाएँ देकर जबरन पेशा करने के लिए विवश कर दिया जाता है। कहीं-कहीं तो परिवार के लोग ही उससे वेश्यावृत्ति कराते रहते हैं। कभी वे दहेज की वेदी पर बलि चढ़ जाती हैं या उन्हें यातनामय जीवन जीने के लिए विवश कर दिया जाता है। विकासशील देशों में ही नहीं बल्कि विकसित देशों में भी महिलाओं पर अत्याचार का दमनचक्र जारी है। पुरुष की मानसिकता बन गयी है अपने अहम् की सन्तुष्टि के लिए नारी पर अत्याचार करने की। सच तो यह है कि भौतिकता की मनोवृत्ति के विकास ने नारी को भोग्या बनाकर रख दिया है। विकसित समाज की पॉश कॉलोनी में कॉल गर्ल्स की संख्या बढ़ती जा रही है जिसका प्रभाव पास-पड़ोस के घरों में भी पड़ता है। सम्पन्नता के दिखावे के मोह में पुरुष नारी पर अपनी पाशविकता के जोर-जुल्म करने से बाज नहीं आ रहा है। इक्कीसवीं सदी में हम जी रहे हैं पर नारी की स्थिति कमोबेश सदियों पूर्व की ही बनी हुई है। आखिर कब उसे छुटकारा मिलेगा शोषण से जिससे वह सामान्य जीवन जी सके?

शब्दों के मायाजाल में नारी को उच्च पद पर आरूढ़ तो कर दिया गया पर उसकी जुबान को हर प्रकार से बन्द रखने का प्रयास भी किया गया। उसे त्याग और करुणा की मूर्ति कहा गया लेकिन उसने जरा भी जुबान खोली, विद्रोह का स्वर अलापा तो कुलटा की संज्ञा दी गयी और दारुण यातना का दौर शुरू कर दिया गया। नारी को पूजनीया कहा गया है। अपवाद हर कहीं होते हैं। इतिहास उठाकर देखें तो हर युग में कुछ नारियों ने समाज के उत्थान में, पथ-प्रदर्शन में महान् योगदान दिया है जिन पर हम गर्व कर सकते हैं पर अधिकांश स्त्रियाँ आज भी घुटन, सन्त्रास और दैन्य का जीवन जीने के लिए विवश हैं। वैश्विक परिदृश्य में देखें तो ज्ञात होता है कि सऊदी अरब में फुटबाल मैच देखने जाने पर स्त्री को कारागार की सजा भुगतनी होती है। होटल जाने पर रोक न होने पर भी वहाँ वह पुरुष के साथ नहीं बैठ सकती है। वहाँ महिला अकेली सड़क या गलियों में चलती नहीं दिखायी देती है। उसे किसी पुरुष को साथ ले जाना पड़ता है। वहाँ महिलाएँ कार ड्राइव नहीं कर सकती हैं। उन्हें बैंक में खाता खोलने के लिए पति से अनुमति लेनी होती है। जिम जाने और खेलकूद में भाग लेने की उन्हें मनाही है। वे दुकान में आउट फिट्स (ड्रेस) का ट्रायल नहीं ले सकती हैं। वहाँ 14 फरवरी को वैलेण्टाइन डे मनाने पर पाबन्दी है। उन्हें वर्ष 2014 तक मताधिकार प्राप्त नहीं था पर अब उन्हें मताधिकार प्राप्त हो गया है और वे चुनाव में प्रत्याशी हो सकती हैं। ब्रिटिश

ईरानी महिला गुंचा गबामी को पुरुषों के वालीबाल मैच देखने के कारण जेल हुई क्योंकि ईरान में महिलाओं के लिए वालीबाल और फुटबाल मैच देखने पर प्रतिबन्ध है। अफगानी स्त्रियाँ नाखूनों पर नेल पॉलिश नहीं लगा सकती हैं। यदि वे ऐसा करें तो उनके नाखून उखाड़ दिये जाते हैं। इराक में इस्लामिक स्टेट इण्टरनेशनल स्तर पर क्रिश्चयन और यजीदी लड़कियों का सेक्स सर्विस के लिए क्रय-विक्रय किया जा रहा है। उनके चंगुल से बचकर आयी यजीदी लड़की जिनान के अनुसार आई. एस. के आतंकी महिलाओं का जबरन धर्म परिवर्तन कराते हैं और मनमाने अत्याचार करते हैं।

साहित्यकार जयशंकर प्रसाद का कथन है—"जब तक निर्माण के लिए बलिदान की खाद नहीं दी जाती, तब तक विकास भी अंकुरित नहीं होता।" इस कथन को चरितार्थ करते हुए समाज-सुधारकों ने नारी की स्थिति में सुधार लाने का प्रयास भी किया। थोड़ा-बहुत सुधार हुआ जैसे सती-प्रथा का अन्त होना, महिलाओं की शिक्षा-व्यवस्था में सुधार, संवैधानिक दृष्टि से तलाक एवं सम्पत्ति में हिस्से का अधिकार मिलना और विभिन्न सेवाओं में अवसर मिलना आदि। ये उपलब्धियाँ अवश्य हैं लेकिन इन्हें सन्तोषजनक नहीं कहा जा सकता है। फिल्मों, विज्ञापनों एवं पत्र-पत्रिकाओं में नारी के उत्तेजक अंशों को दिखाया जाता है, अश्लील पोस्टर सड़कों पर दिखायी देते हैं, होटलों में कैबरे नृत्य तथा ब्लू फिल्मों का निर्माण अवैधानिक रूप से किया जाना, ये सभी नारी के यौन शोषण के प्रति लिप्सा को बढ़ावा ही देते हैं प्रत्यक्ष या परोक्ष रूप से। लगता है कि हम सभी उसी सामन्ती युग में जी रहे हैं जहाँ नारी का शोषण सामन्त, सरदार, जमींदार या शासक करते थे। अन्तर है तो केवल इतना कि अब पूँजीपति तथा शक्तिसम्पन्न व्यक्ति नारी के शोषण हेतु उतारू हैं। आज भी जबरन सती किये जाने की घटनाएँ यदा-कदा सुनने को मिल जाती हैं। भ्रूण परीक्षण के नाम पर गर्भ में ही बालिकाओं की हत्या कर दी जाती है। विगत तीन दशकों में लगभग एक करोड़ बीस लाख मादा भ्रूण नष्ट किये जा चुके हैं। शोषण से ग्रस्त महिलाएँ कोर्ट-कचहरी के दरवाजे खटखटा नहीं पातीं और जो ऐसा करने का दुस्साहस करती हैं उन्हें भी अपमान, धिक्कार और लांछन की स्थिति झेलनी पड़ती है और लम्बी न्यायिक प्रक्रिया से गुजरना पड़ता है। वर्किंग वीमेन को घरेलू औरतों की तरह सारे घरेलू कार्य करने पड़ते हैं क्योंकि पुरुष काम में हाथ बँटाने से अपने को हीन समझने लगता है। आये दिन छेड़खानी की घटनाएँ होती रहती हैं, ऑफिस में भी अपने सहकर्मियों और अधिकारियों की लोलुप निगाहों से उसे अपने को बचाना पड़ता है फिर पति की शंकालु दृष्टि उसे बेचैन कर देती है तब उसे कोई राह ढूँढ़े नहीं मिलती है जिससे उसे अन्धकारमय जीवन जीना पड़ता है। सर्विस क्लास की महिलाएँ आत्मनिर्भर होते हुए भी परनिर्भरता की जिन्दगी जीती हैं। मजदूर महिलाएँ बच्चे को पीठ पर बाँधे काम करती रहती हैं या फिर काम के समय उन्हें असुरक्षित छोड़ देती हैं जिससे बच्चों में आवारगी या कुटैव पनपने लगता है। बीड़ी आदि के उद्योग में कार्यरत महिलाएँ बारह-बारह घण्टे काम करती हैं, इनमें से अधिकांश

टीबी (तपेदिक) या अन्य रोग से गम्भीर रूप से ग्रस्त हो जाती हैं। इन महिलाओं की मजदूरी में शोषण तो होता ही है, शारीरिक शोषण भी किया जाता है। आज भी गैरकानूनी ढंग से लुके-छिपे रूप में महिलाओं की खरीद-फरोख्त जारी है जिससे देह-व्यापार को बढ़ावा मिलता है। औरतों की खरीद-फरोख्त बर्बर युग की याद दिलाते रहते हैं और इसका उद्देश्य ही है अनैतिक धन्धे करवाते रहना। महिलाओं के अपहरण की घटनाएँ होती रहती हैं और यदि अपहरणकर्त्ता प्रभावशाली हुआ अर्थात् धनी या राजनीतिक संरक्षण प्राप्त तो अधिकांश केसेज में पुलिस भी निष्क्रिय रहकर दिखावे के लिए केवल खानापूरी करती है। शिक्षिका, नर्स, स्टेनो तथा रिसेप्शनिस्ट आदि व्यवसायों में कार्यरत कई महिलाएँ उत्पीड़न को झेलती जा रही हैं।

वस्तुतः नारी का महत्त्व पुरुष से कदापि कम नहीं अपितु कुछेक अर्थों में अधिक ही है। वह पुरुष की प्रेरक भी है। वह नर के पोषण और सिंचन का कार्य करती है। पुरुष की प्रगति में उसका योगदान रहता है। नारी में स्निग्ध प्रेम की अजस्रधारा प्रवाहित रहती है। सामाजिक व्यवस्था का नारी अनिवार्य अंग है। मातृ देवी की उपासना से संकेत मिलता है कि उसकी स्थिति कभी अच्छी भी थी। पुरुष के शक्तिसम्पन्न होने के कारण पितृसत्तात्मक व्यवस्था बनी जिसमें नारी-जीवन को नियम और मर्यादा के बन्धन में बाँधने का प्रयास हुआ। तभी से शुरू हुई नारी-जीवन की दारुण यातना। पुरुष सूत्रधार बना और नारी कठपुतली। सूत्रधार के रूप में पुरुष नारीरूपी कठपुतली को नचाता रहा है। परनिर्भरता और शारीरिक रूप से कमजोर होने के कारण उसे विलासिता की वस्तु समझा गया। नगरवधू, गणिका और देवदासी के रूप में वह रसपान का साधन बनी। इतने पर भी अन्त नहीं हुआ बल्कि उसे उपेक्षा, अनादर और ताड़ना के साथ विष की खान के रूप में भी निरूपित किया गया। उसे केवल कर्त्तव्य का पाठ पढ़ाया गया। उसकी नैसर्गिक आवश्यकताओं की उपेक्षा कर पुरुष उससे पाषाणवत् व्यवहार करता रहा। इतिहास का अवलोकन करें तो ज्ञात होगा कि भारत में ही नहीं अपितु विश्व में हर कहीं नारी को पुरुष के अत्याचार की स्थिति झेलनी पड़ी। यूरोप में नारी को आत्मविहीन माना गया, जर्मन लोकोक्ति में स्त्री को पिटने के लिए बताया गया तथा चीन में निकृष्टतम लड़के को श्रेष्ठतम लड़की से उत्तम माना गया। फैमिली शब्द की व्युत्पत्ति रोमन भाषा के फेमिविलस से हुई है जिसका अर्थ है गृहदासी। इसका बहुवचन है फेमिलिया। इससे पता चलता है कि नारी की स्थिति गृहदासी के रूप में थी। बहुत-से सन्तों और दर्शनिकों ने नारी को हेय बताया है। उन्होंने नारी को निकृष्ट कहा तथा पुरुष के वश में रहने और दासी से भी अधिक तत्परता से पति की आज्ञा मानने का निर्देश दिया है। कहीं-कहीं पर उसे पुरुषों के लिए मुसीबत और पुरुष को स्वर्ग से पतित करनेवाली के रूप में व्यक्त किया गया है। चीन और यूनान में नारी को मन्दिरों में पूजा करने के अधिकार से वंचित रखा गया। पुरुष के अहम् की तुष्टि के लिए नारी के सतीत्व की बात कही गयी। पुरुष ने मनमाने ढंग से नारी के लिए

दण्ड की व्यवस्था की। शासक के मरने पर उसके शव के साथ दासियाँ जीवित ही दफना दी जाती थीं। व्यभिचार के लिए नारी को मृत्यु-दण्ड की व्यवस्था की गयी पर पुरुष के लिए इस प्रकार का विधान नहीं बनाया गया। रूस में यह प्रथा थी कि वर, वधू को कोड़े मारते हुए ले जाता था। फिजी में मनोरंजन हेतु पति, पत्नी को पेड़ से बाँधकर पीटते थे। अंग्रेज अपने को सभ्य होने का दावा करते हैं किन्तु इंग्लैण्ड में ही सन् 1891 तक पुरुष को पत्नी को पीटने का अधिकार प्राप्त था। सदियों से इस अत्याचार को सहते रहने पर नारी इसी को अपनी नियति समझने लगी। एस्किमो, रैडस्किन, नाचेज, आस्ट्रेलियन, बुशमैन तथा यमा जाति के लोगों में यह प्रथा थी कि पति, पत्नी को उधार एवं किराये पर दे देते थे। अमेरिका में छिनक जाति में पत्नी या कन्या को अतिथि की शय्या पर भेजने की प्रथा थी। दार्शनिक सुकरात ने अपनी पत्नी जैनटिपि को अपने मित्र अल्सीवियाडीज को उधार दे दिया था। यूरोप में 19वीं शताब्दी के प्रारम्भ तक पत्नी के विक्रय की प्रथा थी। फ्रेंच राज्यक्रान्ति समानता के सिद्धान्त पर आधारित थी पर उसने नारियों के आवेदन को सुनने से इन्कार कर दिया था। इसी प्रकार नारी प्रताड़ना का शिकार बनी रही और उस पर जोर व जुल्म जारी रहे।

वैदिककाल में नारी की स्थिति दयनीय नहीं थी। उस काल में गार्गी, मैत्रेयी, वाक और सुलभा आदि विदुषियाँ थीं। इस युग में नारी को आराध्या माना गया। बहुपतित्व एवं बहुपत्नीत्व की प्रथा अवश्य थी पर नारी का आदर था। प्रेम विवाह, स्वयंवर, विधवा का पुनर्विवाह, सम्बन्ध-विच्छेद और नियोग की प्रथा प्रचलित थी। सहमरण की प्रथा नहीं थी। उत्तर वैदिक काल में नारी के सामाजिक जीवन पर रोक लगायी गयी। मैत्रायणी संहिता में स्त्री की तुलना जुए और शराब से की गयी। इस प्रकार नारी के स्वतन्त्र अस्तित्व का लोप होने लगा और वह पुरुष की छायामात्र रह गयी। महाकाव्य-काल में विलासिता बढ़ी जिससे स्त्रियों की दशा दयनीय बनी। महाभारत-काल में विरोधाभास भी रहा। एक ओर नारी को सम्मान की पात्री कहा गया तो दूसरी ओर उसे सब पापों की जड़ तथा व्यभिचारिणी की संज्ञा दी गयी। इस युग में नारी के अपहरण की प्रथा प्रचलित हुई लेकिन नारी को विरोध का अधिकार था। द्रौपदी ने युधिष्ठिर आदि को कायरता के लिए लांछित किया। जैन-काल में भी विरोधाभास रहा जैसे नारी को आदर देने के साथ ही उसे माया, अपकारी तथा कुल में कलंक लगानेवाली कहा गया। इस काल में नारियाँ राजनीति में भाग लेती थीं। बौद्ध-काल में सभी प्रकार की नारियों के लिए स्थान था यहाँ तक कि पतिता और वेश्या के लिए भी। जातक कथाओं में नारी को सार्वजनिक उपयोग की वस्तु के रूप में निरूपित किया गया। हठयोग के प्रचलन से नारी की स्थिति दयनीय बनी। हठयोगियों का जीवन नारी शरीर पर आसन जमा कर मैथुन मन्त्र में व्यस्त हो गया। कोणार्क और खजुराहो के मन्दिर इसके प्रमाण हैं। पौराणिक-काल में नारी पतनोन्मुख हुई और उसे नरक का द्वार भी कहा गया। पति-सेवा को परम धर्म मानने के साथ मनु की यह व्यवस्था थी कि शूद्र पुरुष के साथ उच्च कुल

की नारी को कुत्तों से खिलवा देना चाहिए। याज्ञवल्क्य ने सुधार करते हुए पत्नी को त्यागने पर पति के लिए कठोर दण्ड का विधान निर्मित किया। उत्तर पौराणिक-काल या मध्यकाल में स्त्रियों के पतन की चरम सीमा की स्थिति बनी। इस काल में अशिक्षा, सती-प्रथा, बाधित वैधव्य और बहुपत्नीत्व की प्रथा का बोलबाला रहा। यह मौर्य वंश का काल था। मुस्लिम आक्रान्ताओं का आगमन होने लगा था। चाणक्य ने नारी को समस्त झगड़े की जड़ की संज्ञा दी तथा उसे सन्तानोत्पादन का साधन बताया। देवदासी-प्रथा, पर्दा-प्रथा, जौहर-प्रथा, बाल-विवाह, दहेज-प्रथा एवं दासियों के क्रय-विक्रय की प्रथा का जोरों से प्रचलन हुआ। नारी की असहाय दशा में वृद्धि होती गयी। नूरजहाँ, चाँद बीबी, महारानी कर्णावती, जीजा बाई और अहिल्याबाई आदि नारियाँ इस युग में ऐसी हुईं जिन्हें नारियों के गौरव के रूप में देखा जा सकता है।

आधुनिक काल की अधिकांश नारियों की स्थिति गृहकार की बन्दिनी और वेदना की कहानी के रूप में है। यूरोप के परिवर्तनों का प्रभाव भारतीय समाज पर भी पड़ा। सामाजिक और आर्थिक परिवर्तनों के साथ भाव क्रान्ति का सूत्रपात हुआ। हेलन केलर का कथन है—"दुनिया में तकलीफों की कमी नहीं लेकिन इनसे पार पाने के रास्ते भी कम नहीं।" इस कथन के गूढ़ार्थ को नारी के सन्दर्भ में समझा गया जिसके फलस्वरूप नारियों की स्थिति के प्रति सुधार का स्वर गुंजरित हुआ। ईश्वरचन्द्र विद्यासागर ने नारी-शिक्षा के प्रति चेतना फैलायी। राजा राममोहन राय ने सती-प्रथा के उन्मूलन का कार्य किया। कोलकाता में महिला महाविद्यालय की स्थापना हुई। गुजरात वर्नाक्यूलर सोसाइटी ने सहशिक्षा प्रारम्भ किया। 1856 ई. में विधवा पुनर्विवाह विधेयक पास हुआ। इसके पूर्व सामाजिक समारोहों में विधवा की उपस्थिति अशुभ मानी जाती थी। विधवाओं को संरक्षण देने हेतु विधवाश्रम खोले गये। विभिन्न धर्मों एवं विचारधाराओं से सम्बन्धित ब्रह्म समाज, प्रार्थना समाज, आर्य समाज, थियोसोफिकल सोसाइटी तथा रामकृष्ण मिशन आदि ने नारी-कल्याण सम्बन्धी कार्य किये। बाल-विवाह का निषेध कानून द्वारा किया गया। वेश्यावृत्ति, सम्बन्ध-विच्छेद तथा सम्पत्ति सम्बन्धी अधिकारों में सुधार भी हुआ। एनी बेसेण्ट, सरोजिनी नायडू, कस्तूरबा गाँधी और इन्दिरा गाँधी आदि कई नारियों ने नारी जागरण के क्षेत्र में उल्लेखनीय कार्य किये जो स्तुत्य हैं। विभिन्न संघों एवं समितियों यथा अखिल भारतीय महिला परिषद्, स्नातिका संघ तथा कस्तूरबा गाँधी मेमोरियल ट्रस्ट आदि ने नारी-कल्याण हेतु पर्याप्त कार्य किये। नारी को मताधिकार भी प्राप्त हुआ। उनमें चेतना और जागृति आयी। स्वतन्त्रता आन्दोलन में उन्होंने भाग लिया, साथ ही विदेशी वस्तुओं के बहिष्कार का कार्य किया। अन्तर्जातीय विवाह को मान्यता मिली, हिन्दू विवाह विधेयक पारित हुआ, देवदासी प्रथा पर रोक लगायी गयी, कन्या को उत्तराधिकार प्राप्त हुआ, वेश्यावृत्ति निरोधक कानून बना, विधान सभा एवं लोक सभा में नारियों द्वारा प्रतिनिधित्व किया गया। साहित्यिक क्षेत्र में अमृता प्रीतम, महादेवी वर्मा तथा सुभद्रा कुमारी चौहान आदि कई महिला रचनाकारों के नाम

उल्लेखनीय हैं। विभिन्न विभागों जैसे चिकित्सा, न्यायालय, विश्वविद्यालय और पुलिस आदि में नारियाँ कुशलतापूर्वक कार्यरत हैं।

पाश्चात्य विकसित देशों से तुलना करने पर ज्ञात होता है कि स्नातक की उपाधि भारतीय नारी ने इंग्लैण्ड की नारी से दो वर्ष पूर्व प्राप्त कर ली थी। इसी प्रकार अमेरिका की प्रथम महिला राजदूत से दो वर्ष पूर्व भारतीय नारी को यह स्थान मिल चुका था तथा संयुक्त राष्ट्र संघ की प्रथम महिला अध्यक्ष होने का गौरव भारतीय नारी श्रीमती विजय लक्ष्मी पण्डित को प्राप्त है। इस प्रकार उपलब्धियाँ तो निश्चित ही हुई हैं पर कुल मिलाकर आज भी नारी की स्थिति सन्तोषप्रद कदापि नहीं है। अर्थाभाव के कारण नारी की स्थिति परमुखापेक्षी बनी हुई है जिससे उसे घृणित कार्य के लिए भी विवश किया जाता रहा है। एन. सी. आर. बी. की रिपोर्ट के अनुसार वर्ष 2013 में प्रतिदिन 92 महिलाएँ रेप की शिकार हुईं। वर्ष 2012 में देश-भर में रेप की 24,923 घटनाएँ हुई थीं और वर्ष 2013 में यह संख्या बढ़कर 33,707 हो गयी। जिसमें 15,556 केसेज में पीड़िताओं की आयु 18 से 30 वर्ष के मध्य थी। राज्यों में मध्य प्रदेश में सर्वाधिक रेप की घटनाएँ हुईं जो 4,335 रहीं अर्थात् 11 केसेज प्रतिदिन, इसके पश्चात् उत्तर प्रदेश में 3,050 केसेज दर्ज हुए। दिल्ली में वर्ष 2012 में दर्ज 706 केसेज से वर्ष 2013 में यह संख्या बढ़कर 1,636 हो गयी अर्थात् दुगने से भी अधिक। नाबालिग पीड़ितों की संख्या 13,304 थी। अधिकतर इन घटनाओं को क्रियान्वित करने में पीड़िता के परिचित लोग ही पाये गये। वर्ष 2013 में मुम्बई में 391 रेप केसेज दर्ज किये गये और दिल्ली में औसतन चार मामले प्रतिदिन के हिसाब से दर्ज हुए। निर्भया काण्ड ने जन आन्दोलन का रूप ले लिया, मीडिया में चर्चित हुआ फिर भी घटनाओं में कमी नहीं आयी। इसके बाद भी उबर कैब (टैक्सी) के ड्राइवर द्वारा तथा अन्य कई घटनाओं द्वारा रेप की संख्या बढ़ी है जो अत्यन्त दुःखद एवं चिन्तनीय है। नेशनल क्राइम रिपोर्ट ब्यूरो के अनुसार वर्ष 2013 में 44,256 महिलाओं ने आत्महत्या की, जिसमें चौदह साल से कम उम्र की लड़कियों की संख्या 1,316 और तीस साल से कम उम्र की महिलाओं की संख्या 19,096 थी जो अत्यन्त गम्भीरता का विषय है। उत्तर प्रदेश के जनपद लखीमपुर खीरी में लहरीपुर से तीस किलोमीटर घने जंगलों के बीच नरौना भैंसरी गाँव में प्रतिवर्ष तीन जनवरी को लड़कियों के कौमार्य परीक्षण का आयोजन अवैध ढंग से होता है। परीक्षण के मापदण्डों पर खरी न उतरने पर उसे दुराचारी मानकर सहपुजारियों को सौंप दिया जाता है जो उसे यातना देकर दुराचार करते हैं। यह है गैरकानूनी ढंग से लुके-छिपे रूप में किया जानेवाला घृणित एवं निन्दनीय कृत्य जो आज के सभ्य समाज के लिए एक चुनौती है। आज भी मणिपुर जैसी कुछ जगहों पर पुरुष के द्वारा एक से अधिक वैवाहिक सम्बन्ध बनाना प्रमुख समस्या है। पति के कमाई के लिए बाहर जाने पर पत्नी को विवाहित होते हुए भी लम्बी अवधि तक अकेलेपन की त्रासदी झेलनी पड़ती है। यह भी एक विडम्बना है कि विधवा एवं तलाकशुदा महिलाओं की संख्या विधुर एवं तलाकशुदा पुरुषों की तुलना में दुगनी है अर्थात् जहाँ ऐसे पुरुषों की

संख्या हमारे देश में एक करोड़ साठ लाख है वहीं ऐसी महिलाओं की संख्या लगभग तीन करोड़ बीस लाख है। विभिन्न यातनाओं से मुक्ति पाने के लिए नारी ने आँसू बहाये पर वह मुक्त नहीं हो सकी है। आज की नारी में सहयोगिनी बनने का भाव जागृत अवश्य हुआ है पर अब भी उसकी मंजिल की राह कठिन है यद्यपि असम्भव नहीं।

सदियों से झेलती आ रही त्रासदी की प्रतिक्रियास्वरूप नारी प्रतिद्वन्द्वी भी बनती जा रही है, उसमें कठोरता के भाव आ गये हैं और हों भी क्यों न? यातना की जंजीरों से मुक्त होने के लिए उसमें छटपटाहट जो है। औद्योगिक क्षेत्र में नारी-श्रम आज भी सस्ता है और उसका शोषण किया जा रहा है। मंजिल की प्राप्ति की ओर वह अग्रसर है यद्यपि आज भी अधिकांश नारियों में चेतना और जागरूकता पूर्ण विकसित नहीं है इसलिए अज्ञात दिशा की ओर वे अग्रसर हैं। केवल साज-सज्जा और आकर्षक परिधानों से युक्त होना ही उसकी मंजिल नहीं है। उसका प्राप्तव्य है त्रासदी, शोषण और अत्याचार से मुक्त होना। घुटन-भरे वातावरण में दहेज की बलिवेदी का शिकार बनना और वैधव्य का भार ढोते रहना तथा अत्याचार को सहते रहना आज भी उसकी नियति है। संवैध ानिक दृष्टि से उसे चाहे जो अधिकार मिल गये हों या सुख-सुविधा का प्रावधान हुआ हो, वस्तुस्थिति यह है कि व्यावहारिक रूप से उसे अब भी वह सब नहीं मिल सका है जो उसे मिलना चाहिए। उसकी प्रगति छोटी-मोटी उड़ानों तथा उपलब्धियों तक ही सीमित है। अशिक्षा उनमें व्याप्त है। कुपोषण से ग्रस्त वह मातृत्व भार ढो रही है तथा उनमें साक्षरता का प्रतिशत काफी कम है। सामाजिक और पारिवारिक जटिल स्थितियों से उसे जूझना पड़ रहा है। पुरुष द्वारा अपने स्वार्थ के लिए उस पर अत्याचार जारी है। कार्यरत महिलाओं की अस्मिता की सुरक्षा का संकट बना है। फिर भी इतना अवश्य कहा जा सकता है कि राष्ट्रीय और अन्तरराष्ट्रीय परिवर्तनों तथा जागरण से नारी-जीवन प्रभावित अवश्य हुआ है यद्यपि उनकी स्थिति में अपेक्षित सुधार नहीं हो सका है जो देश की प्रगति में अवरोध है। व्यवस्था में परिवर्तन हेतु नारी के साथ पुरुष के सहयोग की भी आवश्यकता है। इसके लिए पुरुष को अपनी मानसिकता में परिवर्तन लाना होगा। संस्कारगत या परम्परागत शोषण की भावना का परित्याग करना पड़ेगा तभी परिवार जैसी संस्था का समुचित एवं सर्वांगीण विकास सम्भव हो सकेगा। फिलहाल जो स्थिति है वह यही है कि आज की नारी में आक्रोश है पर व्यक्त नहीं कर पा रही है। घुटन-भरी जिन्दगी जीने के लिए वह विवश है। पुरुष की पाशविकता का शिकार उसे होना पड़ जाता है। वेश्यावृत्ति में रत महिलाओं की संख्या में बढ़ोतरी हो रही है। अंकुश के साये में निजता के बिना वह जी रही है। उसे उत्पीड़न सहना पड़ रहा है पति और ससुरालवालों द्वारा दमन-चक्र जारी है। सभी प्रकार का शोषण हो रहा है। उपेक्षा, अपमान, तिरस्कार और यातना से मुक्त होने के लिए वह छटपटा रही है। जबरन थोपे गये अनाचार, अत्याचार और दमन के विरोध में कुछ करने की उसकी कसमसाहट बढ़ती जा रही है पर दिशा के अभाव में कुछ सार्थक प्रयास न हो सकने की स्थिति में

वह यथास्थिति को झेल रही है जिससे विकराल रूप में यह प्रश्न अपने-आप उभरता है कि कब तक बनी रहेगी नारी शोषण की प्रतीक और कब तक जारी रहेगा नारी के शोषण का सिलसिला?

नारी पर अत्याचार करके उनमें भय उत्पन्न करने की प्रवृत्ति अत्यन्त कुत्सित है। बाल्जक का कथन है–"अत्याचार और भय परस्पर हाथ मिलाते हैं।" महिलाओं को अन्याय सहन करने की विवशता और मनोवृत्ति का त्याग करना होगा। राष्ट्रकवि मैथिलीशरण गुप्त की ये पंक्तियाँ सार्थक प्रकाश डालती हैं–

अन्याय सहकर बैठ जाना यह महादुष्कर्म है।
न्यायार्थ अपने बन्धु को भी दण्ड देना धर्म है।।

अतः नारी को अन्याय का प्रतिकार करना होगा साथ ही आत्मविश्वासी भी होना पड़ेगा अपने उज्ज्वल भविष्य के लिए। स्वामी विवेकानन्द का मत है–"आत्मविश्वास ही भावी उन्नति की प्रथम सीढ़ी है।" इसके द्वारा ही वे आशान्वित होकर प्रयास द्वारा अपने उज्ज्वल भविष्य के संपने को साकार कर सकने में समर्थ हो सकेंगी।

●

भ्रूण हत्या और लैंगिक असमानता

मीडिया में जब-तब भ्रूण हत्या के केस उजागर होते रहते हैं। ज्यादातर गर्भ में पल रहे शिशु के लिंग परीक्षण के पश्चात् इस प्रकार की घटनाएँ होती हैं। प्रायः इस प्रकार की घटनाओं में मादा भ्रूण की ही हत्याएँ होती हैं। इसका अर्थ यह है कि साक्षरता की वृद्धि और भौतिक प्रगति की नयी ऊँचाइयों तक पहुँचने के बाद भी शिशु के रूप में पुत्र कामना की प्रबलता बनी हुई है। इसका प्रभाव लैंगिक असमानता के रूप में प्रत्यक्षतः दृष्टिगत होता है। हमारे देश के विभिन्न राज्यों यथा हरियाणा, गुजरात, पंजाब, दिल्ली, हिमाचल प्रदेश और चण्डीगढ़ आदि में पुरुषों की तुलना में महिलाओं की संख्या कम होती जा रही है जो हमारी दूषित मानसिकता और नकारात्मक सोच की द्योतक है। भ्रूण हत्या एक अभिशाप है और यह जाहिर करता है कि लड़के और लड़की में भेद-भाव करने की प्रवृत्ति समाज में विद्यमान है। भ्रूण हत्या का अर्थ है जन्म के अधिकार से वंचित किया जाना। यह एक प्रकार की नकारात्मकता का प्रतीक है। गर्भवती स्त्रियों का अल्ट्रासाउण्ड किया जाना मुख्य रूप से सेक्स डिटर्मिनेशन टेस्ट ही है।

अभी तक कतिपय प्रावधानों के अन्तर्गत 20 हफ्ते की प्रेग्नेन्सी को टर्मिनेट किये जाने की सुविधा थी पर अब इस अवधि को 24 हफ्ते तक बढ़ाने का विचार किया जा रहा है। अबॉर्शन के लिए महिला की सहमति आवश्यक है। जोर-जबर्दस्ती से गर्भपात कराना गैरकानूनी है। वर्ष 1971 में मेडिकल टर्मिनेशन ऑफ प्रेग्नेन्सी ऐक्ट बनाया गया है जिसके अन्तर्गत विविध प्रकार के प्रावधान किये गये हैं। यदि गर्भ की वजह से महिला की जिन्दगी दाँव पर लगी हो अर्थात् जिन्दगी खतरे में हो या बच्चे के विकलांग होने की सम्भावना हो तो गर्भपात कराया जा सकता है। इसी प्रकार गर्भवती महिला को शारीरिक रूप से गम्भीर क्षति पहुँचने की आशंका हो या गर्भ में पल रहे बच्चे को महिला शारीरिक या मानसिक अथवा दोनों रूप में पाल सकने में अक्षम हो तो भी गर्भपात कराना सम्भव है। रेप के कारण या किसी ऐसे रिश्तेदार के द्वारा सम्बन्ध बनाने पर, जो वर्जित की श्रेणी में आता हो, यदि महिला गर्भवती हो जाये तब भी गर्भपात कराया जा सकता है लेकिन यह गर्भपात भारत सरकार द्वारा मान्यता प्राप्त चिकित्सक

ही कर सकता है। यह है गर्भपात किये जाने का वैध पक्ष पर व्यावहारिक रूप में आज स्थिति यह है कि जन्म के बाद तथा जन्म से पूर्व प्रशिक्षित या पेशेवर एवं अप्रशिक्षित दाइयों द्वारा नवजात शिशु एवं भ्रूण की हत्या की जा रही है। मादा भ्रूण हत्याओं पर जब-तब चर्चा भी होती रहती है। अमिनियोसेण्टेसिस सेक्स डिटर्मिनेशन टेस्ट वैधानिक रूप से मान्य है जो शारीरिक एवं मानसिक रूप से अस्वाभाविकताओं के लिए है लेकिन आज यह मादा भ्रूण हत्या का हथियार बन गया है। लोग यह भी तर्क देते हैं कि पुत्र चिता में मुखाग्नि देता है, जनसंख्या को नियन्त्रित करने में भ्रूण हत्या सहायक है। ये थोथे तर्क हमारी कुत्सित मानसिकता को अभिव्यक्त करते हैं। वास्तविकता यह है कि इन भ्रूण हत्याओं से लैंगिक असमानता में वृद्धि हो रही है और यौन अपराध भी बढ़ रहे हैं।

महिला की सहमति के बिना गर्भपात कराने पर आई. पी. सी. की धारा-312 के अन्तर्गत दण्ड का प्रावधान है। इस दण्ड की सीमा उम्रकैद तक हो सकती है। यदि महिला अकारण गर्भपात कराती है तो वह भी दण्ड की भागीदार होगी और अधिकतम तीन साल तक की सजा उसे मिल सकती है। आई. पी. सी. की धारा-313 की सजा उन व्यक्तियों पर लागू होती है जो महिला की सहमति के बिना गर्भपात कराते हैं। यह दण्ड दस वर्ष तक की सजा के रूप में या उम्रकैद तक के रूप में हो सकती है। आई. पी. सी. की धारा-314 में प्रावधान है कि गर्भपात के दौरान महिला की मृत्यु होने पर दोषी व्यक्ति को दस साल तक की सजा दी जा सकती है। समाज में आज भी ऐसे लोग हैं जो लड़की को पराया धन मानते हैं, बेटी को बोझ समझते हैं और कहते हैं कि लड़की ज्यों-ज्यों बड़ी होती जाती है उसकी निगरानी की आवश्यकता बढ़ती जाती है। वर्ष 1994 में निर्मित प्री-नेटल डायग्नोस्टिक टेक्नीक्स ऐक्ट, वर्ष 1996 में लागू हुआ। वस्तुस्थिति यह है कि विभिन्न प्रकार के विज्ञापन यथा 'लड़का या लड़की' और विभिन्न नर्सिंग होम्स, चिकित्सालयों में तथा डॉक्टरों द्वारा अवैध तरीके से परीक्षण कर लिंग की पहचान की जा रही है, मोटी कमाई हो रही है तथा भ्रूण हत्याओं की संख्या में वृद्धि भी हो रही है। खेदजनक बात यह है कि पुरुषों के साथ स्त्रियाँ भी मादा भ्रूण हत्याओं के लिए प्रत्यक्ष या परोक्ष रूप से दोषी हैं। महिला हिंसा की शुरुआत गर्भकाल से ही हो जाती है इसीलिए कन्या भ्रूण हत्याओं की घटनाएँ देखने को मिलती हैं।

हमारे देश में घरों में प्रसव की परम्परा अब भी अधिक है अस्पतालों में प्रसव की संख्या की तुलना में। भारत में घरों में प्रसव का प्रतिशत 52.3 है जबकि संस्थागत प्रसव लगभग 47 प्रतिशत है और उत्तर प्रदेश में तो यह और भी कम है लगभग 24.5 प्रतिशत। वर्ष 2011 की गणना के अनुसार हमारे देश में महिलाओं की संख्या 58.64 करोड़ है जो कुल आबादी का 48.46 प्रतिशत है। देश में 1000 लड़कों पर 914 लड़कियों का औसत है जिससे लैंगिक असमानता की स्पष्ट झलक मिलती है। बाल शिशुओं (0-6 वर्ष) की संख्या वर्ष 2011 की गणना के अनुसार 15.8 करोड़ है जो

2001 की तुलना में 50 लाख कम है। उत्तर प्रदेश में छह वर्ष तक के बच्चों में प्रति एक हजार लड़कों के मुकाबले में लड़कियों की संख्या वर्ष 2001 में 916 थी जो वर्ष 2011 में घटकर 899 हो गयी है। हरियाणा में यह संख्या 819 और पंजाब में 798 ही रह गयी है। केरल एक ऐसा प्रदेश है जहाँ 1000 पुरुषों पर 1,054 महिलाएँ हैं जबकि झारखण्ड में यह संख्या केवल 877 है। बिहार में वर्ष 2001 में 1000 पुरुषों पर महिलाओं की संख्या 919 थी जो वर्ष 2011 में घटकर 916 हो गयी है। बिहार में 38 जिलों में से 9 जनपदों में भ्रूण हत्या के मामले में काफी बढ़ोतरी हुई है। वैशाली में महिलाओं का अनुपात प्रति हजार पुरुषों में वर्ष 2001 में 937 से घटकर वर्ष 2011 में 892 तथा मुजफ्फरपुर में 928 से घटकर 917 रह गया है। हरियाणा में महिलाओं का लिंगानुपात 875 ही रह जाने के कारण वहाँ शादी के लिए दुल्हनें अन्य राज्यों जैसे बिहार, मणिपुर, केरल और झारखण्ड आदि से लायी जाने लगी हैं। हरियाणा में 70 गाँव ऐसे भी हैं जहाँ विगत वर्षों में कन्या ने जन्म ही नहीं लिया है, कारण स्पष्ट है भ्रूण हत्या। केरल ही एक ऐसा प्रदेश है जहाँ लिंगानुपात तथा साक्षरता की दर की स्थिति अन्य प्रदेशों से अच्छी है। आबादी की दृष्टि से हरियाणा और पंजाब राज्यों का नम्बर देश में 18वाँ और 19वाँ है। यहाँ की लड़कियों ने यश और कीर्त्ति की ऊँचाइयों को नापा है फिर भी यहाँ भ्रूण हत्या के मामलों में वृद्धि स्पष्ट रूप से देखने को मिलती है जो शोचनीय और दुःखद स्थिति का संकेत है। मादा भ्रूण हत्या से उत्पन्न लैंगिक असमानता के कारण विविध प्रकार की समस्याएँ विकराल रूप धारण करती जा रही हैं और यही स्थिति रही तो इसकी भयावहता में और वृद्धि होगी। आवश्यकता है वैचारिक क्रान्ति और सामाजिक परिवर्तन की तथा महिलाओं को भी सहन करने की प्रवृत्ति में बदलाव लाना होगा।

वर्तमान में प्रधानमन्त्री नरेन्द्र मोदी की सरकार के स्वास्थ्य मन्त्रालय द्वारा लाये जा रहे मेडिकल टर्मिनेशन ऑफ प्रेग्नेन्सी (एम. टी. पी.) अमेण्डमेण्ट बिल में यह प्रावधान सम्मिलित होने को है कि गर्भपात रजिस्टर्ड हेल्थकेयर प्रोवाइडर के द्वारा भी सम्भव है। पूर्व में प्रशिक्षित चिकित्सक को ही गर्भपात करने का अधिकार था। वैसे भी 20 सप्ताह की अवधि को बढ़ाकर 24 हफ्ते करने का अर्थ है कि नर्स, दाई, ए. एन. एम. और आशा वर्कर्स, चूँकि सभी पंजीकृत हेल्थकेयर प्रोवाइडर हैं, को छह महीने तक के भ्रूण का गर्भपात करने का अधिकार प्राप्त हो जायेगा। तीन माह से अधिक अवधि के भ्रूण का गर्भपात होना गर्भवती के लिए जोखिम भरा होता है। अतः ऐसी स्थिति में गर्भवती महिलाओं के गर्भपात कराने से उनके जीवन का संकट बढ़े जायेगा। यह सत्य है कि जनसंख्या के अनुपात में हमारे देश में चिकित्सकों की कमी है लेकिन इसका अर्थ यह नहीं है कि योग्य चिकित्सक को छोड़कर अन्य श्रेणी के व्यक्तियों को गर्भपात करने का अधिकार मि़ल जाये। 'सेव द चिल्ड्रेन' संस्था के अनुसार भारत में प्रति एक हजार में मातृ मृत्यु दर 178 है और उत्तर प्रदेश में यह 258 है। कितनी विचित्र बात है कि

कन्या भ्रूण हत्या से अपराध बोध के भाव उत्पन्न होने के बजाय बोझ मुक्ति के भाव से लोगों में सन्तोष की अनुभूति उत्पन्न होती है। विकसित देशों में महिलाओं की संख्या पुरुषों की तुलना में अधिक है। विकासशील देशों में जहाँ स्त्री-पुरुष के प्रति अधिक भेद-भाव बरता जाता है, वहाँ पुरुषों की तुलना में महिलाओं की संख्या कम है। महिला और पुरुष का अनुपात देश-प्रदेश की सामाजिकता और मानसिकता को दर्शाता है। हमारे देश के विभिन्न प्रदेशों जैसे केरल, तमिलनाडु एवं बंगाल आदि में स्त्री और पुरुष के अनुपात में विशेष अन्तर नहीं है लेकिन हरियाणा और पंजाब आदि में यह अन्तर अधिक है। 'वालेण्ट्री हेल्थ एसोसिएशन ऑफ पंजाब' संस्था की रिपोर्ट के अनुसार पंजाब में प्रतिवर्ष जन्म से पूर्व लगभग पैंतालीस हजार कन्याओं की भ्रूण हत्या हो जाती है। राजस्थान और बिहार के कुछ स्थानों में प्रति हजार पुरुषों की तुलना में महिलाओं की संख्या 700 से भी कम है।

स्त्री-पुरुष की जनसंख्या में पुरुषों की तुलना में स्त्रियों का गिरता अनुपात अत्यन्त चिन्ता का विषय है क्योंकि इससे सामाजिक असन्तुलन उत्पन्न होता है। देश और प्रदेश की सरकारों ने इस चिन्ता को महत्त्व देते हुए सम्बन्धित कानून व अधिनियम बनाये जिससे बढ़ते आनुपातिक अन्तर को कम किया जा सके। कतिपय जेनेटिक क्लीनिक व प्रयोगशालाओं और चिकित्सा केन्द्रों को ही जनहित में गर्भ परीक्षण का अधिकार दिया गया है। अवैध प्रकार से भ्रूण परीक्षण करने पर दण्ड एवं लाइसेन्स को निरस्त करने का प्रावधान किया गया है। आज अल्ट्रासाउण्ड, स्कैनिंग एवं अमिनियोसेण्टेसिस जैसी प्रणालियों का दुरुपयोग प्राइवेट अस्पताल तथा नर्सिंग होम कर रहे हैं जो अपराध के साथ ही देश की प्रगति के अवरोधक भी हैं। महिलाओं के गिरते अनुपात से सामाजिक और नैतिक मूल्य ह्रासोन्मुख होंगे, देह-व्यापार में वृद्धि होगी, महिलाओं के क्रय-विक्रय किये जाने की प्रवृत्ति को बढ़ावा मिलेगा, एड्स में बढ़ोतरी होगी और यौन अपराध तथा विसंगतियों में इजाफा होगा। भ्रूण हत्या एक संगठित अपराध है जिससे महिलाओं की मार्केटिंग किये जाने की प्रवृत्ति बढ़ेगी जैसे पंजाब एवं हरियाणा में अन्य राज्यों से कन्याएँ खरीदकर लायी जाती हैं और दुल्हन बनायी जाती हैं। अपहरण तथा प्रलोभन को बढ़ावा मिल रहा है, यहाँ तक कि बाँग्ला देश से काफी तादाद में महिलाएँ तस्करी द्वारा हमारे देश में लायी जा रही हैं। इन्हें प्रलोभन देकर लाया जाता है, कुछ वेश्यावृत्ति में संलिप्त कर दी जाती हैं और बाकी मेल-बेमेल ढंग से शादी-शुदा होकर जीवनयापन करती हैं। इस अमानवीय कृत्य पर जब तक अंकुश नहीं लगेगा तब तक समुचित प्रगति सम्भव नहीं है।

उत्तर प्रदेश की राजधानी लखनऊ में 0-6 वर्ष तक के बच्चों की संख्या में वर्ष 2001 की तुलना में वर्ष 2011 में गिरावट आयी है जिसका कारण लिंगानुपात में गिरावट है। वर्ष 2011 में लखनऊ में एक हजार पुरुषों की तुलना में महिलाओं की संख्या 906 है। उत्तर प्रदेश की बात करें तो 0-6 आयु वर्ग में 2001 की तुलना में वर्ष 2011 में

प्रति एक हजार लड़कों पर सत्रह लड़कियों की संख्या कम हुई है। 2001 में लड़कियों की संख्या प्रति हजार लड़कों पर 916 थी जो वर्ष 2011 में घटकर 899 रह गयी है। हमारे देश में बाल लिंग अनुपात (0-6 वर्ष) में कमी स्पष्ट रूप से आयी है। लेकिन भारत के तीस राज्यों एवं केन्द्र शासित प्रदेशों में 2011 से 2013 के मध्य गर्भाधान में एवं प्रसव पूर्व लिंग जाँच के लिए कतिपय ही को दोषी सिद्ध किया गया जिससे जाहिर होता है कि कानून का सही रूप से क्रियान्वयन नहीं हुआ। स्वास्थ्य मन्त्रालय के आँकड़ों की बात करें तो 2011 से 2013 तक 563 मामले गर्भस्थ शिशु के लिंग परीक्षण के सम्बन्ध में दर्ज हुए पर सजा मिली केवल 32 व्यक्तियों को ही, इसमें भी केवल चार राज्यों में वर्ष 2013 में केवल 13 व्यक्तियों को दोषी सिद्ध किया गया। 2011 में चार राज्यों में 11 व्यक्तियों को और 2012 में 8 व्यक्तियों को दोषी करार दिया गया। पंजाब में लिंग परीक्षण के 52 मामले वर्ष 2011 से 2013 तक आये लेकिन दो को ही दोषी माना गया। 0-6 वर्ष के आयु वर्ग में प्रति एक हजार लड़कों पर लड़कियों के अनुपात में पाँच राज्यों में काफी कमी देखी गयी और वे राज्य हैं दमन और दीव, दिल्ली, अण्डमान व निकोबार द्वीप समूह, दादर और नगर हवेली एवं चण्डीगढ़ जिसमें लड़कियों का अनुपात प्रति हजार लड़कों पर क्रमशः 618, 866, 878, 775 तथा 818 था। इस प्रकार लिंग अनुपात में गिरावट दृष्टिगत होती है। आश्चर्य की बात यह है कि इन राज्यों में 2011 से 2013 तक में एक भी व्यक्ति लिंग परीक्षण के मामले में दोषी सिद्ध नहीं हुआ। मार्च 2015 तक हमारे देश में कुल 271 लोगों को लिंग जाँच के सम्बन्ध में सजा दी जा चुकी है।

जनसंख्या की दृष्टि से हमारे देश में उत्तर प्रदेश की जनसंख्या अन्य प्रदेशों से अधिक है। यहाँ 95 प्रतिशत महिलाएँ एक या दो बच्चों तक सीमित रहना चाहती हैं। पापुलेशन फाउण्डेशन ऑफ इण्डिया के अनुसार हमारे प्रदेश में एक महिला के बच्चों का औसत 3.2 है जबकि यह औसत 1.9 होना चाहिए। वास्तव में ग्रामीण महिलाएँ हों या शहरी महिलाएँ, उन्हें पुत्र की चाहत में अधिक बच्चों को जन्म देना पड़ता है जिससे जनसंख्या में वृद्धि हो रही है। इसको नियन्त्रित करने हेतु योजना यह है कि हर जनपद के अस्पताल में एफ. पी. सी. अर्थात् फैमिली प्लानिंग काउन्सलर की नियुक्ति की जायेगी जो महिलाओं को दो बच्चों के पश्चात् फैमिली प्लानिंग के लिए अभिप्रेरित करेंगे। एक अनुमान के अनुसार प्रदेश में 2 करोड़ 24 लाख दम्पतियों में एक करोड़ इक्कीस लाख दम्पति ही कण्ट्रासेप्टिव का इस्तेमाल कर रहे हैं। प्रदेश में चाइल्ड सेक्स रेशियो में कमी स्पष्ट रूप से परिलक्षित होती है। एनुअल हेल्थ सर्वे के अनुसार वर्ष 2012 में प्रति हजार लड़कों पर 914 लड़कियों ने जन्म लिया।

आजकल 'बेटी बचाओ' अभियान जोर-शोर से चलाया जा रहा है। हरियाणा के पानीपत से 'बेटी बचाओ, बेटी पढ़ाओ' राष्ट्रीय मुहिम की शुरुआत प्रधानमन्त्री नरेन्द्र मोदी द्वारा की गयी। उनके अनुसार 18वीं सदी में बेटियों को कुछ साल जीने दिया जाता

था लेकिन वर्तमान 21वीं सदी में स्थिति और भी भयावह है क्योंकि जन्म से पूर्व ही बेटियों की कोख में हत्या की जा रही है। वर्ष 1991 में 0-6 आयु वर्ग में प्रति हजार बालकों में बेटियों का अनुपात 945 था जो वर्ष 2001 में घटकर 927 रह गया तथा वर्ष 2011 में इसमें और कमी आयी और सिर्फ 918 की संख्या रह गयी। वर्तमान में विभिन्न राज्यों में बेटियों के सम्बन्ध में कई कल्याणकारी योजनाएँ संचालित हैं जैसे कर्नाटक में भाग्यलक्ष्मी, हरियाणा में लाड़ली योजना, आन्ध्र प्रदेश में गर्ल चाइल्ड प्रोटेक्शन, पंजाब में बालरी रक्षक योजना, दिल्ली में लाड़ली योजना तथा केन्द्र सरकार की बालिका सुरक्षा योजना आदि। ये योजनाएँ बेटियों के जन्म व उनकी शिक्षा को प्रोत्साहन देने से सम्बन्धित हैं। फिर भी प्रीकन्सेप्शन ऐण्ड प्रीनेटल डायग्नोस्टिक टेक्नोलॉजी अर्थात् पी. सी. पी. एन. डी. टी ऐक्ट को लोग निष्प्रभावी बना रहे हैं। एक अनुमान के अनुसार लगभग दो हजार लड़कियाँ प्रतिदिन गर्भपात द्वारा या जन्म लेने के बाद मार दी जा रही हैं। इन योजनाओं के क्रियान्वयन के पश्चात् भी यक्ष प्रश्न हमारे सम्मुख है कि बेटियों को बेटों के समान कब देखा जायेगा? वस्तुस्थिति यह है कि विभिन्न योजनाएँ हैं तो अवश्य लेकिन उनका प्रभावी क्रियान्वयन अभी तक नहीं हो पाया है। कई राजनीतिक पार्टियों के लिए भ्रूण हत्या और महिलाओं का मुद्दा आज भी महत्त्वपूर्ण नहीं है।

कई बार अजन्मे भ्रूण कूड़ों के ढेर में या अस्पताल के निकट फेंके हुए मिलने की खबर से हम अवगत होते हैं। मीडिया इस खबर को प्रमुखता से प्रकाशित भी करता है। पुलिस दावा करती है कि सम्बन्धित थाना क्षेत्र की पुलिस पोस्टमार्टम कराती है। उसके पश्चात् आई. पी. सी. की धारा 317 में एफ. आई. आर. दर्ज की जाती है। जाँच के नाम पर पुलिस 30 से 90 दिन में जाँच कर फाइनल रिपोर्ट लगा देती है और इस प्रकार फाइल बन्द हो जाती है अर्थात् केस क्लोज़ हो जाता है। फॉरेन्सिक जाँच में यह देखा जाता है कि भ्रूण या नवजात की मृत्यु किस प्रकार हुई है जहर देकर या अन्य विधि द्वारा तत्पश्चात् रिपोर्ट पुलिस विभाग को भेज दी जाती है। आई. पी. सी. की धारा 317 में बारह साल तक के बच्चे का लावारिस हालत में मिलने या माता-पिता द्वारा त्याग करने पर दोष सिद्ध होने पर पाँच साल की सजा या जुर्माना अथवा दोनों प्रकार का दण्ड दोषी व्यक्ति को दिया जा सकता है। शिशु को लावारिस हालत में छोड़ने के बजाय किसी एन. जी. ओ. को सौंप देना उपयुक्त होगा जिससे उसकी देख-रेख सम्भव हो सके। कई बार जाँच ठण्डे बस्ते में डाल दी जाती है या फाइनल रिपोर्ट लगाकर केस बन्द कर दिया जाता है लेकिन यह समस्या का हल नहीं है। समस्या के हल के लिए हम सभी को जागरूक होना पड़ेगा।

यद्यपि लिंग चयन प्रतिषेध कानून, 1994 में बन गया था फिर भी कन्या भ्रूण हत्या की घटनाओं में वृद्धि जारी है। प्रायः देखा जाता है कि परिवार में बेटी के जन्म लेने पर प्रसन्नता के बजाय मायूसी दिखायी पड़ती है। अल्ट्रासाउण्ड होने पर कन्या का पता

चलते ही मारने की प्लानिंग कई लोग शुरू कर देते हैं। कांग्रेस के अधीर रंजन चौधरी द्वारा कन्या भ्रूण हत्या को रोकने हेतु लोक सभा में एक गैर सरकारी विधेयक पेश किया गया जिसमें भ्रूण हत्या के दोषी के लिए दस वर्ष के कारावास और एक लाख रुपये के जुर्माने का प्रावधान प्रस्तावित था। जाँच की अवधि की सीमा तीन महीने प्रस्तावित थी। जिला अदालत द्वारा मध्य प्रदेश में आदेश दिया गया कि स्वास्थ्य विभाग के अधिकारियों द्वारा प्रत्येक चार महीने में पी. सी. पी. एन. डी. टी. ऐक्ट की समीक्षा करते रहना चाहिए लेकिन बैठक ही नहीं हो रही है। ऐसा प्रतीत होता है कि डॉक्टर, नर्सेज एवं अस्पताल के संचालकों आदि की मिलीभगत से अपेक्षित कार्यवाही नहीं हो पा रही है। मध्य प्रदेश में विगत पाँच वर्षों में केवल एक व्यक्ति को ही भ्रूण हत्या के मामले में सजा मिल पायी है।

विकसित राष्ट्रों में महिलाओं को पर्याप्त सुविधाएँ मिली हुई हैं। उनकी जनसंख्या को देश की प्रगति की सम्भावना के रूप में देखा जा रहा है। श्रम शक्ति में महिलाओं की भागीदारी में निरन्तर वृद्धि हो रही है। वास्तव में हम सभी को कन्या भ्रूण हत्या की चुनौतियों से जूझना होगा। कन्याओं को उनका हक दिलाना ही होगा और संकीर्ण मानसिकता का परित्याग करना होगा। पुत्र-पुत्री के प्रति भेद-भाव को मिटाना होगा। आज महिलाएँ विभिन्न क्षेत्रों में प्रगति कर रही हैं तथा आत्मनिर्भर हो रही हैं। अन्तरिक्ष में पहुँचने से लेकर राजनीति में भी प्रधानमन्त्री एवं मुख्यमन्त्री आदि के पद को सुशोभित करनेवाली महिलाओं ने ख्याति प्राप्त करने में चार चाँद लगाये हैं। वे परिवार के दायित्व का निर्वाह सक्षम ढंग से कर रही हैं साथ ही देश के नाम को रौशन कर रही हैं। वे नयी ऊँचाइयों को छू रही हैं और प्रगति की ओर उन्मुख हैं। महिलाओं की श्रम-शक्ति बढ़ने से देश का उत्थान होगा। उन्हें पूर्ण सुरक्षा मिलनी चाहिए। केवल कसमें खाने और भूल जाने से कुछ नहीं होगा। हमें अपनी कुत्सित मानसिकता को बदलना होगा। राष्ट्र एवं समाज की प्रगति में जितना पुरुषों का योगदान है उससे कहीं से भी और कुछ भी कम योगदान महिलाओं का नहीं है। महिलाओं को स्वयं भी जागरूक होना पड़ेगा। उनमें अन्तर्दृष्टि पुरुषों की अपेक्षा अधिक होती है। उनमें सहने की क्षमता अधिक होती है और संघर्ष की उत्कट कामना भी। उन्हें अपने अधिकार और अस्तित्व के लिए संघर्ष की राह पर बढ़ना होगा तथा कानून का सहारा लेना होगा भ्रूण हत्या को रोकने एवं अपनी सुरक्षा हेतु। याद रखें कि महिला-पुरुष के समानुपात से ही स्वस्थ समाज का निर्माण होगा और प्रगति के द्वार खुलने के अवसर बढ़ेंगे। नव जागरण एवं वैचारिक क्रान्ति से भ्रूण हत्या एवं लैंगिक असमानता का निराकरण सम्भव है और तभी हम सभी वास्तविक रूप में विकासोन्मुख हो सकेंगे।

●

घरेलू हिंसा

घरेलू हिंसा के विविध स्वरूप हैं जैसे मार-पीट, मानसिक प्रताड़ना, भेद-भाव, तानें, अपशब्द, निषेध या प्रतिबन्ध, दुर्व्यवहार एवं गालियाँ आदि। आवश्यक नहीं कि घरेलू हिंसा दहेज के कारण ही हो क्योंकि यह विवाहित, अविवाहित एवं विधवाओं आदि के साथ भी होता है। घरेलू हिंसा स्त्रियों के साथ केवल हमारे देश में ही नहीं होता है। अपितु यह विश्वव्यापी है। यू. एन. वर्ल्ड पापुलेशन फण्ड (यू. एन. एफ. पी. ए.) और वाशिंगटन बेस्ड इण्टरनेशनल सेण्टर फॉर रिसर्च ऑन वुमन, के संयुक्त अध्ययन द्वारा यह रिपोर्ट दी गयी है कि भारत में प्रत्येक दस में से छह पुरुषों ने यह स्वीकार किया है कि उन्होंने अपनी पत्नी के प्रति हिंसात्मक व्यवहार किया है। 18 से 49 वर्ष की आयु के सात राज्यों में 9,205 पुरुषों पर किये गये सर्वे से यह तथ्य उभरकर आया है। इसमें वे पुरुष जिन्होंने बाल्यावस्था में भेद-भाव सहा है, अन्य पुरुषों की तुलना में पत्नियों पर की गयी हिंसा में चार गुना अधिक थे। हमारे देश में उड़ीसा और उत्तर प्रदेश अन्य राज्यों की तुलना में आगे रहे। यहाँ के सत्तर प्रतिशत पुरुषों ने स्वीकार किया है कि वे पत्नी के प्रति हिंसा का व्यवहार कर चुके हैं। 2013 में नेशनल क्राइम रिकार्ड्स ब्यूरो के अनुसार महिलाओं के प्रति किये जानेवाले अपराध में 38 प्रतिशत केसेज में उनके पति ने क्राइम किया था। इस वर्ष देश-भर में महिलाओं के विरुद्ध हिंसा के 3,09,546 केसेज हुए जिसमें 1,18,866 केसेज में पति या उनके घरवालों ने क्रूरतापूर्ण व्यवहार किया था। इस अध्ययन में 3158 महिलाओं से सम्पर्क किया गया जिसमें 52 प्रतिशत ने यह माना कि उन्होंने हिंसा झेली है। हिंसा में लात मारना, चाँटे रसीद करना एवं जलाने जैसे कृत्य शामिल हैं। ज्यादातर महिलाएँ हिंसा की बात को व्यक्त नहीं करती हैं तथा यह भी मानती हैं कि उन पर पति का नियन्त्रण होना चाहिए। हिंसा की शिकार तीन से छह गुना अधिक तक वे महिलाएँ हुई थीं अन्य महिलाओं की तुलना में, जिन्होंने बचपन में भेद-भाव सहा था।

पूर्व राष्ट्रपति के. आर. नारायणन ने गणतन्त्र-दिवस पर दिये गये अपने सन्देश में कहा था कि भारत में जितनी महिलाओं की हत्या होती है, उनमें से आधी महिलाएँ घरेलू

हिंसा का शिकार होती हैं। महिलाओं के प्रति घरेलू हिंसा में कई प्रकार के कुकृत्य सम्मिलित हैं। आज आवश्यकता है 'फ्रीइंग वीमेन फ्रॉम वायलेन्स' की। प्रसिद्ध विचारक प्रभु चावला के अनुसार 3P अर्थात् Politics, Press और Police का अवलोकन करें तो पायेंगे कि पॉलिटिक्स महिला हिंसा को इग्नोर करती है, प्रेस घटनाओं को इस प्रकार प्रकाशित करता है जिससे महिलाओं का सम्मान घटता है और पुलिस थाने उत्पीड़न के केन्द्र बन गये हैं। भले ही वह पूर्ण सत्य न हों पर इसमें सत्यांश तो है ही। परिवार और समाज की बन्दिशों का शिकार महिलाओं को होना पड़ता है।

पत्नी ससुराल में हिंसा की शिकार होने पर भी असमंजस की स्थिति में होती है कि कहीं रिपोर्ट करने या कानूनी कार्यवाही करने से उसका वैवाहिक जीवन टूटने के कगार पर न हो जाये साथ ही बच्चों के भविष्य की भी चिन्ता होने से वे विरोध नहीं कर पाती है। घरेलू हिंसा का तात्पर्य है प्रताड़ना, चाहे वह शारीरिक रूप से हो या मानसिक रूप से अथवा भावनात्मक ठेस पहुँचाना, खर्च न देना अगर महिला कामकाजी है तो उसका वेतन हड़प लेना या घर से निकलने को विवश कर देना अथवा निकाल देना आदि। ऐसी स्थिति में वह डोमेस्टिक वायलेन्स ऐक्ट (डी. वी. ऐक्ट) के अन्तर्गत शिकायत कर सकती है। यह शिकायत वह स्वयं कर सकती है या किसी दूसरे स्त्री या पुरुष द्वारा करा सकती है जो घरेलू रिलेशन में हो तथा एक ही मकान में रहते हों। धारा 27 के द्वारा अदालत का ज्यूरिस्डिक्शन निर्धारित होता है। वहा जहाँ रहती है या सर्विस करती है या जहाँ घरेलू हिंसा हुई है उस क्षेत्र के कोर्ट में वह केस फाइल कर सकती है। वह सुप्रीम कोर्ट में प्रार्थना-पत्र देकर केस ट्रान्सफर कराने के लिए प्रयास कर सकती है। वह महिला प्रोटेक्शन के साथ गुजारा-भत्ता पाने के लिए केस कर सकती है लेकिन वह सास-ससुर की सम्पत्ति पर जो उनके द्वारा उपार्जित है, हक नहीं माँग सकती है। गुजारा-भत्ता पति की हैसियत के अनुसार तय होता है। घरेलू हिंसा के कारण महिला अलग रहने का फैसला ले सकती है। कई पति अपनी पत्नी को वास्तविक सैलरी नहीं बताते हैं, इस सम्बन्ध में केन्द्रीय सूचना आयोग ने पत्नियों के हक में एक निर्णय दिया है जिसके अनुसार पत्नियों को अपने पति की सैलरी आर. टी. आई. अधिनियम की धारा- 41(1)(बी) ऐक्ट के अन्तर्गत जानने का पूर्ण अधिकार है। डोमेस्टिक वायलेन्स ऐक्ट 31 के अन्तर्गत घरेलू हिंसा के केस गैरजमानती और काग्नेजिबल हैं। इस कानून के द्वारा महिला अपनी सुरक्षा के लिए कानूनी कार्यवाही कर सकती है।

'सेव द चिल्ड्रेन 2015' की रिपोर्ट के अनुसार हमारे देश में मातृत्व सुरक्षा की स्थिति अत्यन्त दयनीय है। 179 देशों की सूची में भारत का स्थान 140वीं जगह पर है। इसमें सुधार तभी सम्भव है जब उन्हें उपयुक्त वातावरण, सम्मान और गरिमा मिले। डी. वी. ऐक्ट केवल पत्नियों के लिए ही नहीं है बल्कि एक घर में एक साथ रहनेवाले उन सभी के लिए है जो घरेलू रिश्ते में हैं अर्थात् सास, माँ और बहन भी रिलीफ पाने की हकदार

हैं। डी. वी. ऐक्ट की धारा-2 ए के अनुसार कोई भी महिला जो घरेलू रिश्ते में है वह घरेलू हिंसा किये जाने के प्रति शिकायत कर सकती है तथा धारा- 2 (क्यू) के अनुसार कोई भी पुरुष प्रतिवादी हो सकता है। ऐसे भी केसेज कोर्ट में आये हैं जहाँ सास ने अपनी पुत्रवधू एवं बेटे के खिलाफ घरेलू हिंसा का आरोप लगाया और खर्च न देने की बात कही। कोर्ट ने बुजुर्ग महिला के पक्ष में निर्णय दिया। इसका अर्थ यह हुआ कि एक ही छत के नीचे रहनेवाली कोई भी महिला उसी घर में रहनेवाले किसी भी स्त्री-पुरुष के विरुद्ध डोमेस्टिक हिंसा की शिकायत कर सकती है बशर्ते उनके साथ घरेलू रिश्ता हो। जरूरी नहीं कि प्रतिवादी पुरुष हो यह महिला भी हो सकती है। इस प्रकार सास, बहू, बेटी, भाभी, बहन, माँ और लिव इन में रहनेवाले भी इस कानून के द्वारा राहत पा सकते हैं। डोमेस्टिक रिलेशन का अर्थ है एक ही छत के नीचे रहनेवाले लोग लेकिन इस कानून के अन्तर्गत पुरुष शिकायत नहीं कर सकता है। शिकायत केवल महिला ही कर सकती है और यह शिकायत उसी घर में रहनेवाले किसी भी पुरुष या महिला के विरुद्ध हो सकती है। यदि उस घर में रहनेवाली कोई महिला विवाहित नहीं है तो वह डोमेस्टिक वायलेन्स में किसी पुरुष के विरुद्ध ही केस कर सकती है, महिला के विरुद्ध नहीं अर्थात् वह अपनी माँ, बहन या भाभी को इस कानून के अन्तर्गत प्रतिवादी नहीं बना सकती है। डी. वी. ऐक्ट की धारा-12 के अन्तर्गत महिला मेट्रोपालिटन मजिस्ट्रेट की कोर्ट में शिकायत कर सकती है और कोर्ट प्रोटेक्शन ऑफिसर से रिपोर्ट माँगेगा। प्रोटेक्शन ऑफिसर इन्सिडेण्ट रिपोर्ट देगा। उसके पश्चात् ही कोर्ट प्रतिवादी के लिए समन जारी करेगा। प्रतिवादी के पक्ष को जानने के पश्चात् अदालत आदेश पारित करेगी जिसमें उसी घर में रहने, खर्चा देने या प्रोटेक्शन का आदेश देगी। आदेश का पालन न होने पर डी. वी. ऐक्ट-31 के अन्तर्गत प्रतिवादी को कैद एवं आर्थिक जुर्माने की सजा दी जाती है। पति-पत्नी के मध्य अनबन हो जाये तो वह सी. आर. पी. सी. की धारा-125 के तहत गुजारा-भत्ता माँग सकती है। डी. वी. ऐक्ट के प्रावधान द्वारा महिला को अपने पिता के घर या पति के घर सुरक्षा दिये जाने का प्रावधान है। इस प्रकार डोमेस्टिक वायलेन्स के तहत महिलाओं के लिए डी. वी. ऐक्ट में सुरक्षा एवं जिन्दगी की जरूरतों को पूरा करने से सम्बन्धित विभिन्न प्रावधान किये गये हैं।

नेशनल सेण्टर फॉर रिसर्च ऑन वुमन, के अनुसार दस हजार शादीशुदा महिलाओं से लिये गये साक्षात्कार में 45 प्रतिशत महिलाओं ने जो शिकायतें कीं वे घरेलू हिंसा के विषय में थीं। आई. पी. सी. की धारा- 498 ए के अन्तर्गत पति व महिला के ससुरालवालों के द्वारा की गयी हिंसा एवं क्रूरता, अत्याचार व प्रताड़ना के खिलाफ एफ. आई. आर. दर्ज करने का प्रावधान है यद्यपि इसका दुरुपयोग भी होता रहा है और यह जाँच का विषय भी है। जरूरत है डाटा एकत्र करने की। आश्चर्य की बात यह है कि यूनिसेफ रिपोर्ट 'ग्लोबल रिपोर्ट कार्ड ऑन एडोल्सेण्ट 2012' के अनुसार 53 फीसदी लड़कियों ने पति द्वारा पत्नी की पिटायी को सही माना है। यह परम्पराओं और संस्कारों

या रीति-रिवाजों का प्रभाव हो सकता है फिर भी जागरूकता बढ़ी है। कई उदाहरण ऐसे हैं कि लड़कियों ने बारातें लौटा दी हैं शादी से इन्कार करके और बड़ों के समक्ष अपनी बात कहने की पहल में भी वृद्धि हुई है इसका कारण ग्लोबलाइजेशन, जनतान्त्रिक रुख, सांस्कृतिक एकीकरण तथा मूल्यों का बदलाव आदि है।

यूनिसेफ की रिपोर्ट के अनुसार 15 से 19 साल की किशोरियाँ पति या पार्टनर के द्वारा हिंसा की शिकार बनती हैं। इस आयु वर्ग की पचास प्रतिशत लड़कियाँ अपने माता-पिता के द्वारा शारीरिक प्रताड़ना झेलती हैं। अविवाहित लड़कियाँ अपने मित्र या परिवार के सदस्य अथवा शिक्षक द्वारा शारीरिक हिंसा की शिकार होती हैं। कम्बोडिया, भारत, हैती एवं लाइबेरिया आदि देशों में हिंसा के लिए प्रमुख रूप से माँ या सौतेली माँ जिम्मेदार होती हैं। 190 देशों के आँकड़ों के अनुसार 2 से 14 वर्ष के दो तिहाई बच्चे या लगभग एक अरब बच्चे शारीरिक दण्ड भुगतते हैं। इस रिपोर्ट में आगे उल्लेख किया गया कि 15 से 34 आयु वर्ग की 34 प्रतिशत महिलाएँ पति के द्वारा शारीरिक, यौन या भावनात्मक हिंसा की शिकार बनायी जाती हैं।

घरेलू हिंसा मुख्य रूप से चार प्रकार की होती हैं—शारीरिक, यौनिक, आर्थिक, भावनाजन्य या सांवेगिक। इससे ग्रस्त महिलाओं को एकाकीपन का बोध होता है। एक अनुमान के अनुसार हर तैंतीसवें मिनट पर एक महिला की गम्भीर रूप से पिटायी की जाती है। अफगानिस्तान में कई जगहों या समुदायों में अफगानी महिलाओं के लिए सौन्दर्य प्रसाधनों के उपयोग का निषेध है। यहाँ तक कि नेल पॉलिश लगाने पर उनके नाखून उखाड़ दिये जाते हैं। 2005-06 में हमारे देश के राष्ट्रीय परिवार स्वास्थ्य सर्वेक्षण-3 में यह तथ्य उभरकर आया है कि हमारे देश में 37.2 प्रतिशत महिलाएँ घरेलू हिंसा की प्रताड़ना झेलती हैं। इसमें 30.4 प्रतिशत महिलाएँ शहरी हैं और 40.2 प्रतिशत महिलाएँ ग्रामीण हैं। इससे स्पष्ट होता है कि इस अत्याचार से ग्रामीण महिलाएँ, शहरी महिलाओं की अपेक्षा ज्यादा संख्या में ग्रस्त हैं। हमारे देश के विभिन्न मानसिक अस्पतालों में जो महिलाएँ हैं उनमें लगभग साठ प्रतिशत महिलाएँ घरेलू हिंसा की शिकार हैं। पति या ससुरालीजन के द्वारा वे प्रताड़ित की जाती हैं और इस प्रताड़ना के मुख्य कारण हैं सन्तान का न होना, पुनर्विवाह, दहेज की पूर्ति का न हो पाना एवं सम्पत्ति आदि।

विकसित राष्ट्रों एवं भारत जैसे विकासशील देशों में घरेलू हिंसा को यदि तुलनात्मक दृष्टि से देखें तो दोनों में कोई विशेष अन्तर नहीं है। अमेरिका, फ्रान्स, जर्मनी एवं जापान आदि देशों में भी 33 से 55 फीसदी महिलाएँ घरेलू हिंसा से ग्रस्त हैं। कभी-कभी पति द्वारा पिटायी होने से गर्भवती महिलाओं को गर्भपात हो जाता है और कभी वे मौत की शिकार भी हो जाती हैं। अमेरिका में विभिन्न अस्पतालों में महिलाएँ जो इलाज के लिए आती हैं उनमें से 22 से 35 प्रतिशत महिलाएँ पिटायी के कारण घायल अवस्था में पहुँचती हैं। वास्तविक रूप में घरेलू हिंसा से ग्रस्त महिलाओं की संख्या इन आँकड़ों

से कहीं ज्यादा है क्योंकि बहुत-सी घटनाएँ प्रकाश में नहीं आ पाती हैं चाहे लोक-लाज के कारण या भय के कारण। 26 अक्टूबर, 2006 से घरेलू हिंसा निषेध अधिनियम लागू हुआ। इस हिंसा के दौरान बलात्कार तक भी होता है। एक सेवानिवृत्त न्यायाधीश ने व्यंग्यात्मक लहजे में टिप्पणी की थी कि स्वतन्त्रता के पश्चात् सजामुक्त समाज बनाना सबसे बड़ी उपलब्धि है जिसका अर्थ है कि अपराध करने पर भी अपराधी दण्डित न किया जाये या न पकड़ा जाये। कभी-कभी पत्नी के रहते गैरमुस्लिम व्यक्ति इस्लाम धर्म स्वीकार कर दूसरा विवाह कर लेता है और पहली पत्नी अभिशप्त जीवन जीने के लिए विवश हो जाती है। मणिपुर में कुछ लोग बहुपत्नी की प्रथा पर चलते हैं और अपनी पत्नियों की कमाई जुए एवं शराब जैसे व्यसन पर खर्च करते हैं तथा उनसे मार-पीट करते रहते हैं। आज भी स्थिति यह है कि कई शिक्षित एवं अशिक्षित लोग बेटियों को अनचाहा मानते हैं और हर तीसरे घर में महिलाओं को प्रताड़ना या अपशब्दों को झेलना पड़ता है। उन्हें निर्णय लेने की स्वतन्त्रता नहीं है। कई बार माता-पिता, पुत्र और पुत्री को शिक्षा दिलाने में भेद-भाव करते हैं, टीकाकरण में बेटों को वरीयता देते हैं बेटियों को नहीं, बैंकिंग ऋण हो या खेतों में काम करना इन सब में महिलाओं के साथ पक्षपात किया जाता है। यदि इन समस्याओं या दृष्टिकोण का निराकरण करने में सफलता मिले तो निश्चित ही महिलाओं की स्थिति बेहतर होगी। महिलाओं के द्वारा महिलाओं के पक्ष में अभियान तो चलाया ही जाता है, आवश्यक यह है कि पुरुष वर्ग भी इसमें सहयोग करे तभी महिलाओं को समाज में सम्मान मिल सकेगा।

आज स्थिति यह है कि ग्रामीण क्षेत्रों की एवं अशिक्षित स्त्रियाँ अन्तरराष्ट्रीय महिला-दिवस, नारी-कल्याण, सशक्तीकरण, मुक्ति एवं विकास सम्बन्धी बातों से अनिभज्ञ हैं। यहाँ तक कि वे अपना अधिकार भी नहीं जानती हैं जिससे उसका समुचित उपयोग कर सकें। उन्हें उनके खाना बनाने में नुक्स निकालकर, घूँघट न करने पर या उनके द्वारा जवाब दिये जाने पर पीटा जाता है। आज भी नारी के लिए पुरुष से समानता एक दिवास्वप्न जैसा ही है। यद्यपि पूर्वापेक्षा उनमें जागृति आयी है पर यह पर्याप्त नहीं है। जागरूकता उनमें और बढ़े यह समय की माँग है और आवश्यकता भी। कई बार यह भी देखा गया है कि घरेलू हिंसा की झूठी रिपोर्ट दर्ज करा दी जाती है चाहे वैवाहिक जीवन से असन्तुष्ट होने के कारण या किसी के उकसावे में आकर जिससे अनावश्यक रूप से पति या उसके परिवारवालों को गम्भीर समस्याएँ झेलनी पड़ती हैं। इसके सम्बन्ध में भी प्रावधान है कि यदि कोई झूठी रिपोर्ट दर्ज कराता है तो धारा-182 के अन्तर्गत उसे छह माह से लेकर सात साल तक की सजा और एक हजार रुपये जुर्माना हो सकता है। घरेलू हिंसा की शिकायत कोई भी कर सकता है जैसे भुक्तभोगी, परिचित संस्था या पड़ोसी आदि।

पुरुषवादी सोच अयरन गेट की तरह है। वर्ष 2015 में सीरिया में उन्नीस महिलाओं की हत्या कर दी गयी क्योंकि उन्होंने शारीरिक सम्बन्ध बनाने को अस्वीकार कर दिया

था। संकीर्ण सोच आयरन गेट जैसा है और उसमें एक छोटी खिड़की का होना दर्शाता है संकीर्णता से ऊपर उठकर उदारवादी होना। महिलाओं के विरुद्ध शारीरिक और मानसिक हिंसा प्रायः हर कहीं देखने को मिलती है। महिलाएँ घरेलू हिंसा का प्रतिकार तभी कर पायेंगी जब उनमें चेतना जागृत होगी, वे शिक्षित होंगी और आत्मनिर्भर भी। घरेलू हिंसा में बदलाव के लिए लड़कियों को जीवन कौशल सिखाना चाहिए और परिवार के लोगों की मनोवृत्तियों में परिवर्तन लाये जाने का प्रयास होना चाहिए तथा समाज की जुडिशियल, क्रिमिनल और सोशल सिस्टम में बदलाव लाया जाना चाहिए साथ ही चाहिए कि हिंसा के प्रमाण को इकट्ठा करें और लोगों को इससे अवगत कराकर जागरूकता का विकास करें तथा मानवीय, सामाजिक और आर्थिक नजरिये से लोगों को महिलाओं के प्रति हो रही घरेलू हिंसा से अवगत करायें एवं इस भाँति सपोर्ट करें जिससे पुरुष समाज दृष्टिकोण में बदलाव ला सके तभी घरेलू हिंसा में प्रभावी ढंग से कमी होगी।

एसिड अटैक

एसिड अटैक महिलाओं के विरुद्ध किये जानेवाले हिंसात्मक अपराधों में क्रूरतम है क्योंकि इससे उनकी हँसती-खेलती जिन्दगी वीरान हो जाती है। उनका दर्द नासूर बन जाता है विशेष रूप से तब, जब उन्हें अपनों का भी सहारा नहीं मिलता। कभी पति से अनबन होने पर, कभी दहेज के कारण प्रताड़ना स्वरूप, कभी दबंगों से अस्मिता की रक्षा हेतु संघर्ष करते हुए, कभी छेड़खानी के समय प्रतिरोध करने पर, कभी परिवारीजन द्वारा ही हवस की पूर्ति हेतु शिकार करने पर उसकी बात न मानने पर तथा इसी प्रकार कई अन्य स्थितियों में उन पर एसिड डालकर जलाने या चेहरे एवं शरीर को कुरूप करने का जघन्य अपराध किया जाता है जिसकी मर्मान्तक पीड़ा को झेलने के लिए वे विवश की जाती हैं और आजीवन इससे प्राप्त दाग से वे सन्त्रस्त रहती हैं। इस पुरुषप्रधान समाज में कुछ ऐसे मानसिक विकृतिवाले पुरुष होते हैं जो येन-केन-प्रकारेण महिला को हवस का शिकार बनाने के लिए प्रयासरत होते हैं और सफल न होने पर एसिड अटैक के रूप में उन्हें दुर्दमनीय पीड़ा देते हैं। आज भी बहुत-सी एसिड पीड़िता अपने अस्तित्व के लिए संघर्ष कर रही हैं। केवल कुछेक ऐसी होती हैं जो इस पीड़ा से उबरने में सफल हो पाती हैं लेकिन वह भी लम्बे समय के पश्चात् पर अधिकांश पीड़िताएँ तो एसिड अटैक के दर्द को झेलती रहती हैं और रोती रहती हैं। उनके समक्ष पुनर्वास की विकराल समस्या होती है और वे उससे जूझती रहती हैं। कतिपय संस्थाएँ और सरकार उन्हें राहत पहुँचाने का प्रयास करती अवश्य हैं पर ये प्रयास अपर्याप्त होते हैं सामान्य जीवन जीने की ओर लौटने की दृष्टि से।

डॉ. प्रतिभा नैथानी मुम्बई के सेण्ट जेवियर्स कॉलेज में राजनीति विज्ञान की प्रोफेसर हैं जिनकी पहचान PIL नम्बर 1232 के रूप में है। यह पी.आई.एल. टीवी पर दिखाये जानेवाले अश्लील कण्टेण्ट्स के खिलाफ हैं। राज्यसभा की पिटिशन् कमेटी में उन्होंने चाइल्ड पोर्नोग्राफी के खिलाफ पिटिशन् दायर किया है जो विशेष रूप से वाइलेण्ट पोर्नोग्राफी के विरुद्ध है साथ ही वह एसिड अटैक के कानून में बदलाव के लिए प्रयासरत हैं। अगस्त, 2015 में भारत सरकार ने 13 पॉर्नसाइट्स को प्रतिबन्धित कर

दिया है। आलोचकों का कहना है कि आतंकियों को तो सरकार रोक नहीं पायी, पॉर्नसाइट्स पर ही सरकार ध्यान दे रही है प्रतिबन्ध लगाकर। सुप्रीम कोर्ट के चीफ जस्टिस एच. एल. दत्तू ने घर पर पॉर्न देखने पर बैन लगाने को संविधान के अनुच्छेद 21 का उल्लंघन कहा था। समर्थक कहते हैं कि कुछ रेपिस्टों ने स्वीकार किया है कि पॉर्न देखने के बाद उन्होंने रेप की घटना को अंजाम दिया। एक अनुमान के अनुसार लगभग 4 करोड़ पॉर्नसाइट्स हैं इण्टरनेट पर तथा 6 करोड़ 80 लाख सर्च प्रतिदिन पोर्नोग्राफी से सम्बन्धित होती हैं और लगभग 28 हजार लोग प्रति सेकेण्ड पॉर्न देखते हैं तथा इससे तीन हजार डालर की औसत आय होती है इस धन्धे में। भारत सरकार ने पॉर्न कण्टेटवाले एक हजार पॉर्न वेबसाइट्स को इण्टरनेट सर्विस प्रोवाइडर्स से ब्लाक करने को कहा। 857 साइट्स ब्लाक किये गये, इनमें कुछ ऐसे भी हैं जिसमें पॉर्न कण्टेण्ट नहीं हैं। इस कार्यवाही पर विवाद होने से केन्द्र सरकार को यह निर्णय देना पड़ा कि केवल अश्लील चाइल्ड पॉर्नसाइट्स ही प्रतिबन्धित हैं। प्रतिबन्ध लगने से उत्सुकता और बढ़ती है। वास्तव में बैन लगना सेक्स अपराध का हल नहीं है। उसे रोकने के लिए जो कानून बने हैं उन्हीं का सख्ती से और सही ढंग से क्रियान्वयन हो, यही पर्याप्त है। आयु-सीमा पर बन्धन लगाना एक मुश्किल काम है। पॉर्न वेबसाइट्स पर सेक्स को गलत ढंग से दिखाया जाता है जिससे विकृत मानसिकता का विकास होता है। नैतिकता के आधार पर अश्लीलता फैलाने को अनुचित ही कहा जायेगा। बैन लगने से थोड़ी-बहुत रोकथाम होगी ही। कम उम्र के बच्चे भी चोरी-छिपे इस प्रकार की चीजें देखते हैं और इसका दुष्प्रभाव भी उन पर पड़ता है।

कतिपय जागरूक लोग एवं संस्थाएँ एसिड अटैक की पीड़िताओं को राहत पहुँचाने हेतु प्रयत्नशील हैं। बर्न इंजरी होने पर उत्तर प्रदेश की राजधानी लखनऊ में एस. जी. पी. जी. आई. में मोबाइल नम्बर 8004904539 पर वांछित सूचनाएँ प्राप्त की जा सकती हैं। यहाँ पर इससे सम्बन्धित 30 बेड के वार्ड के जल्द ही अस्तित्व में आने की सम्भावना है। महिला एवं बाल-कल्याण विभाग की प्रमुख सचिव रेणुका कुमार ने एक वक्तव्य में बताया है कि महिलाओं के लिए 'आशा ज्योति किरन' नाम से एक हेल्प लाइन 181 शुरू होने जा रही है जिसमें महिलाओं की समस्याएँ सुनी जायेंगी और निस्तारण का प्रयास भी होगा। इसका मुख्यालय लखनऊ के आशियाना में होगा और यह 102 और 108 के तर्ज पर आधारित होगा। जिलों में भी हेल्प लाइन सेण्टर होंगे जहाँ गाड़ी से पीड़ित महिलाओं को लाने व ले जाने में सुविधा होगी। पीड़ित महिला 181 पर शिकायत दर्ज करायेगी जो सम्बन्धित विभाग के अधिकारियों को भेजी जायेगी। हर कॉल का लेखा-जोखा रखा जायेगा तथा शिकायत के निस्तारण की अवधि तय होगी। वुमेन पावर लाइन 1090 ने एक 'एप' तैयार किया है जो महिलाओं के लिए सुरक्षा कवच होगा। इसके अप्लीकेशन में इमरजेन्सी और पुलिस एलर्ट के विकल्प होंगे। पुलिस एलर्ट पर क्लिक करने पर महिला की लोकेशन ज्ञात हो जायेगी। इसमें महिला

को मोबाइल फोन का वाल्यूम कण्ट्रोल की दबाना होगा, पाँच से सात सेकण्ड तक फिर हरी लाइट जलेगी, इसके पश्चात् ऑडियो और वीडियो रिकार्डिंग हो जायेगी और सम्बन्धित व्यक्ति को ज्ञात किया जा सकेगा। हरियाणा सरकार ने भी पीड़ित महिलाओं के लिए 'स्वधार गृह' को मंजूरी दी है। एसिड अटैक पीड़िता को तत्काल मदद की आवश्यकता होती है फिर भी इस सबसे कुछ राहत तो प्राप्त हो ही सकती है।

वर्ष 2013 से पूर्व एसिड अटैक भारतीय दण्ड संविधान में अलग अपराध की श्रेणी में नहीं था लेकिन अब कानून में परिवर्तन कर एसिड अटैक के दोषियों के लिए सजा का प्रावधान किया गया है। यह संशोधन वर्ष 2013 में हुआ और इसे अलग अपराध की श्रेणी 326-ए तथा 326-बी में शामिल किया गया। एसिड अटैक के आरोपी को आरोप सिद्ध होने पर न्यूनतम पाँच वर्ष का कारावास होगा। संशोधन से पूर्व आई. पी. सी. की धारा-326 में गम्भीर रूप से जख्मी करने पर और दोषी सिद्ध होने पर दस वर्ष का कारावास था या उम्रकैद दिये जाने का प्रावधान था। यह बदलाव 16 दिसम्बर, 2012 में हुई गैंगरेप की घटना के बाद किया गया है। वर्ष 1993 में वियना मानवाधिकार सम्मेलन में इसे जेण्डर आधारित हिंसा की श्रेणी में लाया गया और अन्य देशों से भी कड़े कानून बनाने को कहा गया। वर्ष 2011 में वैश्विक स्तर पर इस तरह से होनेवाली हिंसा के सम्बन्ध में कार्नेल विश्वविद्यालय की संस्था 'एवोन ग्लोबल सेण्टर फार वुमन ऐण्ड जस्टिस' ने अपनी रिपोर्ट में भारत, पाकिस्तान और कम्बोडिया को इस प्रकार के अपराधों में अग्रणी माना। बाँग्ला देश में कड़े कानून बनने के बाद इस प्रकार के अपराधों में बीस प्रतिशत की कमी दर्ज की गयी। वहाँ वर्ष 1999 से वर्ष 2009 तक अर्थात् एक दशक में लगभग तीन हजार केसेज इस प्रकार के हुए थे। हमारे देश में भी इसके सम्बन्ध में कड़े कानून बनाये जाने की अपेक्षा है। यूनिसेफ की चाइल्ड प्रोटेक्शन चीफ सुजैल बिस्सेल का कथन है कि बीस साल से कम आयु के बीस प्रतिशत बच्चों की हत्या परिवार के ही किसी सदस्य द्वारा की जाती है। वर्ष 2012 में इनकी संख्या 95 हजार अनुमानित पायी गयी। 13 से 15 वर्ष की आयु के बीच हर तीन में से एक बच्चा हिंसा का शिकार बनता है। भारत में सुप्रीम कोर्ट ने एसिड अटैक पीड़ित के लिए निजी अस्पतालों में भी निःशुल्क इलाज किये जाने का ऐतिहासिक निर्णय दिया है साथ ही एसिड की खुली बिक्री पर रोक लगा दी गयी है। केवल लाइसेन्स धारक ही इसका विक्रय कर सकेंगे और क्रेता का डिटेल तथा आई कार्ड का ब्योरा विक्रेता को रजिस्टर में दर्ज करना होगा। जो इसका उल्लंघन करेंगे उन पर कानूनी कार्यवाही होगी। फ्री इलाज का अर्थ है दवा, बेड और भोजन आदि निःशुल्क। पहली बार एसिड अटैक पीड़िता का इलाज जिस अस्पताल में होगा वहाँ से पीड़िता को सर्टीफिकेट दिया जायेगा तथा सरकार तीन लाख रुपये मुआवजे के रूप में उपलब्ध करायेगी। हालाँकि एसिड अटैक पीड़िता की समस्या का हल मुआवजा नहीं है फिर भी इस मुआवजे से उसे आंशिक राहत तो मिलेगी ही।

एसिड अटैक के कारण एसिड की बिक्री पर कतिपय प्रावधान किये गये हैं जिससे इस प्रकार की वारदातों में कमी आ सके पर दुःख की बात है कि बाजार में खुलेआम इसकी बिक्री हो रही है। यहाँ तक कि बैट्री की दुकानों एवं परचून की दुकानों पर भी यह सहज रूप में उपलब्ध है। न तो ग्राहक से नाम पूछा जाता है और न ही आई डी देखी जाती है, रजिस्टर में दर्ज होना तो दूर की बात है। कभी-कभार पुलिस कुछ लोगों को पकड़ती भी है और विष अधिनियम, 1919 की धारा-6 के अन्तर्गत कार्यवाही की जाती है। प्रावधान यह बनाया गया है कि विक्रेता लाइसेन्स लेगा, रजिस्टर पर क्रेताओं का विवरण अंकित करेगा तथा क्षेत्रीय मजिस्ट्रेट प्रत्येक माह इसकी निगरानी करेगा पर ये सभी प्रावधान फिलहाल निष्प्रभावी हैं। वर्ष 2015 में उत्तर प्रदेश के मुख्यमन्त्री ने साठ एसिड अटैक पीड़िताओं को, जिनमें महिलाएँ एवं लड़कियाँ शामिल थीं, तीन-तीन लाख रुपये दिये। जिन महिलाओं ने एसिड अटैक की वारदात में बहादुरी दिखायी उनको लक्ष्मीबाई वीरता पुरस्कार से सम्मानित भी किया गया, साथ ही अपील भी की गयी कि एसिड अटैक के आरोपियों का सामाजिक बहिष्कार किया जाये। हेल्पलाइन 1090 को और भी आधुनिक बनाने की बात भी कही गयी। एसिड अटैक की पीड़िताओं ने सुरक्षा की माँग की तथा आरोपियों पर त्वरित कार्यवाही किये जाने पर जोर दिया गया। उनको शीघ्र ही यथोचित व्यवस्था किये जाने हेतु आश्वस्त किया गया पीड़िताओं को परिचय-पत्र दिया गया जिसके आधार पर किसी भी सरकारी अस्पताल या मेडिकल कॉलेज में वे निःशुल्क चिकित्सा करा सकें।

लखनऊ में एक विवाहित महिला ने ब्यूटी पार्लर खोला तथा पति की शराब की लत से परेशान होकर वह मायके में रहने लगी। एक दिन रात्रि के अँधेरे में उस पर तेजाब फेंका गया और उसका चेहरा झुलस गया। अब उसके समक्ष स्वयं के इलाज और तीन बच्चों के पालन-पोषण के दायित्व की विकराल समस्या है। किसी के साथ उसके देवर ने यह वारदात की तो किसी के साथ पीछा करनेवाले का महिला के द्वारा विरोध करने पर यह वारदात हुई। इन सभी के समक्ष इलाज, सामान्य जीवन जीने तथा पुनर्वास की समस्याएँ हैं जिसके प्रति सरकार एवं एन. जी. ओ. के द्वारा यथेष्ट प्रयास किये जाने अपेक्षित हैं। एसिड अटैक से पीड़ित एक महिला दो माह इलाज अस्पताल में कराने के बाद जब घर पहुँची तो लोक-लाज का हवाला देकर उसे घर पर रखने से इन्कार कर दिया गया। आर्थिक मदद मिले तो वह अपनी सर्जरी करा ले। एक अन्य घटना में पति ने ही पत्नी पर एसिड डाल दिया, बाद में न तो उसे ससुराल में शरण मिली और न मायके में। कई पीड़िताओं के घाव अभी तक भरे नहीं हैं और मवाद आता रहता है। किसी को इस अटैक के बाद बोलने में परेशानी होती है और इशारे से ही काम चलाना पड़ता है। कभी ससुराल पक्ष से या दबंगों द्वारा केस वापस लेने का दबाव बनाया जाता है और कई बार पुलिस भी कार्यवाही हेतु पैसे की डिमाण्ड करती है। ऐसी स्थिति में वे निरुपाय एवं निस्सहाय होकर छोटे-मोटे काम करके किसी तरह जीवन जीने हेतु विवश बनी रहती हैं।

एसिड अटैक की पीड़िताओं का जीवन दुश्वार और विभिन्न कठिनाइयों से भरा होता है। वे समाज से कटकर अलग-थलग हो जाती हैं। उन्हें एसिड से कुप्रभावित अपने चेहरे को ढककर कोर्ट, थाने व अस्पताल के न जाने कितने चक्कर लगाने पड़ते हैं। ऐसी पीड़िताओं के लिए 'शीरोज हैंग आउट कैफे' खोलने की योजना प्रस्तावित है। इस योजना द्वारा उन्हें मेन स्ट्रीम से जोड़ा जायेगा। यह कैफे 'छाँव' एन. जी. ओ. के द्वारा कानपुर में आरम्भ किया जायेगा। वास्तविकता यह है कि एसिड पीड़िता कुछ दिनों तक मीडिया की सुर्खियों में रहती हैं, उनके प्रति कतिपय लोग सहानुभूति भी दर्शाते हैं फिर धीरे-धीरे लोग इस वारदात और पीड़िता को भूलने लगते हैं। अक्टूबर, 2014 में इस प्रकार का कैफे आगरा में आरम्भ किया गया जिसे एसिड अटैक से पीड़ित चार महिलाएँ चला रही हैं। आगरा के बाद कानपुर में प्रदेश के इस दूसरे कैफे को संक्रामक रोग अस्पताल (आई.डी.एच) में तैयार किया जा रहा है। प्रशासन ने फण्ड और जगह देने का दायित्व लिया है। इस कैफे के द्वारा पीड़िताओं के दर्द की जानकारी ली जायेगी और उसको दूर करने का प्रयास होगा। समस्याओं का निवारण पुनर्वास की दृष्टि से इस प्रकार होगा कि उनमें कौशल का विकास हो सके और वे आत्मनिर्भर बन सकें। आशा ज्योति केन्द्र के माध्यम से उनको प्रशिक्षण दिया जायेगा और कानपुर के विभिन्न स्थानों पर सात सेण्टर्स की स्थापना की जायेगी। पीड़िताओं के लिए सिलाई, कढ़ाई तथा अन्य प्रकार के कौशल का विकास प्रशिक्षण के माध्यम से होगा। यह एक सराहनीय प्रयास है। इसी प्रकार इन कैफे और सेण्टर्स का विस्तार होगा अन्य जिलों में जिससे दुःख-दर्द झेल रही पीड़िताओं को राहत मिल सके।

एसिड अटैक और ह्यूमन ट्रैफिकिंग पर कानून में बदलाव हुए हैं। आई. पी. सी. की धारा-326 ए व 326 बी में अधिकतम उम्रकैद तक का प्रावधान है। इसी प्रकार ह्यूमन ट्रैफिकिंग में धारा 370 में सब सेक्शन बढ़ाये गये हैं जिसमें अधिकतम उम्रकैद का प्रावधान है। पीड़िताओं के लिए मानसिक उपचार एवं काउन्सलिंग की भी अत्यन्त आवश्यकता है क्योंकि इससे इन पीड़िताओं के डिप्रेशन, अक्षमता एवं आत्म-हत्या के प्रयास को दूर किया जा सकेगा। ब्रजेश पाठक के नेतृत्व में बनी कमेटी ने अपनी रिपोर्ट में कहा है कि देश-भर में लगभग चार हजार साइकोलॉजिस्ट हैं जो देश की जनसंख्या को देखते हुए कम हैं। मेडिकल कॉलेजों में मनोचिकित्सा विभाग खोले गये हैं जिससे मनोविकारों का इलाज सम्भव हो सके। आँकड़े बताते हैं कि एक लाख युवाओं में 12.7 लड़कियाँ आत्म-हत्या कर लेती हैं जो चिन्तनीय है। आवश्यकता इस बात की है कि मानसिक चिकित्सा और मनोवैज्ञानिक सेवाओं का विस्तार किया जाये जिससे एसिड अटैक पीड़िताओं को भी सामान्य जीवन जीने के लिए मानसिक रूप से मजबूती मिल सके।

कतिपय एसिड अटैक पीड़िताओं ने जिन्दादिली के उदाहरण प्रस्तुत किये हैं जिससे अन्य पीड़िताएँ प्रेरणा ले सकती हैं। एसिड अटैक के कारण एक युवती की आँख की

रोशनी चली गयी व सुनने की क्षमता भी कम हो गयी थी लेकिन उसकी जीवन्तता से प्रभावित होकर एक इलेक्ट्रिकल इंजीनियर ने विवाह कर लिया और वे सुखी दाम्पत्य जीवन जी रहे हैं। लक्ष्मी नाम की युवती जो किसी सिरफिरे के कारण एसिड अटैक से सोलह वर्ष की आयु में ग्रस्त हो गयी। माता-पिता के द्वारा हौसला बढ़ाने पर उसने आत्म-हत्या का विचार त्याग दिया। उसने ब्यूटीशियन का कोर्स किया, टेलरिंग सीखी, कम्प्यूटर सीखा तथा 'छाँव' नामक एन. जी. ओ. बनाया जो इन पीड़िताओं के पुनर्वास के लिए प्रयासरत है। उसके हौसले के कारण उसे कई अवॉर्ड मिले, यहाँ तक कि अमेरिकी राष्ट्रपति बराक ओबामा की पत्नी मिशेल ओबामा ने भी उसे सम्मानित किया। इस प्रकार उसको अन्तरराष्ट्रीय प्रसिद्धि मिली। एक अन्य घटना में एक युवती पर उसके फुफेरे भाई ने एसिड अटैक करवाया। आरोपी तो जेल में अपने किये का दण्ड भुगत रहा है और युवती ने कार्ड डिजाइन करना सीख लिया तथा ड्रेस डिजाइन सीखने के प्रति प्रयत्नशील है। इसी प्रकार एक नशेड़ी पति ने अपनी दोनों बेटियों और पत्नी पर तेजाब फेंका जिससे डेढ़ साल की बच्ची की मौत हो गयी तथा तीन साल की बेटी की आँख की रोशनी चली गयी तथा पत्नी का इलाज जारी है। एसिड अटैक का कारण था पत्नी की सन्तान के रूप में दो बेटियों का होना। यह है कुत्सित पुरुषवादी सोच जब कि वास्तविकता यह है कि सन्तान के लिंग निर्धारण में पति का योगदान होता है न कि पत्नी का। अब माँ, बेटी ही एक-दूसरे की हौसला अफजाई करती रहती हैं। एक अन्य केस में एक सौतेली माँ ने बेटी पर एसिड फेंक दिया था क्योंकि उसकी नजर उसके आभूषणों पर थी। यह पीड़िता सिलाई और डिजाइन का काम सीख रही है। इस प्रकार इन पीड़िताओं के उदाहरण से अन्य पीड़िताओं को प्रेरणा मिलती है जीवन में कुछ बनने या कर गुजरने के लिए। हम सभी को चाहिए कि इन पीड़िताओं के दुःख-दर्द को कम करने के लिए यथासम्भव मदद करें साथ ही एसिड अटैक के विरुद्ध आवाज बुलन्द करें और आरोपियों का बहिष्कार करें। एसिड अटैक होने पर अधिक-से-अधिक पानी डालें जिससे एसिड का प्रभाव कम हो सके। इन पीड़िताओं के पुनर्वास की विभिन्न योजनाएँ संचालित की जायें। एसिड की बिक्री हेतु नियमों का कड़ाई से पालन हो। एस.डी.एम. विक्रेता पर यदि वह नियमों का पालन न करे तो पचास हजार तक का अर्थदण्ड लगा सकता है। केन्द्र सरकार द्वारा पाँच लाख मुआवजे के साथ अदालत के द्वारा लगाये गये अर्थदण्ड की राशि पीड़िता को दी जायेगी। इस प्रकार जन-जागृति एवं मनोवृत्ति में बदलाव लाकर ही एसिड अटैक के अभिशाप को दूर किया जा सकेगा।

•

दहेज उत्पीड़न

समाज में प्रचलित दहेज-प्रथा सामाजिक बुराई के साथ अपराध भी है। आये दिन मीडिया के द्वारा दहेज प्रताड़ना एवं दहेज हत्या के समाचार से हम सभी अवगत होते रहते हैं। विवाह के अवसर पर सुख-सुविधा के लिए कन्या पक्ष द्वारा वस्तुएँ दी जाती रही हैं लेकिन स्वेच्छा से देने और वर पक्ष की माँग के अनुसार देने के लिए विवश होकर देने में अन्तर है। दहेज की माँग पूरी न होने पर वर पक्ष का बारात लौटाने के लिए अड़ जाना या शादी से इन्कार की घटनाएँ भी जब-तब देखने को मिलती रहती हैं, साथ ही विवाहिता को प्रताड़ित करने के मामले भी होते रहते हैं। कभी आग लगाकर जल जाने को आत्म-हत्या का रूप दिया जाता है और कभी विवाहिता को जलाकर या अन्य किसी प्रकार से प्रताड़ित कर मौत के आगोश में समा दिया जाता है। नेशनल क्राइम रिपोर्ट ब्यूरो (एन.सी.आर.बी.) के अनुसार हमारे देश में प्रत्येक घण्टे पर एक महिला दहेज हत्या का शिकार बन रही है। उत्तर प्रदेश की राजधानी लखनऊ में वर्ष 2011 की गणना के अनुसार महिलाओं की संख्या 13.83 लाख है। वर्ष 2013 में लखनऊ में महिलाओं के विरुद्ध 1431 मामले दर्ज हुए जिसमें 39 केसेज दहेज हत्या के थे। वर्ष 2012 में भारत में धारा-498 ए में 1,97,000 लोगों की गिरफ्तारी हुई जिसमें 93 प्रतिशत लोगों के खिलाफ चार्जशीट दाखिल की गयी और केवल पन्द्रह फीसदी लोगों को सजा मिली। दहेज प्रताड़ना के सम्बन्ध में तीन लाख बहत्तर हजार के लगभग केसेज पेण्डिग में हैं।

दहेज शब्द के समानान्तर एक शब्द है 'दाइज' जो स्त्रीधन के रूप में है तथा विवाह के समय कन्या के माता-पिता द्वारा कन्या को दिया जाता था। यह प्रथा अत्यन्त प्राचीन है। गोस्वामी तुलसीदास कृत 'रामचरितमानस' में सीता जी को उनको विवाह में राजा जनक द्वारा दिये गये 'दाइज' का वर्णन इस प्रकार है–

दाइज अमित न सकिअ कहि, दीन्ह बिदेहँ बहोरि।
जो अवलोकत लोकपति, लोक संपदा थोरि।।

यह दाइज कन्या के माता-पिता की स्वेच्छा से होता था। कालान्तर में दाइज की प्रथा दहेज के रूप में परिवर्तित हो गयी जो समाज में अनेक परिवार के विघटन एवं पतन का कारण बनी क्योंकि सामर्थ्य हो या न हो, वर पक्ष की माँग के अनुसार दहेज देना कन्या पक्ष की विवशता बनी। देहज की माँग पूरी न करने पर स्त्री को अपनी ससुराल में पति एवं ससुराल पक्ष के लोगों की प्रताड़ना को झेलना पड़ता है। आवश्यकता इस बात की है कि स्त्रीधन और दहेज में अन्तर को समझा जाये। विवाह के अवसर पर जो उपहार और आभूषण लड़की को दिये जाते हैं वे स्त्रीधन कहे जायेंगे तथा लड़के और लड़की दोनों के उपयोग हेतु जो चीजें दी जाती हैं यथा फर्नीचर, टी.वी, वाशिंग मशीन एवं फ्रिज आदि वे स्त्रीधन ही हैं। स्त्रीधन दहेज की श्रेणी में नहीं आता है और इस पर विवाहिता का पूर्ण अधिकार होता है। आशीर्वाद के रूप में यदि कोई भेंट दी जाती है या ससुराल पक्ष से भी लड़की को वस्त्र, आभूषण आदि जो दिया जाता है वह भी स्त्रीधन है। इस पर किसी प्रकार का हस्तक्षेप कोई नहीं कर सकता है। कानून के अनुसार विवाह के एवज में वर या उसके पक्ष के लोग कन्या पक्ष से यदि कोई माँग करते हैं जैसे कैश, आभूषण, गाड़ी एवं अन्य सामान आदि तो वह दहेज की श्रेणी में माना जायेगा। ससुरालवाले स्त्रीधन को जब अपने कब्जे में ले लेते हैं तो आई. पी. सी. की धारा-406 के अन्तर्गत अमानत में खयानत के आधार पर केस दर्ज किया जाता है और यह संज्ञेय अपराध की श्रेणी में आता है जो गैरजमानती है। दहेज प्रतिषेध अधिनियम, 1961 के अनुसार दहेज लेना और देना दोनों अवैध हैं। 1983 में आई. पी. सी. की धारा-498 ए बनी जिसमें दहेज के लिए पत्नी को प्रताड़ित करने पर पति एवं उसके रिश्तेदारों पर कार्यवाही किये जाने का प्रावधान किया गया है। 1961 में दहेज प्रतिषेध अधिनियम में दहेज की परिभाषा इस प्रकार है– "विवाह के एक पक्ष अथवा माता-पिता या अन्य व्यक्ति को उक्त पक्षकारों के विवाह के प्रतिफलस्वरूप प्रत्यक्ष रूप से अथवा परोक्ष रूप से दी गयी सम्पत्ति अथवा मूल्यवान् प्रतिभूति दहेज कहलायेगी।" इसके आगे कहा गया–"विवाह के मौके पर किसी भी एक पक्ष द्वारा नकदी, गहनों, कपड़ों अथवा अन्य वस्तुओं के रूप में दी जानेवाली भेंट को तब तक दहेज नहीं कहा जायेगा जब तक कि वे भेंटें उक्त पक्षकारों द्वारा विवाह के फलस्वरूप न दी गयी हों या जिन्हें देना विवाह की शर्त न रहा हो। विवाह के समय मायके और ससुरालवालों से प्राप्त गहनों व कपड़ों को वधू का स्त्रीधन मानकर दहेज की श्रेणी में न रखा जाये।" 1984 में हुए संशोधन से इस कानून के अन्तर्गत पुलिस को यह अधिकार मिला कि बगैर वारण्ट के ही आरोपी को गिरफ्तार कर सके।

पुरुषप्रधान समाज में सदियों से नारी प्रताड़ित होती रही है विभिन्न कारणों से और इस प्रताड़ना से मुक्ति दिलाने हेतु समय-समय पर प्रयास भी किये जाते रहे हैं। काफी समय पहले से ही परम्परा रही है कि कन्या के माता-पिता उसके सुखद भविष्य के लिए विवाह के अवसर पर सामर्थ्य के अनुसार यथोचित धन और वस्तुएँ देकर विदा करते

रहे हैं फिर शनैः-शनैः यह प्रथा दूषित हो गयी। वर का मूल्य माँगा जाने लगा अर्थात् दहेज और उसकी पूर्ति न करने पर प्रताड़ना एवं अत्याचार का सिलसिला शुरू हो गया। यहाँ तक कि उन्हें मौत के घाट उतारा जाने लगा। इस प्रकार दहेज के लोभी लोगों की पाशविकता का नंगा एवं सच्चा रूप सामने आने लगा। लोग यह भूल जाते हैं कि प्रायः परिवार में लड़के और लड़की दोनों होते हैं। आज जो लड़के के विवाह में दहेज ले रहे हैं, वधू को प्रताड़ित कर रहे हैं कल उनकी कन्या के लिए भी इसी प्रकार की समस्या सामने आ सकती है।

दहेज प्रताड़ना के लिए धारा-498 ए के अन्तर्गत तीन साल तक की सजा हो सकती है। यह अपराध गैरजमानती है। वर्ष 1986 में दहेज प्रतिषेध अधिनियम में सशोधन किया गया और इस अपराध के लिए सजा न्यूनतम सात वर्ष तथा पन्द्रह हजार रुपये आर्थिक दण्ड निर्धारित किया गया। स्त्री के जलने या जलाये जाने की घटनाओं में कई बार मूल कारण दहेज से ही सम्बन्धित होता है। दहेज को कानून की दृष्टि से अपराध माना जाता है लेकिन उपहारों के आदान-प्रदान को अपराध नहीं माना जाता है। इस कानून के उल्लंघन की शिकायत कई बार दर्ज नहीं होती है जिससे प्रताड़ना या हत्या करनेवाले स्वतन्त्रतापूर्वक ले-देकर घूमते रहते हैं। इसलिए धारा-498 ए के अन्तर्गत दहेज में स्त्री के साथ क्रूरता को भी जोड़ा गया जिसमें यह स्पष्ट किया गया कि क्रूरता का अर्थ व्यक्ति के उस व्यवहार या आचरण से है जिसमें स्त्री आत्म-हत्या के लिए उत्प्रेरित होती है या उसको शारीरिक और मानसिक गम्भीर क्षति पहुँचती है। वर्ष 1985 में दहेज प्रतिषेध अधिनियम में वर-वधू भेंट सूची को सम्मिलित किया गया। इसके द्वारा यह सूची विवाह के समय या विवाह के पश्चात् शीघ्र तैयार की जायेगी। वर्ष 1986 में इस नियम में और संशोधन किया गया जिसके द्वारा दहेज लेने अथवा देनेवाले को दोषी माना जायेगा तथा पाँच वर्ष का कारावास तथा अर्थदण्ड दिया जायेगा साथ ही जो दहेज दिया गया है उसे भी वसूला जायेगा। इस अधिनियम में धारा-304 बी को जोड़ा गया जो 'दहेज के कारण मृत्यु' से सम्बन्धित है। इसमें यह प्रावधान किया गया है कि विवाह के सात वर्ष तक में यदि स्त्री की मृत्यु जलने या शारीरिक चोट द्वारा होती है तथा प्रमाण मिलता है क्रूरता के तो सम्बन्धित व्यक्ति या व्यक्तियों को न्यूनतम सात वर्ष के कारावास से लेकर आजीवन कारावास तक की सजा दी जा सकती है। अगर मृत्यु प्राकृतिक कारण से होती है और स्त्री की कोई सन्तान नहीं है तो समस्त स्त्रीधन जो लड़की को दिया गया था, उसे उसके माता-पिता प्राप्त कर सकते हैं।

वैवाहिक विज्ञापनों में भी धनाढ्य या सम्पन्न परिवार की कन्या की माँग की जाती है जबकि वर्ष 1986 में दहेज कानून में संशोधन कर इस प्रकार के विज्ञापनों को प्रतिबन्धित कर दिया गया है इसीलिए इसका स्वरूप उपर्युक्त रूप में हो गया है। इस अधिनियम की धारा-4 (अ) के द्वारा वैवाहिक विज्ञापनों में आर्थिक हैसियत दर्शाने पर रोक लगायी गयी है। इसका उल्लंघन करने पर पाँच साल तक की सजा और पन्द्रह

हजार रुपये के दण्ड दिये जाने का प्रावधान किया गया है। इस कानून में भी कई लूप होल्स हैं। इसके साथ ही पुलिस भी कई बार निष्पक्ष ढंग से आचरण नहीं करती यानी उचित कार्यवाही की कमी बनी रहती है। स्त्रीधन रखने का अधिकार केवल सम्बन्धित व्यक्ति का ही होता है। अन्य कोई तभी उसे रख सकता है तब विवाहिता उसको यह अधिकार प्रदान करे।

दहेज उत्पीड़न की सभी शिकायतें सच नहीं होती हैं। कई बार ऐसा देखा गया है कि पति-पत्नी में कलह या मनमुटाव के कारण पति और उसके परिवार के लोग जेल भेज दिये जाते हैं। आँकड़े बताते हैं कि प्रतिवर्ष लगभग दस हजार केसेज दहेज उत्पीड़न से सम्बन्धित फर्जी निकलते हैं। झूठे आरोपों के कारण बेकसूर पति और उसका परिवार जेल चला जाता है इसलिए दहेज उत्पीड़न कानून में संशोधन किया जाना प्रस्तावित है क्योंकि वर्तमान में दहेज उत्पीड़न एक गैरजमानती अपराध है जिसमें दोनों पक्षों के बीच समझौते की गुंजाइश नहीं रहती है। विधि आयोग और न्यायमूर्ति मलिमथ ने प्रस्ताव दिया है कि आई. पी. सी. की धारा- 498 ए को समाधेय अपराध माना जाये जिससे पति-पत्नी के बीच समझौते और निपटारे की व्यवस्था सम्भव हो सके। वर्तमान में आरोपी तब तक जेल में रहता है जब तक कि वह अदालत में निर्दोष सिद्ध न हो जाये अन्यथा आरोप सिद्ध होने पर उसे तीन वर्ष के कारावास की सजा पूरी करनी पड़ती है। परिवार में वैवाहिक समस्याएँ उत्पन्न होने पर पति और उसके घरवालों पर झूठे आरोप दहेज से सम्बन्धित मढ़ दिये जाते हैं। सुप्रीम कोर्ट ने भी वर्ष 2010 में इसकी पुष्टि करते हुए कहा था कि दहेज कानून असन्तुष्ट महिलाओं का अस्त्र बन गया है। प्रस्ताव से सम्बन्धित यदि कानून बन जाता है तो केवल बयान के आधार पर केस बनाकर गिरफ्तारी नहीं होगी और प्रारम्भिक जाँच के बाद ही कार्यवाही होगी। जाँच में पर्याप्त सबूत होने पर गिरफ्तारी की जायेगी। गिरफ्तारी के बाद मजिस्ट्रेट के समक्ष आरोपी को पेश करना होगा साथ ही यह बताना होगा कि गिरफ्तारी क्यों जरूरी थी। यदि ऐसा नहीं होता है तो पुलिस के विरुद्ध विभागीय कार्यवाही होगी साथ ही अदालत की अवमानना सम्बन्धी कार्यवाही होगी।

वर्तमान में महिला उसी थाने में दहेज उत्पीड़न की शिकायत कर सकती है जो उसके ससुराल के क्षेत्र के अन्तर्गत है। महिला अपराध निरोधक शाखा पहले दोनों पक्षों में समझौता कराने की कोशिश करती है। प्रयास के सफल न होने पर केस दर्ज होगा और दहेज के अतिरिक्त मारपीट भी की गयी है तो धारा- 498 ए व 406 के अन्तर्गत केस रजिस्टर होगा। स्त्री चाहे तो मायके में रहकर भी केस लड़ सकती है। इसके लिए उसे उच्चतम न्यायालय में आवेदन करना होगा और आवेदक की दलील से सन्तुष्ट होने पर सुप्रीम कोर्ट केस के स्थानान्तरण का आदेश दे सकती है। दहेज कानून में बदलाव तभी सम्भव है जब संसद् में गम्भीरता से इस पर चर्चा हो और नियमानुसार कानून बने। लगभग एक लाख दहेज के मामलों में दस हजार मामले सच नहीं होते हैं। आँकड़े गवाह

हैं कि पिछले सालों में धारा- 498 ए में जितने लोग गिरफ्तार हुए उसमें 94 प्रतिशत प्री-ट्रायलस्टेज में ही निर्दोष पाये गये तथा जिन पर मुकदमा चला उसमें भी 85 प्रतिशत निर्दोष सिद्ध हुए। इसमें अधिकांश लोग बगैर जाँच के ही गिरफ्तार किये गये थे। समय की माँग है कि इस कानून में परिवर्तन हो अर्थात् दहेज निरोधक कानून को लचीला एवं पारदर्शी बनाया जाये। कानून इस आधार पर नहीं बनने चाहिए कि पूर्वधारणा पर ही किसी को शोषक मान लिया जाये। प्रस्ताविक संशोधन में इस बात की संस्तुति की गयी है कि आर्थिक दण्ड को पन्द्रह गुना बढ़ाया जाये। आमजन यही चाहते हैं कि महिला को उसके ससुराल में सुरक्षित वातावरण मिले। दहेज निरोधक कानून जो 1961 में बना रिफार्मेटिव कानून है। दहेज निरोधक कानून की धारा-8 कहती है कि दहेज देना और लेना अपराध है। धारा-3 दहेज देने के मामले से सम्बन्धित है जिसमें पाँच वर्ष की कैद का प्रावधान है और धारा-4 के अनुसार दहेज की माँग करना अपराध है। शादी से पूर्व ही वर या वरपक्ष दहेज की माँग करता है तो इस धारा में केस फाइल किया जा सकता है। धारा-406 स्त्रीधन पर अन्य कोई कब्जा कर ले उससे सम्बन्धित है।

यूनिसेफ ने 'ही फार शी' अभियान चलाया है जिसके मुताबिक महिलाओं के हक की लड़ाई अब पुरुष भी लड़ेंगे। स्त्रियाँ तो अपने हक की लड़ाई लड़ती ही हैं लेकिन तब यह अभियान और भी प्रभावी बनेगा जब पुरुष भी उनका साथ दें। इससे उनकी मानसिकता में परिवर्तन होगा तथा पुरुष समाज इससे प्रभावित होकर महिलाओं के साथ समानता का व्यवहार करेगा। इस अभियान में पद्मश्री डॉ. मन्सूर हसन, सेवानिवृत्त न्यायाधीश अमर सरन एवं अन्य कई लोग सहयोग दे रहे हैं। 2 जुलाई, 2014 को सुप्रीम कोर्ट ने कहा है कि सात साल तक की सजावाले मामलों में केस दर्ज होते ही गिरफ्तारी नहीं होगी क्योंकि गिरफ्तारी के अधिकार और गिरफ्तारी के औचित्य में अन्तर है। इसमें व्यक्तिगत स्वतन्त्रता और सामाजिक सन्तुलन बनाये रखना आवश्यक है। उसने कहा कि सी. आर. पी. सी. की धारा-41 में बिना वारण्ट के गिरफ्तारी में कतिपय तथ्यों का खयाल रखें जिससे मजिस्ट्रेट के समक्ष बता सकें इसकी आवश्यकता को तथा पुनः आरोपी के अपराध करने की सम्भावना को, गवाहों को प्रभावित किये जाने की आशंका एवं जाँच के लिए। गिरफ्तारी न करने की स्थिति में वह मजिस्ट्रेट को कारण बताये तथा बिना कारण आरोपी को हिरासत में रखने पर सम्बन्धित मजिस्ट्रेट के विरुद्ध उच्च न्यायालय ऐक्शन ले साथ ही पुलिस कर्मी के विरुद्ध भी कार्यवाही हो। कभी-कभी ऐसा भी होता है कि बिस्तर पर अस्वस्थ पड़े ससुरालीजन या विदेश में रहनेवाले रिश्तेदार भी दहेज कानून के निशाने पर होते हैं। आज भी पुलिस औपनिवेशिककाल की मानसिकता से ग्रस्त है। वह प्रायः पहले गिरफ्तारी करती है तत्पश्चात् आगे की कार्यवाही करती है। यहाँ यह जानना आवश्यक है कि पति के उन रिश्तेदारों के खिलाफ ही दहेज हत्या का मामला बनता है जो ब्लड रिलेशन में हों यथा पति के माता-पिता, भाई या पिता की दत्तक सन्तान अथवा विवाह

के रिलेशन में हों जैसे भाभी एवं जीजा। यह भी त्रासदी है कि कुछ मामलों में कई साल जेल में बिताने पर और मुकदमा लड़ते-लड़ते अन्त में आरोपी बरी हुआ। इससे आरोप की सन्दिग्धता जाहिर होती है। दिल्ली हाईकोर्ट के जज ने दिसम्बर, 2010 में टिप्पणी की कि हर आत्म-हत्या दहेज की माँग का कारण नहीं है। यह टिप्पणी जस्टिस शिवनारायण ढींगड़ा की थी। कई बार ऐसा भी होता है कि आर्थिक तौर पर कमजोर आरोपी जो बड़े वकील नहीं रख सकते हैं, वे इसकी सजा भुगतते हैं। दिल्ली हाईकोर्ट के ही जस्टिस जे. डी. कपूर का मानना है कि दहेज प्रताड़ना के मामले समझौतावादी होने चाहिए। उनके अनुसार यदि गम्भीर चोट का मामला नहीं है तो ऐसे केसेज में समझौते की स्वीकृति देनी चाहिए। वास्तविकता यह है कि धारा-498 ए का दुरुपयोग शादी की नींव को क्षतिग्रस्त कर रहा है। जज(सेशन कोर्ट, दिल्ली) कामिनी लॉ ने दहेज कानून को लीगल टेररिज़्म बताया है। यह पुलिस तथा कोर्ट की जिम्मेदारी होनी चाहिए कि पति के कारनामों के कारण उसके रिश्तेदार बगैर प्रमाण के न फँसे। दिल्ली हाईकोर्ट के जस्टिस कैलाश गम्भीर का कथन है कि दहेज प्रताड़ना केसेज में कैजुअली रिपोर्ट दर्ज न हो। यह एफ. आई. आर., डी. सी. पी. रैंक के अधिकारी से अनुमोदन लेने के पश्चात् ही दर्ज हो। वकीलों का यह प्रयास होना चाहिए कि वे दोनों पक्षों में समझौते के लिए प्रयासरत हों। गिरफ्तारी उगाही का धन्धा न बने तथा वकील भी केवल पैसे के लिए इस प्रकार के केसेज की संख्या बढ़ाने में योगदान न दें। आई. पी. सी. की धारा-304 बी दहेज हत्या से सम्बन्धित है जिसका सम्बन्ध विवाह के सात वर्ष के अन्दर विवाह की असामान्य या रहस्यमय परिस्थितियों में मृत्यु से है। दहेज प्रताड़ना धारा- 498 ए से सम्बन्धित है जिसमें मानसिक प्रताड़ना के अन्तर्गत मायके से मिलने या बात करने की मनाही है और मनोवैज्ञानिक प्रताड़ना का अर्थ ताने देना आदि है। एडवोकेट के. टी. एस. तुलसी का कहना है कि महिलाओं की सुरक्षा के लिए दहेज के कानून को सख्ती से लागू किया जाये।

दहेज प्रताड़ना एवं हत्या के मामलों में निर्दोष भी गिरफ्तार होते हैं। कई केसेज झूठे भी होते हैं इसलिए दहेज निरोधक कानून में संशोधन अवश्य होना चाहिए। इसके पक्ष एवं विपक्ष में कई तर्क दिये जा सकते हैं और कारण बताये जा सकते हैं पर यह देखना होगा कि लोगों को फँसाने के लिए या बदला लेने के लिए इसे हथियार के रूप में इस्तेमाल न किया जाये। यह निर्विवाद सत्य है कि दहेज उत्पीड़न एवं हत्या महिलाओं के लिए ही नहीं अपितु समस्त समाज के लिए अभिशाप है। हमें अपनी मानसिकता और आचरण में परिवर्तन लाना होगा जिससे विवाहिताएँ उत्पीड़न का दंश न झेलें और न ही मौत की शिकार बनें तभी महिलाएँ सुरक्षित रह सकेंगी और स्वस्थ समाज का निर्माण व विकास हो सकेगा।

यौन उत्पीड़न

यौन उत्पीड़न केवल भारत की ही नहीं अपितु यह एक विश्वव्यापी समस्या है। इसके विविध स्वरूप हैं और यह अपराध की श्रेणी में आता है। आये दिन समाचार-पत्रों एवं मीडिया के माध्यमों से समाचार उत्पीड़न के प्रकाशित व प्रसारित होते रहते हैं। शिशु अवस्था से लेकर अल्पवयस्क, किशोरियाँ, युवतियाँ और प्रौढ़ या अधेड़ उम्र की महिलाएँ तक इस त्रासदी से ग्रस्त होती रहती हैं। अत्यन्त दुःख की बात है कि विश्व की आधी जनसंख्या महिलाओं की है, उन्हें आधी दुनिया भी कहा जाता है और उन्हें इस उत्पीड़न की भयंकर प्रताड़ना से गुजरना पड़ता है। यौन उत्पीड़न की अधिकतर शिकार महिलाएँ ही होती हैं साथ ही बालक और किशोर भी इस उत्पीड़न के शिकार होते हैं जो दूषित मानसिकता की परिचायक हैं। आधुनिकता की होड़ में महानगरीय संस्कृति हम पर हावी होती जा रही है जिससे ऐयाशी की मनोवृत्ति को बढ़ावा मिला है और यौन उत्पीड़न परिवार व समाज के स्तर पर बदस्तूर जारी है जिसकी परिणति बलात्कार, आत्महत्या या हत्या के रूप में हो रही है। 'वीमेन लिब' आन्दोलन भी उद्देश्यों की पूर्ति में असफल रहा है। महिलाओं को पूर्वापेक्षा अधिक अधिकार मिले हैं, वे प्रगति की ओर उन्मुख भी हैं पर उत्पीड़न से वे मुक्त नहीं है। वासना के भूखे भेड़िये, दरिन्दों की तरह वयस्क एवं अवयस्क महिलाओं पर टूट पड़ते हैं और हवस का शिकार बनाकर या तो उनकी हत्या कर देते हैं या चलती-फिरती लाश की तरह असुरक्षित जीवन जीने को विवश कर देते हैं। नारी की अस्मिता कहीं भी सुरक्षित नहीं रह गयी। श्रीमद्भगवद्गीता का यह श्लोक उद्धरणीय है—

काम एष क्रोध एष रजोगुणसमुद्भवः।
महाशनो महापाम्पा विद्ध्येनमिह वैरिणम्।।

अध्याय 3, श्लोक 37

अर्थात् यह रजोगुण से उत्पन्न हुआ काम क्रोध का कारण है। यही सबसे बड़ा पापी तथा सब-कुछ खा जानेवाला है अतः इसे ही अपना दुश्मन मानो।

काम एवं क्रोध के वशीभूत होकर पुरुष कई बार जघन्य कृत्य कर डालता है। दूसरों का यौन शोषण गम्भीर अपराध है। आजकल कहीं-कहीं पर रक्षक ही भक्षक बन रहे

हैं। नारी निकेतन और पुलिस थाने आदि में दैहिक शोषण की घटनाएँ प्रकाश में जब-तब आती रहती हैं। बहला-फुसलाकर भगायी गयी लड़कियों को यातनाएँ देकर जबरन पेशा करने के लिए विवश कर दिया जाता है। कहीं-कहीं तो परिवारीजन ही उससे वेश्यावृत्ति कराते रहते हैं। विकसित समाज में कॉल गर्ल्स की संख्या बढ़ती जा रही है। एक अनुमान के अनुसार हमारे देश में लगभग तीस लाख सेक्स वर्कर्स हैं, ग्यारह सौ रेड लाइट एरिया हैं जहाँ गैरकानूनी ढंग से वेश्यावृत्ति होती है और तीन लाख कोठे या चकलाघर हैं। कर्नाटक की लिंगायत समुदाय की महिला जगतूगुरु मैथे महादेवी का कथन है कि जब तक वेश्यावृत्ति को कानूनी मान्यता नहीं मिलती है तब तक रेप नहीं रुकेंगे। नेशनल वीमेन कमीशन की अध्यक्ष ललित कुमार मंगलम ने इससे सहमति जताते हुए कहा कि इसको कानूनी मान्यता मिलने से महिलाओं की खरीद-फरोख्त रुकेगी और एड्स की बीमारी को नियन्त्रित किया जा सकेगा। एक एन. जी. ओ. ने 100 देशों पर सर्वे किया और बताया कि 39 देशों में सेक्स के धन्धे पर पाबन्दी है, 50 देशों में मान्यता मिली है तथा 11 देशों में आंशिक मान्यता ही है। ब्रिटेन, अर्जेण्टीना, ब्राजील और कनाडा आदि देशों में इसे मान्यता मिली हुई है, अमेरिका, स्वीडन, स्पेन, आस्ट्रेलिया, मलयेशिया आदि में कुछ चीजें कानून के दायरे में आती हैं और कुछ गैरकानूनी हैं। सेक्स वर्क को कानूनी मान्यता मिलने से छह देशों में 5 प्रतिशत ट्रैफिकिंग केसेज में बढ़ोतरी देखी गयी। वेश्यावृत्ति के पक्ष एवं विपक्ष में कई तर्क दिये जा सकते हैं। पक्ष में दलील देनेवालों का कहना है कि इससे शोषण कम होगा, आय का बड़ा भाग महिला को मिलेगा, बालिग युवतियाँ अपनी इच्छा से इसमें आयेंगी और ग्राहक को प्रोटेक्शन हेतु साधन अपनाने को विवश कर सकेंगी। मुम्बई में कई रेड लाइट एरिया हैं और वहाँ बलात्कार केसेज अपेक्षाकृत कम होते हैं। आस्ट्रेलिया के क्वीनलैण्ड में चकलेघर पर पाबन्दी लगने से वहाँ रेप केसेज में एक सौ पचास फीसदी बढ़ोतरी देखी गयी। मान्यता मिलने से महिलाओं को सभी सरकारी सुविधाएँ मुहैया हो सकेंगी। विपक्ष की दलील है कि इससे महिलाओं की माँग बढ़ेगी और आपूर्ति का संकट बढ़ेगा तथा मान्यता मिलने से किसी को इस व्यवसाय को अपनाने से रोकना सम्भव नहीं होगा साथ ही उन्हें कई नियम एवं कानूनों का पालन करना होगा। प्रसिद्ध लेखिका मैत्रेयी पुष्पा का कथन है कि लाइसेन्स देना ही है तो पुरुषों को दिया जाये ताकि उनके चेहरे उजागर हो सकें। हमारे देश में यदि दो विषमलिंगीय वयस्क व्यक्ति सहमति से सेक्स करते हैं तो यह अपराध नहीं है लेकिन चकलाघर गैरकानूनी है। कानून की धारा- 366 ए और 366 बी के अनुसार नाबालिग लड़कियों और विदेशी लड़कियों को सेक्स के लिए लाना जुर्म है तथा क्रय-विक्रय भी अपराध है साथ ही पब्लिक प्लेस को सेक्स गतिविधियों के प्रयोग करने पर ग्राहक और सेक्स वर्कर दोनों सजा के हकदार होंगे। वर्तमान स्थिति हमारे देश में यही है कि वेश्यावृत्ति जुर्म है और पकड़े जाने पर सजा हो सकती है।

फिल्मी विज्ञापनों एवं पत्र-पत्रिकाओं में नारी के उत्तेजक अंगों को दिखाया जाता है। अश्लील पोस्टर सड़कों पर दिखायी पड़ते हैं। होटलों में कैबरे नृत्य तथा ब्लू फिल्मों का अवैधानिक रूप से निर्माण किया जाना आदि नारी के यौन शोषण के प्रति लिप्सा को बढ़ावा देते हैं प्रत्यक्ष या परोक्ष रूप से। पीड़िता की न्यूड फोटो शेयर करने या वाट्स एप पर फोटो वायरल करने पर साइबर ऐक्ट, 228 ए के तहत कार्रवाई हो सकती है। प्यार में धोखा एक सामाजिक समस्या है। हर्ष संस्था की ओर से 'बी अवेयर' अभियान के अन्तर्गत महिलाओं को आत्मरक्षा के गुर सिखाये जाते हैं। भारत में लगभग 4 करोड़ वेबसाइट्स हैं जिनमें अश्लील साइट्स की संख्या पर्याप्त है। पॉर्नसाइट्स से अश्लीलता फैलती है। कठिनाई यह है कि इन साइट्स के कई सर्वर विदेशों में हैं। महिलाओं पर हो रहे यौन अपराध के कारक अश्लील साहित्य और एडल्ट पॉर्न साइट्स भी हैं। इन पर होनेवाले यौन अपराधों के लिए सन्तुष्टि के अतिरिक्त ताकत और नियन्त्रण का प्रदर्शन उत्तरदायी है। इण्टरनेट कानून के अभाव में बहुत-से लोग अश्लील वीडियो को देखने के लिए प्रेरित होते हैं। एक अनुमान के अनुसार देश-भर में 20 करोड़ से अधिक अश्लील वीडियो क्लीपिंग उपलब्ध हैं।

इनडिसेण्ट रिप्रजेण्टेशन ऑफ वुमन ऐक्ट, 1986 के सेक्शन 3 और 4 में से प्रथम यानी सेक्शन तीन में ऐसे विज्ञापन जिसमें अभद्र ढंग से महिला को चित्रित किया गया है तो दो साल की सजा और दो हजार रुपये जुर्माना हो सकता है तथा द्वितीय यानी सेक्शन चार किसी किताब, पोस्टर या पर्चे छपवाने या वितरित करने से सम्बन्धित है जिसमें महिला को अभद्र ढंग से निरूपित किया गया है। इसमें भी वही सजा है जो सेक्शन तीन में प्रावधान है। पहले सामन्ती युग में नारी का शोषण सामन्त, जमींदार, सरदार या शासक करते थे अब पूँजीपति, शक्तिसम्पन्न, अपराधी प्रवृत्ति एवं मनोविकार से ग्रस्त लोग यौन शोषण के लिए उतारू दिखायी पड़ते हैं। भ्रूण परीक्षण के नाम पर गर्भ में ही बालिकाओं की हत्या कर दी जाती है फलस्वरूप लैंगिक असमानता के कारण भी यौन उत्पीड़न में वृद्धि हुई है। यौन शोषण से ग्रस्त ज्यादातर महिलाएँ कोर्ट-कचहरी के दरवाजे खटखटा नहीं पाती हैं और जो ऐसा करने का दुस्साहस करती हैं, उन्हें अपमान, धिक्कार और लांछन की स्थिति झेलनी पड़ती है तथा लम्बी न्यायिक प्रक्रिया से गुजरना पड़ता है। आर्थिक स्थिति भी यौन उत्पीड़न का एक कारक है।

वर्किंग प्लेस पर महिलाएँ, चाहें सर्विसरत हों या श्रमिक अर्थात् मजदूरी करनेवाली, यौन उत्पीड़न के दंश को झेलती हैं। इस प्रकार के उदाहरण देखने-सुनने को मिलते रहते हैं। एन.सी.आर.बी. की रिपोर्ट के अनुसार वर्ष 2014 में वर्क प्लेस पर सेक्सुअल हैरेसमेण्ट के 526 केसेज हुए। विडम्बना यह है कि सभी सरकारी कार्यालयों में इण्टर्नल कम्प्लेण्ट कमेटी नहीं बन पायी है। निजी क्षेत्र में 97 फीसदी फर्म्स को महिलाओं के यौन उत्पीड़न अर्थात् प्रीवेन्शन, प्रॉहिबिशन एवं रिड्रेसल सम्बन्धी कानून, 2013 की जानकारी ही नहीं है। उन्हें यह ज्ञात नहीं है कि इस कानून को कैसे क्रियान्वित किया

जाये। राजस्थान में इस कानून की निगरानी के लिए स्थानीय शिकायत समिति और नोडल अधिकारी की नियुक्ति जिलाधिकारी के माध्यम से की गयी है पर सभी राज्यों में यह व्यवस्था अभी तक अपूर्ण है। यद्यपि वर्ष 2013 के दिसम्बर में पब्लिक और प्राइवेट वर्क प्लेस पर महिलाओं के यौन उत्पीड़न को रोकने के लिए कानून बन चुका है। महिला और बाल विकास मन्त्रालय पूर्व में बने कानून की स्थिति को स्पष्ट करने एवं यौन उत्पीड़न को रोकने हेतु गाइड लाइन्स की एक पुस्तिका प्रकाशित करने जा रही है जिससे कानून का क्रियान्वयन भली-भाँति हो सकने में सुविधा हो। औरतों की खरीद-फरोख्त आज भी कुछ जगहों पर होती रहती है जो बर्बर युग की याद दिलाते हैं और इसका उद्‌देश्य यही है अनैतिक धन्धे करवाना। अपहरण किया जाना भी यौन शोषण का एक कारक है। पुलिस द्वारा समुचित संरक्षण एवं कार्यवाही के अभाव में भी यौन शोषण की घटनाओं में वृद्धि होती है। विभिन्न व्यवसायों में कार्यरत महिलाएँ यथा शिक्षिका, नर्स, स्टेनो एवं रिसेप्शनिस्ट आदि को यौन उत्पीड़न की स्थिति से कभी-कभी गुजरना पड़ता है। पहले के समय में नगरवधू, गणिका और देवदासी के रूप में महिलाएँ यौन शोषण का शिकार होती रही हैं और आज भी अवैध रूप से संचालित वेश्यालयों या चकलाघरों में इसका स्वरूप दृष्टिगत होता है।

नेशनल क्राइम रिपोर्ट ब्यूरो के अनुसार वर्ष 2012 की तुलना में रेप की घटनाओं में वर्ष 2013 में 35.2 फीसदी वृद्धि हुई है। वर्ष 2012 में 24,923 घटनाएँ दर्ज हुई थीं, वर्ष 2013 में इनकी संख्या 33,707 हो गयी। राज्यों में मध्य प्रदेश रेप सम्बन्धी घटनाओं में प्रथम तथा शहरों में दिल्ली का स्थान प्रथम रहा। 33,707 केसेज में 31,807 मामले में पीड़िता और आरोपी परिचित थे। इनमें 539 केसेज में परिवार के सदस्य ही आरोपी थे। 2,315 मामले रिश्तेदारों के द्वारा और 10,782 पड़ोसियों के द्वारा किये गये। अपरिचित द्वारा किये गये इन अपराधों में 15 या 16 में एक का अनुपात रहा। यह आँकड़े दर्ज मामलों के हैं वास्तविक रूप में संख्या इससे कहीं अधिक है क्योंकि कई मामले दर्ज करवाये नहीं जाते तथा कई मामले दर्ज किये नहीं जाते हैं। इधर महिलाओं में जागरूकता आयी है जिसके कारण दर्ज रिपोर्ट की संख्या बढ़ी है तथा विभिन्न अभियानों के फलस्वरूप परिणाम यह रहा कि वर्ष 2012 में पुलिस ने 64.5 प्रतिशत केसेज की जाँच पूरी की थी वहीं वर्ष 2013 में जाँच पूरी करने का प्रतिशत 68.5 रहा। उत्तर प्रदेश सरकार ने हाईकोर्ट में ब्योरा दिया है कि मई-जून, सन् 2014 के छह सप्ताह में महिलाओं के विरुद्ध 4,300 आपराधिक घटनाएँ हुई हैं। एक अनुमान के अनुसार 17 प्रतिशत महिलाएँ यौन उत्पीड़न की शिकार हैं। देश में हर घण्टे में अट्‌ठारह महिलाएँ प्रत्यक्ष या परोक्ष रूप से अर्थात् किसी-न-किसी प्रकार यौन शोषण का शिकार होती हैं। बलात्कार की तीस प्रतिशत घटनाएँ ही थाने में दर्ज हो पाती हैं।

संयुक्त राष्ट्र अपराध चलन सर्वे के अनुसार रेप के सम्बन्ध में भारत का विश्व में तीसरा स्थान वर्ष 2010 के आँकड़ों के अनुसार है। 85,593 घटनाओं की संख्या के

आधार पर अमेरिका का स्थान प्रथम और 41,180 केसेज के आधार पर ब्राजील का स्थान दूसरा रहा। इससे स्पष्ट होता है कि विकसित राष्ट्र की भी यह गम्भीर समस्या है। ये आधिकारिक आँकड़े हैं। अनाधिकारिक आँकड़ों या अनुमान के अनुसार समस्त विश्व में दक्षिण अफ्रीका में सबसे ज्यादा यानी वर्ष भर में लगभग पाँच लाख केसेज रेप के होते हैं। वर्ष 2012 में हत्या की दृष्टि से भारत का स्थान विश्व में दूसरा रहा है। नेशनल क्राइम रिकार्ड ब्यूरो (एन. सी. आर. बी.) के अनुसार भारत के राज्यों में बाल यौन शोषण में उत्तर प्रदेश तीसरे स्थान पर है। 11.17 प्रतिशत दुराचार उत्तर प्रदेश में हुए वर्ष 2013 में। 14 नवम्बर, 2012 को भारत सरकार ने लैंगिक अपराधों से बालक का संरक्षण अधिनियम, 2012 बना दिया है लेकिन सुचारु रूप से यह क्रियान्वित नहीं हो रहा है। यौन उत्पीड़न और छेड़छाड़ से आक्रान्त हो जाने पर कई लड़कियाँ वयस्क एवं अल्पवयस्क दोनों श्रेणी की अपने जीवन से आजिज आकर आत्महत्या कर लेती हैं। वैसे आत्महत्या की कोशिश के लिए धारा-309 के अन्तर्गत सजा का प्रावधान है किन्तु अब इसे अपराध की श्रेणी से बाहर किये जाने का प्रयास हो रहा है। कभी-कभी कस्टडी में आरोपी या पीड़िता को प्रताड़ित किये जाने की घटनाएँ होती रहती हैं। वैसे कस्टडी में प्रताड़ना दिये जाने पर तीन साल तक की सजा हो सकती है। अब सभी पुलिस स्टेशनों पर और जेलों में सी.सी.टी.वी. कैमरे लगाने का प्रयास हो रहा है।

दिल्ली में वर्ष 2014 में 6,500 केसेज बलात्कार और छेड़छाड़ के दर्ज हुए। सूसन ब्राउन मिलन ने 'अगेन्स्ट अवर विल' में उल्लेख किया है कि सामान्यतया पाँच केसेज में केवल एक ही थाने में दर्ज होता है। वर्ष 2013 की तुलना में वर्ष 2014 में महिलाओं के विरुद्ध अपराधों की संख्या में बढ़ोतरी हुई है। जार्ज कार्लिन का कथन है—"हमारे समय का विरोधाभास यह है कि हमने इमारतें तो बहुत ऊँची बना ली हैं पर हमारी मानसिकता क्षुद्र हो गयी है।" इस कथन की पुष्टि विभिन्न सर्वे भी करते हैं। नील मैलमय के अनुसार कानूनी प्रतिबन्ध न होने पर 58 फीसदी लोगों ने स्वीकार किया कि वे जोर-जबरदस्ती कर गुजरेंगे यौन सम्बन्ध स्थापित करने के लिए। 'नाओमी वुल्फ' द्वारा 'द ब्यूटी मिथ' में किये गये एक अध्ययन में बताया गया है कि 50 फीसदी युवाओं ने कहा कि वे रेप कर सकते हैं। अमेरिका में एम. एस. पत्रिका ने राष्ट्रीय मानसिक स्वास्थ्य के सहयोग से 3,187 महिलाओं पर सर्वेक्षण किया और 'रेप' की कानूनी तौर पर जो परिभाषा वर्णित है उसके अनुसार एक चौथाई महिलाएँ इसकी शिकार बन चुकी हैं। रेप की शिकार 84 प्रतिशत महिलाओं ने खुलासा किया कि वे दुष्कर्मी को जानती थीं। डायना रसेल ने सैनफ्रान्सिस्को की 930 महिलाओं पर किये गये एक अध्ययन में पाया कि 44 प्रतिशत महिलाएँ रेप की या इस हेतु किये गये प्रयास से ग्रस्त हो चुकी थीं। हालैण्ड में 1,054 मध्यमवर्गीय महिलाओं का सर्वेक्षण किया गया और यह पाया गया कि 15.6 फीसदी लोगों का यौन शोषण उनके सगे सम्बन्धियों ने किया था तथा 24.6 प्रतिशत महिलाएँ किसी अन्य के द्वारा बचपन में रेप की शिकार हो चुकी थीं।

यौन उत्पीड़न की रोकथाम के लिए समयानुसार कानून में परिवर्तन भी हुए। नये और कठोर कानून बने पर अपराधों में कमी के स्थान पर वृद्धि दृष्टिगत हो रही है। कारण स्पष्ट है कि कानून का सही ढंग से क्रियान्वयन न होना तथा अन्य कारक भी सहायक हैं। दिल्ली में एक वर्ष में 30 फीसदी से अधिक की बढ़ोतरी रेप केसेज में हो चुकी है। महिलाओं को सेक्स आब्जेक्ट के रूप में देखने की बहुत-से पुरुषों की मनोवृत्ति है। वर्ष 2001 से 2011 तक राष्ट्रीय अपराध ब्यूरो के अनुसार 48,338 बच्चे यौन हिंसा से पीड़ित हुए। वर्ष 2001 में जहाँ इनकी संख्या 2,113 थी वहीं वर्ष 2011 में बढ़ोतरी होकर यह संख्या 7,112 तक पहुँच गयी। देश में यौन अपराध बाल संरक्षण नियम बन चुका है जिसमें बाल उत्पीड़न के सभी प्रकारों को विशिष्ट अपराध की श्रेणी में शामिल किया गया है। जे. जे. ऐक्ट में प्रावधान है कि सोलह साल से अधिक और अट्ठारह साल की पूर्णता के पूर्व की आयु के किशोर वय के लोगों की गम्भीर अपराध में संलिप्तता पाये जाने पर जे. जे. बोर्ड निर्धारित करेगा कि उनका केस सेशन कोर्ट में चले या जुवेनाइल कोर्ट में। नाबालिग से सहमति लेकर या सहमति के बिना बनाया गया सम्बन्ध रेप कहलाता है। जाँच के दौरान अपराधी की मानसिकता परखी जायेगी जैसे सबूत नष्ट करने पर गम्भीरता बढ़ जाती है पर ऐसे केस लम्बे समय तक खिंच सकते हैं। किशोर अपराधी का केस आई. पी. सी. ऐक्ट के तहत चलने के निर्णय को ऊपरी अदालत में चुनौती दी जा सकती है जिससे समय अधिक लगेगा। यू. एन. सी. आर. सी. की धारा 40.1 में वर्णित है कि आरोपी बच्चों का ट्रायल एडल्ट अदालत से अलग पृथक् अदालत में चलना चाहिए केयर ऐण्ड प्रोटेक्शन ऑन राइट्स ऑफ दि चाइल्ड (सी. आर. सी.) के अनुसार। प्रोटेक्शन ऑफ चिल्ड्रेन फ्रॉम सेक्सुअल आफेन्स ऐक्ट, 2012 के क्रियान्वयन से बच्चों के प्रति यौन हिंसा से बचाव होता है। आई. पी. सी. की धारा में परिवर्तन से मानव तस्करी को आपराधिक कृत्य माना गया है।

परिवर्तन प्रकृति का नियम है। समय के साथ मान्यताएँ और प्रथाएँ परिवर्तित हुईं, नारी के अधिकार बढ़े फिर भी यौन उत्पीड़न में कमी नहीं हुई। यौन उत्पीड़न के प्रमुख कारक अथवा स्वरूप इस प्रकार हैं—

- यौन उत्पीड़न अधिकांशतः परिचित या रिश्तेदार द्वारा होता है।
- कार्यरत महलाओं को अपने सहकर्मी या अधिकारी के द्वारा इसका दंश झेलने की स्थिति उत्पन्न होती है।
- एस. एम. एस. द्वारा अश्लील मेसेज भजने से महिलाएँ उत्पीड़ित होती हैं।
- प्रोफेशनल क्लासेज, तकनीकी संस्थानों, उच्च शिक्षा केन्द्रों में रैगिंग के नाम पर सारी हदें पार कर सीनियर्स प्रवेश लिये अभ्यर्थियों के साथ यौन उत्पीड़न करते कभी-कभी उदाहरणस्वरूप दृष्टिगत होते हैं।
- नारी सुधार गृह एवं बाल सुधार गृह आदि जगहों पर भी यौन उत्पीड़न की घटनाएँ प्रकाश में आती रहती हैं।
- अपहरण करके एवं लिफ्ट देकर जबरन दुराचार की घटनाएँ घटित होती रहती हैं।

- होटल आदि में गुप्त कैमरों की मदद से युगलों के प्रणय या स्नान, नग्न, अर्द्धनग्न अवस्था में फोटो खींच लेना तथा यौन उत्पीड़न के लिए विवश करना।
- युवावस्था में प्रेम में नकार दिये जाने या सम्बन्ध विच्छेद होने की स्थिति में इस प्रकार की कुचेष्टा का प्रयास किया जाना।
- नौकरी का लालच देकर, विज्ञापन या फिल्म आदि में काम दिलाने के बहाने कतिपय फर्जी संस्थाओं या व्यक्तियों द्वारा उत्पीड़न करना।
- विवाह से पूर्व स्थापित प्रेम-सम्बन्धों को विवशता में जारी रखना और पति से इस बात को छिपाना अथवा पूर्व प्रेमी द्वारा पत्र या फोटो को सार्वजनिक करने की धमकी देना या पति को अवगत कराने हेतु कहकर यौन उत्पीड़न जारी रखना।
- आवेदन-पत्र में अंकित फोन या मोबाइल नम्बर की जानकारी किसी प्रकार से करके अश्लील बातें कर परेशान करना।
- कभी-कभी अर्थ लाभ के लिए परिवार के ही सदस्य द्वारा अन्य से यौन सम्बन्ध स्थापित करने हेतु विवश किया जाना।
- शादी का झाँसा देकर भगायी गयी युवतियों का विक्रय कर चकलाघरों में रहने के लिए विवश करने के पश्चात् देह-व्यापार में संलिप्त किया जाना।
- विभिन्न आश्रमों या तथाकथित आध्यात्मिक गुरुओं/तान्त्रिकों के चक्कर में पड़कर देह शोषण का शिकार बनना।
- फरियाद लेकर जाने पर आरोपी के विरुद्ध कभी-कभी उसके प्रभाव के कारण कार्यवाही न कर रक्षक ही भक्षक बनकर उत्पीड़न कर डालते हैं।

उपर्युक्त के अतिरिक्त यौन उत्पीड़न के और भी विविध स्वरूप हो सकते हैं। इधर दुष्कर्मरोधी कानून अर्थात् यौन अपराध कानून संशोधन विधेयक पर सहमति से सेक्स करने की उम्र अट्ठारह वर्ष से घटाकर सोलह वर्ष किये जाने की बात चर्चित रही लेकिन मतैक्य नहीं बन सका। कारण लड़कियों के लिए विवाह की न्यूनतम उम्र अट्ठारह वर्ष और लड़कों के लिए इक्कीस वर्ष कानूनन निर्धारित है। इस संशोधन से बाल-विवाह को बढ़ावा ही मिलता। अच्छा हुआ कि उम्र-सीमा नहीं घटी।

इण्टरनेशनल संस्था 'ब्रेक थ्रू' के सर्वे के अनुसार 52 प्रतिशत महिलाओं ने उनके साथ हुई छेड़खानी को स्वीकार किया है। 39 प्रतिशत लड़कियों के साथ छेड़खानी की घटनाएँ बस स्टेशन, रेलवे स्टेशन, आटो व टेम्पो स्टैण्ड आदि स्थानों पर होती हैं। 29 प्रतिशत लड़कियों ने कॉलेज मार्ग पर आते-जाते समय इन घटनाओं की पुष्टि की है। 22 प्रतिशत लड़कियों ने छेड़खानी से बचने के लिए घर आने व जाने के रास्ते में परिवर्तन किया। इस संस्था की स्टेट इम्प्लीमेण्टेशन मैनेजर कृति प्रकाश ने बताया कि कानपुर, गया, राँची, पानीपत, बेंगलुरू और दिल्ली में इस संस्था द्वारा सर्वे किया गया है। छेड़खानी की घटना घटित होते देखकर 42 प्रतिशत लोग मूकदर्शक बने रहे। इस सर्वे में 749 लोगों को सम्मिलित किया गया जिसमें 388 महिलाएँ तथा 361 पुरुष

थे। आयु-वर्ग 15 से 24 वर्ष थी। सर्वे में यह तथ्य भी प्रकाश में आया है कि 17 प्रतिशत पुरुष भी सेक्सुअल हैरेसमेण्ट से पीड़ित होते हैं।

उत्तर प्रदेश की राजधानी लखनऊ पुलिस ने 9554401501 नम्बर पर वाट्स ऐप आरम्भ किया है जो शिकायतें दर्ज करने हेतु हैं। इससे महिलाएँ भी लाभान्वित हो सकती हैं। इस पर यद्यपि न तो एफ. आई. आर. दर्ज होगी और न केस की पैरवी हो सकेगी। यदि पुलिस केस की जाँच में कोई कोताही करती है तो उनके अधिकारियों को सूचना दी जा सकती है। इससे अपराध सम्बन्धी जानकारी, वीडियो या फोटो शेयर किया जा सकता है। इस सेल में तैनात सिपाही लव-कुश होंगे। यह कार्यक्रम सिटीजन पुलिस कनेक्ट प्रोग्राम के तहत आरम्भ किया गया है। लान्च किये गये WWW.fb.com/LucknowPolice 100 वेबसाइट पर पुलिस के दायरे में आनेवाली समस्याओं से पुलिस को अवगत कराया जा सकता है। प्रक्रिया यह है कि वाट्स ऐप हेतु दिये गये नम्बर पर मैसेज करके ग्रूप से जुड़ने के बाद शिकायत ग्रूप पर की जा सकती है। 48 घण्टे में शिकायतकर्त्ता को इसका जवाब मिलेगा तथा शिकायत करनेवाला ग्रूप से हटा दिया जायेगा। इसके बाद वही व्यक्ति पुनः कोई शिकायत करना चाहे तो उसे ग्रूप से पुनः जुड़ना होगा।

भारत सरकार शीघ्र ही एक वेबसाइट पर देश-भर के यौन अपराधियों के सम्बन्ध में जानकारी उपलब्ध कराने जा रही है। महिलाओं के विरुद्ध अपराध करनेवालों की सूची इस वेबसाइट पर होगी। डी.जी.पी. उत्तर प्रदेश के अनुसार जनवरी, 2014 से फरवरी, 2015 के मध्य पुलिस के विरुद्ध 23 केसेज रेप के दर्ज हुए जिसमें 29 लोगों का नाम था, जिसमें आठ लोगों के नाम गलत दर्ज थे शेष पर कार्यवाही जारी है। यह पुष्टि करता है इस बात को कि कभी-कभी रक्षक ही भक्षक बन जाते हैं। बलात्कार एक जघन्य अपराध है जिसमें फाँसी तक की सजा हो सकती है। फिर भी कतिपय नेता इस कृत्य की गम्भीरता को कम करते हुए कहते हैं कि बलात्कार में फाँसी की सजा उपयुक्त नहीं है। लड़कों से गलती हो जाती है। गैंगरेप होता ही नहीं है, कोई एक करता है और चार नाम उसके साथ जुड़ जाते हैं। ऐसे कथन उपयुक्त नहीं माने जा सकते हैं। इसी प्रकार एक सांसद का कथन है कि ऐक्ट्रेस सनी लियोनी के द्वारा किये गये कण्डोम के विज्ञापन से रेप की घटनाएँ बढ़ी हैं। संप्रग सरकार ने इस विज्ञापन को प्रतिबन्धित किया था लेकिन एन. डी. ए. के कार्यकाल में इसका प्रसारण जारी है। वास्तविकता यह है कि कण्डोम का विज्ञापन परिवार नियोजन की जानकारी उपलब्ध कराता है। सम्भव है कि इसमें कुछ अश्लीलता हो लेकिन जहाँ तक रेप की घटनाओं की वृद्धि का प्रश्न है उसके लिए उत्तरदायी है हमारी संकुचित, दूषित एवं आपराधिक प्रवृत्ति अन्य कारक नहीं। भारतीय फिल्म इण्डस्ट्री में कास्टिंग काउच के आरोप जब-तब लगते रहते हैं। वालीवुड ही नहीं हालीवुड में भी लैंगिक भेद-भाव से कोई ऐक्ट्रेस बच नहीं पायी है। यह कहना है वहाँ की ऐक्ट्रेस टैटियाना मैसलेनी का तथा उसने इस भेद-भाव को घटिया कहा है।

एन. सी. आर. बी. के आँकड़ों के अनुसार उत्तर प्रदेश में 154 प्रतिशत साइबर क्राइम में बढ़ोतरी हुई है। उत्तर प्रदेश में वर्ष 2013 में इनकी संख्या 682 थी जो वर्ष 2014 में बढ़कर 1,737 हो गयी। वर्ष 2013 की तुलना में वर्ष 2014 में झारखण्ड में 257.7 प्रतिशत, गुजरात में 194.8 प्रतिशत, महाराष्ट्र में 107.2 प्रतिशत, कर्नाटक में 91.4 प्रतिशत तथा असम में 146.17 प्रतिशत साइबर अपराधों में वृद्धि दर्ज की गयी। आन्ध्र प्रदेश, बिहार, हरियाणा, मध्यप्रदेश, जम्मू कश्मीर और त्रिपुरा में साइबर क्राइम में गिरावट आयी है। लड़के, लड़कियों पर फब्तियाँ कसते हैं जिसे बस स्टैण्ड, पार्क, कॉलेज जाने के रास्ते पर या मॉल में शापिंग करते समय अथवा अन्य सार्वजनिक स्थलों पर देखा जा सकता है जिससे कई बार अप्रिय घटनाएँ घटित होती रहती हैं। इस वीमेन हैरेसमेण्ट के विरुद्ध 'आस्किंग फार इट' टैगलाइन के साथ एक अभियान प्रारम्भ किया गया है जिसमें ब्रेक थ्रू संस्था की कण्ट्री डाइरेक्टर सोनाली खान, महिला सम्मान प्रकोष्ठ की डी. जी. सुतापा सान्याल और ऐक्टर सुशान्त सिंह आदि अभियान की सफलता में सहयोग दे रहे हैं। छेड़छाड़ या टीजिंग की शिकार होनेवाली महिलाओं के लिए चारबाग बस स्टेशन पर एक हेल्प डेस्क शुरू की जायेगी जहाँ पुलिस विभाग के छह कर्मचारी मौजूद रहेंगे। लड़कियों के चुप रहने के माइण्डसेट को बदलने की आवश्यकता है। छह राज्यों में कराये गये सर्वे में यह बात उभरकर आयी है कि 90 प्रतिशत महिलाओं को छेड़खानी का शिकार होना पड़ता है। इस प्रकार की घटनाओं को वहाँ पर मौजूद लोग मूकदर्शक होकर देखते रहते हैं। अगर वे मिलकर विरोध करें तो इन वारदातों में काफी कमी आयेगी।

आजकल छेड़छाड़ या सेक्सुअल हैरेसमेण्ट की घटनाओं में वृद्धि हो रही है। इसके अन्तर्गत विभिन्न गतिविधियाँ हैं यथा लड़की के प्रति कमेण्ट करना, उसका पीछा करना, स्पर्श करना, अभद्र इशारे करना, पोर्नोग्राफी दिखाना तथा अश्लील मेसेज भेजना आदि। ऐसी स्थिति में महिला को चाहिए कि वह इसे इग्नोर न करे, नजदीकी थाने में शिकायत दर्ज करवाकर एफ. आई. आर. की कापी प्राप्त कर ले। यदि एफ. आई. आर. दर्ज नहीं होती है तो उच्च अधिकारी को सूचित करे, तब भी कार्रवाई न होने पर वह मजिस्ट्रेट के समक्ष पिटिशॅन् दायर कर सकती है। अब तो ऑन लाइन शिकायत की सुविधा भी उपलब्ध हो गयी है। वह चाहे तो 1090 पर भी शिकायत कर सकती है। ऐसी स्थिति में उसकी पहचान गुप्त रखी जायेगी और थाने भी नहीं जाना पड़ेगा। यदि कोई पीछा करते हुए काण्टैक्ट करने का प्रयास करता है या सेक्सुअल स्पर्श करता है अथवा सेक्स सम्बन्धी डिमाण्ड करता है या पोर्नोग्राफी दिखाता है तो आई. पी. सी. की धारा-354 के अन्तर्गत दोष सिद्ध होने पर आरोपी को तीन वर्ष तक की सजा होने का प्रावधान है। यदि आरोपी सेक्सुअल कमेण्ट करने का दोषी पाया जाता है तो उसे एक वर्ष तक की सजा हो सकती है। सार्वजनिक स्थल पर अश्लील हरकत करने या अश्लील गाने का दोषी पाये जाने पर धारा-294 के अन्तर्गत उसे तीन महीने की सजा

या जुर्माना अथवा दोनों दण्ड हो सकता है। अश्लील फब्ती कसने या हरकत करने पर आरोपी को धारा-509 के अन्तर्गत एक वर्ष की सजा हो सकती है। दिल्ली में वर्ष 2012 में निर्भया काण्ड के पश्चात् कानून में कुछ परिवर्तन हुए हैं। अब यदि कोई महिला अपने पर यौन हमले की शिकायत करती है तो पुलिस को तत्काल शिकायत दर्ज करनी होगी। वह जाँच करने के बाद रिपोर्ट दर्ज करने का बहानां नहीं कर सकती है। यदि ऐसा नहीं होता है तो सम्बन्धित पुलिस अधिकारी के विरुद्ध कार्यवाही होगी। इस प्रकार के केसेज की सुनवायी की व्यवस्था फास्ट ट्रैक कोर्ट में होनी चाहिए जिससे दोषियों को सजा शीघ्र मिल सके।

अपराध की गम्भीरता को देखते हुए कानून में कतिपय बदलाव एण्टी रेप लॉ द्वारा किया गया है। पहले की तुलना में अब छेड़छाड़ के मामले में अधिकतम सजा पाँच साल तक की कर दी गयी है। धारा-354 के विभिन्न सेक्शन हैं ए, बी, सी और डी। धारा-354 ए के भी चार पार्ट हैं। यदि कोई सेक्सुअल स्पर्श करता है तो यह केस धारा 354-ए पार्ट-1 में होगा। सेक्सुअल डिमाण्ड करने के मामले में धारा-354 ए, पार्ट-2 के अन्तर्गत केस रजिस्टर होगा। यदि महिला को उसकी मर्जी के विरुद्ध पोर्नोग्राफी दिखायी जाती है तो यह केस आई. पी. सी. की धारा-354 ए पार्ट-3 के अन्तर्गत होगा तथा सेक्सुअल कमेण्ट करने पर धारा-354 ए, पार्ट-4 के अन्तर्गत केस दर्ज किया जायेगा। धारा-354 ए, पार्ट-1,2 तथा 3 में तीन वर्ष तक की सजा मिल सकती है तथा धारा-354 ए पार्ट-4 में एक वर्ष तक की सजा हो सकती है। ये जमानती श्रेणी के तथा संज्ञेय अपराध माने जायेंगे। यदि बल का प्रयोग करके कोई किसी महिला को कपड़े उतारने पर विवश करता है या खुद कपड़े उतारता है अथवा किसी अन्य से उतरवाता है तो इस प्रकार के केस धारा-354 बी के अन्तर्गत पंजीकृत होंगे। ऐसे अपराध संज्ञेय एवं गैरजमानती हैं तथा इसमें तीन वर्ष से लेकर सात वर्ष तक की सजा हो सकती है। इसी प्रकार किसी महिला के प्राइवेट ऐक्ट की कोई फोटो लेता है तथा उसको औरों से शेयर करता है तो यह धारा-354 सी का केस होगा। ऐसे केसेज में पहली बार जुर्म करने पर एक वर्ष से तीन वर्ष तक की सजा हो सकती है तथा दूसरी बार इस प्रकार के अपराध करने पर तीन से सात वर्ष तक की सजा का प्रावधान है। यदि कोई पुरुष किसी महिला का पीछा कर काण्टैक्ट करने पर प्रयास करता है तो इसे स्टाकिंग माना जायेगा और इस प्रकार के केस धारा-354 डी के अन्तर्गत दर्ज होंगे जिसमें दोष सिद्ध होने पर तीन वर्ष तक की सजा का प्रावधान है। पहली बार अपराध करने पर केस जमानती होगा लेकिन दूसरी बार करने पर गैरजमानती होगा।

विश्व के 80 देशों में मैरिटल रेप में सजा का प्रावधान है अर्थात् पति यदि पत्नी की इच्छा के विरुद्ध जबरन शारीरिक सम्बन्ध बनाता है तो यह रेप होगा जिसमें पति को सजा होगी। यहाँ तक कि नेपाल में भी इस तरह का प्रावधान है लेकिन भारत में मैरिटल रेप के लिए कोई प्रावधान नहीं है। एण्टी रेप लॉ में यदि पत्नी की उम्र 15 वर्ष

से अधिक है और पति रेप करता है तो यह अपराध भारत में नहीं माना जायेगा। हाँ, पत्नी की उम्र यदि पन्द्रह वर्ष से कम है और पति रेप के लिए दोषी सिद्ध होता है तो उसे रेप हेतु सजा का प्रावधान है। इसके पक्ष में लोगों का तर्क है कि शादी जैसे पवित्र बन्धन को बरकरार रखने के लिए मौजूदा कानून उपयुक्त है तथा विपक्ष में तर्क देनेवालों का कहना है कि वर्तमान कानून से महिला अधिकारों का हनन होता है। स्थिति कुछ भी हो लेकिन वर्तमान कानून के अनुसार पन्द्रह वर्ष से अधिक आयु की पत्नी के साथ शारीरिक सम्बन्ध बनाना भले ही जबरन क्यों न हो, रेप के दायरे में नहीं आता है अतः सजा होने का प्रश्न ही नहीं उठता है। नये एण्टी रेप लॉ में रेप की व्यापक परिभाषा दी गयी है। यदि कोई व्यक्ति शादी का झाँसा देकर महिला की सहमति से शारीरिक सम्बन्ध बनाता है और बाद में वह मुकर जाता है तो यह रेप के दायरे में आयेगा। एण्टी रेप लॉ बनने के बाद कानून में विविध संशोधन किये गये हैं और रेप के कानून को व्यापक तथा कठोर बनाया गया है। रेप के मामले में यदि महिला मरणासन्न स्थिति (विजिटेटिव स्टेज) में पहुँच जाये तो दोषी को अधिकतम फाँसी तक की सजा हो सकती है। सामान्यतया पुरुष के द्वारा जबरन शारीरिक सम्बन्ध बनाने को रेप कहा जाता है। यदि पुरुष अपना प्राइवेट पार्ट महिला के शरीर के किसी हिस्से में डालता है या पुरुष, महिला के प्राइवेट पार्ट में कोई वस्तु डालता है तो यह रेप के दायरे में आयेगा। अट्ठारह वर्ष से कम आयु की महिला के साथ सम्बन्ध बनाना, चाहे उसकी सहमति हो या नहीं, रेप कहलायेगा। डरा-धमकाकर सहमति लेना जैसे उसे जान से मारने की धमकी देना या उसके परिवार के किसी सदस्य को जाने से मारने की धमकी देकर सम्बन्ध बनाया जाना भी रेप होगा। इसी के साथ यदि महिला ने किसी पुरुष को सहमति इसलिए दी है कि वह उसे पति समझ रही है जबकि वास्तव में वह उसका पति नहीं है, ऐसी स्थिति में यदि शारीरिक सम्बन्ध बनते हैं तो इस प्रकार के केस रेप ही समझे जायेंगे।

उत्तर प्रदेश के मुख्यमन्त्री अखिलेश यादव की 'रिपोर्ट क्राइम अगेन्स्ट वुमेन' एक महत्त्वाकांक्षी योजना है लेकिन इसके सम्बन्ध में पुलिस विभाग के बहुत-से कर्मचारी और अधिकारी ही अनभिज्ञ हैं। वे नहीं जानते कि इस सम्बन्ध में किसी प्रकार की शिकायत आने पर दायित्व किसका होगा? कभी ऐसा होता है कि उत्पीड़न होता रहता है और पुलिस बगल से गुजर जाती है अनदेखी करते हुए, रोकथाम का प्रयास नहीं करती और दोषियों के विरुद्ध कार्यवाही भी नहीं करती है। ऐसी भी घटनाएँ हुई हैं कि पीड़िता महीनों थाने के चक्कर लगाती रहती है, उचित कार्यवाही करना तो दूर उल्टे उसे ही धमकाते हैं, कारण भले ही यह हो कि आरोपी ऊँची पहुँचवाला हो अथवा सम्पन्न हो और धन के बल पर रिपोर्ट दर्ज न करने का लालच दे दिया हो। ऑन लाइन शिकायत दर्ज यदि महिला करना चाहे तो HTTPS//UP POLICE GOV.IN की वेबसाइट पर वह शिकायत दर्ज कर सकती है। होम पेज पर पहुँचने के बाद, रिपोर्ट क्राइम अगेन्स्ट वुमेन, वाले आप्शन पर वह क्लिक करे। स्टेप वन में जिले का नाम,

थाना, नाम, पता, फोन नम्बर और ईमेल पता का वह उल्लेख करे तत्पश्चात् कम्प्लेण्ट लिखकर सबमिट करे। उसके बाद उसे रजिस्ट्रेशन संख्या और कम्पलेण्ट संख्या मिलेगी जिसके आधार पर पीड़िता अपने केस के प्रोग्रेस के बारे में जानकारी कर सकेगी। प्रोग्रेस की जानकारी ईमेल या फोन नम्बर पर दी जायेगी। यह लाभकारी वास्तव में तभी होगा जब यथोचित रूप से उसका क्रियान्वयन हो।

छेड़खानी से बचने के लिए उ. प्र. में 1090 ऐप को डाउनलोड करने के बाद निर्धारित प्रोफार्मा में यूजर को डिटेल्स देनी होगी जिसके बाद ऐप उस नम्बर को 1090 से जोड़ देगा। अधिकारी यूजर को फोन द्वारा डिटेल्स को कन्फर्म करेंगे जिससे इसका मिसयूज अन्य कोई न कर सके। इस ऐप के जरिये महिला परिवार या दोस्तों में से पाँच लोगों को जोड़ सकती है। गम्भीर स्थिति में ऐप इन लोगों को खतरे का मेसेज देगा और मदद की अपील करेगा। ऐप से ज्ञात होगा कि यूजर की लोकेशन कहाँ है तथा यदि वह चल रही है तो प्रत्येक दो-दो मिनट पर लोकेशन की स्थिति स्पष्ट होगी। ऐप के जरिये निकट के तीन थानों में मेसेज पहुँचने से पुलिस को आरोपी की घेराबन्दी करने में सुविधा होगी। महिला अर्थात् यूजर की इच्छा पर निर्भर है कि सहायता प्राप्त करने का सन्देश वह परिवार को भेजे या पुलिस को अथवा दोनों को। ज्यों ही महिला खतरे का मेसेज देगी उसके परिवार या परिचितों और तीन थानेदारों के पास मेसेज पहुँचेगा और रिसीवर के फोन सायरन की तरह तब तक बजते रहेंगे जब तक कि रिसीवर मेसेज को पढ़ नहीं लेता। इस ऐप की विशेषता यह है कि बीस-बीस सेकण्ड पर वीडियो और ऑडियो क्लिप पुलिस को भेजता रहेगा। इस बीच आरोपी यदि लड़की का फोन छीनकर फेंक भी देता है या तोड़ देता है तब तक पुलिस को लोकेशन प्राप्त हो चुकी होगी। इस योजना में हर कॉलेज से पावर एंजिल तैयार की जायेगी जिसके लिए दसवीं से पोस्ट ग्रेजुएशन की छात्राएँ ही अर्ह होंगी। उन्हें 1090 up.in पर जाकर Become Power Angel लिंक के द्वारा जिला और स्कूल आदि का विवरण ऑन लाइन फार्म में भरना होगा। प्रधानाचार्या की संस्तुति होने पर 1090 कैण्डिडेट को पावर एंजिल बनायेगी। उसे आई कार्ड और ट्रेनिंग दी जायेगी तथा कार्य के निष्पादन के आधार पर प्रमाण-पत्र भी मिलेगा। इसमें वही लड़कियाँ पावर एंजिल बनने के लिए वास्तव में उपयुक्त हैं जिनमें यौन उत्पीड़न से ग्रस्त महिलाओं के लिए कुछ कर गुजरने का जज्बा हो। यह 1090 वीमेन सिक्योरिटी ऐप एण्ड्रायड और आई. ओ. एस. दोनों प्लेटफार्मों पर चलेंगे। खतरे की स्थिति में इसके प्रयोग हेतु दो आप्शन हैं। यदि टच स्क्रीन फोन है तो स्क्रीन पर दिखनेवाले बटन को टच करें अथवा वाल्यूम कण्ट्रोल करनेवाले बटनों में किसी को पाँच सेकण्ड तक दबाये रखें जिससे फोन वाइब्रेट होगा और ऐप ऐक्टिवेट हो जायेगा। यह तीन थानों को एलर्ट करेगा और तीनों थानों से पुलिस मदद को पहुँचेगी। इसकी मानीटरिंग भी होगी। हाँ, इसके लिए जरूरी है कि स्मार्ट फोन हो। यह ऐप गूगल प्ले समेत अधिकांश ऐप स्टोर पर उपलब्ध रहेगा और वहाँ से इसे फ्री में डाउन

लोड किया जा सकता है। अतः छेड़खानी या उत्पीड़न से सुरक्षा के लिए यह एक प्रभावी योजना है बशर्ते कि इस योजना का प्रभावी ढंग से क्रियान्वयन भी हो। लखनऊ के कुछ इंजीनियरों ने मिलकर घड़ीनुमा एक डिवाइस को बनाया है जिसे शक्ति किट नाम दिया गया है। हाथ में बँधी इस घड़ीवाली डिवाइस में पैनिक बटन दबाते ही एस. एम. एस. या सूचना पुलिस एवं परिवार को पहुँचेगी। यदि हमलावरों द्वारा मोबाइल छीन लिया जाता है तो आपात्काल जैसी स्थिति में यह उपयोगी होगा।

आई. पी. सी. की धारा 375 के अन्तर्गत महिला के प्राइवेट पार्ट के साथ (वेजाइनल सेक्स या सोडमाइजेशन) सेक्स करना उसकी सहमति के बिना और ओरल सेक्स भी मंजूरी के बिना बलात्कार है। वैसे बलात्कार में कम-से-कम सात साल और अधिकतम उम्रकैद का प्रावधान है। फाँसी की सजा भी हो सकती है यदि महिला कोमा में चली जाये अथवा मरणासन्न हो जाये या कोई व्यक्ति रेप के लिए दोबारा दोषी सिद्ध हो जाये। सेक्सुअल हैरेसमेण्ट होने पर पीड़िता की शिकायत पर केस दर्ज होता है या पुलिस स्वयं संज्ञान लेकर केस दर्ज कर सकती है। उत्तर प्रदेश राज्य महिला आयोग की वेबसाइट up. mahila ayog@ yahoo. com है तथा फोन न. 0522-2305870 है जरूरत पड़ने पर महिला यहाँ कम्प्लेण्ट कर सकती है, या सहायता ले सकती है। इसी प्रकार राष्ट्रीय महिला आयोग की वेबसाइट new. nic. in है और कम्प्लेण्ट सेल का नम्बर 23219750 है साथ ही फोन न. 011-23237166 एवं 2323688 है। मुम्बई महानगर में वर्ष 2014 में कुल 601 रेप के केसेज हुए जिसमें 350 रेप केसेज नाबालिग लड़कियों के साथ हुए और शेष केसेज बालिग महिलाओं के साथ हुए। इससे स्पष्ट होता है कि बालिग महिलाओं की अपेक्षा नाबालिग लड़कियों के साथ रेप की वारदातों की संख्या अधिक है। मुम्बई पुलिस के आँकड़ों के अनुसार वर्ष 2015 के प्रथम तीन महीनों यानी जनवरी से मार्च तक कुल 172 रेप के केसेज में 96 केसेज नाबालिगों के साथ हुए। भारत के पुलिस बल में महिलाओं की भागीदारी काफी कम है और यह महज 5.33 फीसदी है। राज्यों पर दृष्टि डालें तो उत्तर प्रदेश में 1.49, मध्य प्रदेश में 3.93, दिल्ली में 7.13, तमिलनाडु में 10.57, चण्डीगढ़ में 13.48 तथा महाराष्ट्र में 14.89 फीसदी महिलाएँ पुलिस बल में हैं। निर्भया काण्ड के बाद जे. एस. वर्मा कमेटी ने संस्तुति दी थी कि महिलाओं के विरुद्ध होनेवाले अपराधों की रिपोर्ट लिखने और बयान दर्ज करने का कार्य महिला पुलिस करेगी। अतः पुलिस बल में महिलाओं की संख्या बढ़ाये जाने की आवश्यकता है जिससे उनका आर्थिक सशक्तीकरण होने में मदद हो सके, पुलिस तक पहुँचना आसानी से हो सके तथा पुलिस की छवि अधिक मानवीय हो सके। रेप केसेज में महिला को बेहोश करके या नशे में होने की स्थिति में या दिमागी हालत ठीक न होने पर यदि सहमति ली भी गयी हो तो यह सहमति नहीं मानी जायेगी। इसी प्रकार किसी कारणवश विरोध न कर पाने की स्थिति में भी असहमति मानी जायेगी। आई. पी. सी. की धारा 90 में धोखे से या गलत वायदा करके प्राप्त सहमति का भी

कोई अर्थ नहीं है और रेप केस दर्ज होगा। रेप केसेज में उम्र का महत्त्वपूर्ण रोल है, उम्र की जाँच स्कूल के सर्टिफिकेट से या जन्म-प्रमाण पत्र अथवा पंचायत आदि का प्रामाणपत्र मान्य होता है साथ ही यदि इनमें से कोई नहीं है तो बोन टेस्ट द्वारा भी उम्र का पता चल जाता है। अवयस्क होने की स्थिति में सहमति का कोई अर्थ नहीं रह जाता है, केवल वयस्क होने पर सहमति प्राप्त कर शारीरिक सम्बन्ध बनाना रेप के दायरे में केस नहीं चलेगा। छेड़छाड़ और रेप केसेज में लड़की का बयान, यदि उसमें कोई विरोधाभास नहीं है, पुख्ता सबूत माना जायेगा। मेडिकल परीक्षण से भी रेप की पुष्टि होती है और यह पूरक सबूत माना जायेगा। इसी के साथ ईमेल, सी. सी. टी. वी. फुटेज और एस. एम. एस. आदि भी केस को मजबूत बनाते हैं। धोखा देकर या झूठे वायदे कर वयस्क लड़की की सहमति ले लेने पर भी बनाये गये सम्बन्ध को रेप माना जायेगा और धारा-493 के अन्तर्गत केस चलेगा जिसमें दस वर्ष तक की सजा हो सकती है। गैंग रेप होने की स्थिति में धारा-376 डी के अन्तर्गत केस चलेगा जिसमें बीस साल से लेकर उम्रकैद तक की सजा हो सकती है। यदि कोई पुरुष दोबारा रेप करने के लिए दोषी सिद्ध होता है तो धारा-376 ई के तहत उम्रकैद से लेकर फाँसी तक हो सकती है। पति-पत्नी का सेपरेशन चल रहा हो, दोनों अलग-अलग रह रहे हों ऐसी स्थिति में जबरन सम्बन्ध बनाने पर दो वर्ष से लेकर सात वर्ष तक की सजा का प्रावधान है।

रेप के केस में ट्रायल कोर्ट में सुनवायी डे-टू-डे बेसिस पर होती है जब तक कि सभी गवाहों के बयान पूर्ण न हो जायें। चार्जशीट दाखिल होने से लेकर दो माह में ट्रायल समाप्त हो जाना चाहिए जिससे तीन महीने में फैसला आ सके। चाइल्ड विक्टिम का बयान तीस दिनों में पूर्ण हो जाना चाहिए। वास्तविकता यह है कि विविध कारण दिखाकर तारीख ले ली जाती है जिससे केस लम्बा खिंच जाता है। कई बार चार्जशीट भी कम्प्लीट नहीं होती या दस्तावेज पूरे नहीं होते हैं या समन की तामील नहीं हो पाती है अथवा गवाह अनुपलब्ध हो जाते हैं या वकील ही नहीं पहुँचते हैं तथा मेडिकल या अन्य कारणों से। अतः स्वाभाविक है कि केस लम्बा चलेगा और पीड़िता को मानसिक यातना के दौर से गुजरते रहना पड़ेगा। प्रोटेक्शन ऑफ चिल्ड्रेन फ्रॉम सेक्सुअल अफेन्स, 2012 (पाक्सो ऐक्ट) के अन्तर्गत उत्तर प्रदेश सरकार ने वर्ष 2015 में यौन उत्पीड़न, लैंगिक हमलों और पोर्नोग्राफी से पीड़ित बच्चों को एक लाख से लेकर दो लाख रुपये तक मुआवजा देने का निर्णय लिया है। स्वयंसेवी संस्था गुड़िया की जनहित याचिका में हाईकोर्ट, इलाहाबाद ने 26 मई, 2015 को निर्देश दिये हैं कि पाक्सो ऐक्ट के तहत अलग-अलग धाराओं में पीड़ित बच्चों को मुआवजा दिया जाये। इस ऐक्ट के अन्तर्गत पुलिस को पीड़ित बच्चों का संरक्षक बनना होता है तथा उसे सुरक्षा एवं चिकित्सा की तत्काल व्यवस्था करनी होती है। उत्तर प्रदेश की महिला एवं बाल कल्याण विभाग की सचिव रेणुका कुमार का कथन है कि डॉक्टरों की लापरवाही से रेप के मामलों में 70 प्रतिशत अपराधी छूट जाते हैं। यदि फॉरेन्सिक साक्ष्य स्पष्ट हो तो पीड़िता को शीघ्र न्याय

मिल सकता है। प्रदेश में दस हजार चिकित्सक हैं जो पोस्टमार्टम या मेडिकोलीगल का कार्य करते हैं। अतः चिकित्सकों के लिए कार्यशाला के माध्यम से प्रशिक्षण आवश्यक है जिससे उन्हें मेडिकोलीगल किट प्राप्त हो जायेगी। रानी लक्ष्मीबाई सम्मान कोष से रेप पीड़िताओं को आर्थिक मदद दी जायेगी। दस से तीस प्रतिशत तक जली रेप पीड़िताओं को तीन लाख, तीस प्रतिशत से अधिक जली रेप पीड़िता को पाँच लाख और मृत्यु हो जाने पर दस लाख रुपये मृत पीड़िता के बच्चों को तथा बच्चे न होने की स्थिति में दिवंगत पीड़िता के माता-पिता को यह सहायता राशि दी जायेगी।

भ्रूण हत्या से लिंगानुपात गिर रहा है। पुरुषों की संख्या अधिक होने तथा स्त्रियों की संख्या कम होने से भी यौन शोषण की मानसिकता में वृद्धि होने की सम्भावना बनी रहती है। नारी एवं पुरुष की संख्या में सन्तुलन रहने पर ही इस प्रवृत्ति में कभी सम्भव है। अतः इसके लिए सभी प्रभावी कदम उठाने चाहिए। उच्चतम न्यायालय का निर्णय है कि कार्यस्थल पर होनेवाली महिला उत्पीड़न की शिकायतों की सुनवायी के लिए हर सरकारी व गैरसरकारी कार्यालयों में महिला शिकायत प्रकोष्ठ का गठन किया जाये लेकिन केवल तीस प्रतिशत कार्यालयों में ही महिला शिकायत प्रकोष्ठ की स्थापना अभी तक हो पायी है। संज्ञान में ये बातें आम हैं कि कार्यालयों में द्विअर्थी भाषा का प्रयोग होता है। कार्य-दिवस में कम्प्यूटर पर अश्लील फिल्में देखी जाती हैं, इशारे किये जाते हैं लेकिन महिलाएँ शिकायत करने की हिम्मत नहीं जुटा पाती हैं। इस प्रकोष्ठ की बैठक हर तीन माह में होनी चाहिए लेकिन नहीं हो रही हैं। जो महिलाएँ छेड़छाड़ या उत्पीड़न के खिलाफ हिम्मत जुटाती भी हैं, उन्हें सुरक्षा नहीं मिल पाती है जब कि घरेलू हिंसा कानून और उत्पीड़न अधिनियम बन चुके हैं लेकिन कानून बनना ही काफी नहीं है जब तक समाज के सभी वर्गों का सहयोग न प्राप्त हो। हिंसा या उत्पीड़न के विरुद्ध महिलाओं द्वारा आवाज बुलन्द करना वास्तव में एक उपलब्धि है। प्रसिद्ध साहित्यकार जयशंकर प्रसाद का कथन है—"जागरण का अर्थ है कर्म क्षेत्र में उतरना और कर्म क्षेत्र है जीवन संग्राम।" महिलाओं में जागृति आने से ही वे चुनौतियों का सामना कर सकेंगी और संघर्ष द्वारा ही वे अपनी समस्याओं को हल करने में समर्थ होंगी। महिलाओं में शिक्षा के प्रचार-प्रसार से वे जागरूक बनेंगी, प्रतिरोध करेंगी और तभी इस प्रकार की घटनाओं में कमी आयेगी। लड़कियों के स्कूलों के बाहर शोहदे मँडराते रहते हैं, आती-जाती लड़कियों को वे छेड़ते रहते हैं जिससे उन्हें परेशानियों का सामना करना पड़ता है। प्रशासन को चाहिए कि दोषियों के खिलाफ कार्यवाही करें, कॉलेज के अन्दर व बाहर सुरक्षा की व्यवस्था हो, कॉलेज प्रशासन की जिम्मेदारी भी तय हो। विद्यार्थियों की सूचनाओं को गुप्त रखना संस्थान की जिम्मेदारी है। यौन उत्पीड़न में मानसिक विकारों की महत्त्वपूर्ण भूमिका होती है अतः अभिभावकों को चाहिए कि बच्चों को अच्छे संस्कार दें।

उत्पीड़न से बचने के लिए विभिन्न उपाय कारगार हो सकते हैं जैसे शिक्षा प्राप्त कर रही लड़कियों को कमाण्डो ट्रेनिंग दी जाये जिससे वे बचाव के गुर सीख सकें। प्राइड

ऑफ नेशन सेव मूवमेण्ट के अन्तर्गत उन्हें बचाव के उपाय सिखाये जा रहे हैं। व्यक्ति के शरीर में कुछ नाजुक हिस्से होते हैं। सामनेवाले के व्यवहार को देखकर लड़कियों को उस पर वार करना चाहिए पर सर्वप्रथम उन्हें अपना चेहरा बचाना होगा। नाजुक अंगों पर प्रहार कर सम्भव हो वहाँ से पलायन करें। पेन से चेहरे पर जबर्दस्त प्रहार करने से वह अपने को बचाने में जुट जायेगा। पसली पर वार करना एक प्रभावी उपाय है, दुपट्टे का उपयोग शोहदे के गले को फँसाने में किया जा सकता है लेकिन इस सबके लिए प्रशिक्षण प्राप्त करना उपयोगी होगा। केवल कानून बनाना ही पर्याप्त नहीं है। उससे भी ज्यादा जरूरी है महिलाओं के प्रति सम्मानजनक भावना के संस्कार ज्यादा-से-ज्यादा पोषित हों।

प्रसिद्ध साहित्यकार रांगेय राघव का कथन है—''एक पल का उन्माद जीवन की क्षणिक चमक का नहीं, अन्धकार का पोषक होता है जिसका कोई आदि नहीं, कोई अन्त नहीं।'' रेप जैसे घृणित कार्यों में उन्माद ही उत्तरदायी है जिसके कारण व्यक्ति कानून के शिकंजे में आता है और सजा मिलने पर अन्धकारमय जीवन जीने के लिए विवश होता है। इसीलिए महिलाओं की सुरक्षा हेतु पूर्वापेक्षा कठोर कानून बनाये जा रहे हैं। बार-बार पीछा करना, अश्लील इशारे करना एवं घूरना आदि अपराध की श्रेणी में आता है। दुष्कर्म के दोषी को बीस वर्ष तक की सजा या ताउम्र सजा का प्रावधान किया जा रहा है। वर्ष 2011 में महिलाओं के खिलाफ होनेवाले कुल अपराध 2,19,062 थे जिसमें 42,968 छेड़छाड़ के 24,206 दुष्कर्म के, 8,570 यौन उत्पीड़न के थे तथा अन्य रिश्तेदारों की क्रूरता, अपहरण व दहेज हत्या के थे। दुष्कर्म के मामलों में वर्ष 1953 से वर्ष 2011 तक में 873.3 प्रतिशत की बढ़ोतरी हो चुकी है जो अत्यन्त खेदजनक है। भारतीय संस्कृति, सामूहिक विकास की श्रेष्ठ मान्यता की पोषक रही है। सख्त कानून बनाना पर्याप्त नहीं है, जरूरत है सोच और परिवेश में उचित बदलाव लाना। समाज में नैतिकता, शिक्षा और अध्यात्म का विकास होने से ही नारी को उचित सम्मान मिलेगा। सामाजिक संस्कार से संयम व अनुशासन का विकास होता है तथा कानून अपराध के प्रति भय उत्पन्न करता है। दोनों ही जरूरी हैं। मानसिकता में बदलाव लाकर नारी को यौन उत्पीड़न से बचाया जा सकता है। वर्तमान स्थिति जटिल अवश्य है लेकिन समाधान भी अवश्य है। हमें आशान्वित रहना चाहिए अपने दायित्वों के निर्वहन के प्रति और सचेष्ट भी। आधी दुनिया अर्थात् नारी की स्थिति में बदलाव तेजी से आ रहा है। निस्सन्देह उनका भविष्य उज्ज्वल है। कानून के प्रभावी क्रियान्वयन से तथा देशवासियों के चरित्र-निर्माण से यौन उत्पीड़न में पर्याप्त कमी सम्भव होगी। अतः हम सभी का दायित्व है कि कर्त्तव्य निर्वहन के प्रति सदैव तत्पर रहें।

●

आत्मरक्षा

विभिन्न प्रकार की आये दिन होनेवाली घटनाएँ चाहे वे छेड़छाड़ की हों या अश्लील कमेण्ट, गाने, संकेत की अथवा अन्य किसी प्रकार के उत्पीड़न की, महिलाओं में भय या आतंकित होने के भाव उत्पन्न हो जाते हैं। वे स्वयं को असुरक्षित समझने लगती हैं। प्रायः वे इस प्रकार की घटनाओं को इग्नोर करती हैं या टालरेट करती हैं यद्यपि कुछेक महिलाएँ जागरूक होने के कारण इसका प्रतिकार भी करती हैं, अदम्य साहस का परिचय देकर वे भिड़ भी जाती हैं और संघर्ष करती हैं। कभी-कभी वे इसकी रिपोर्ट चौकी या थानों पर करती हैं पर उचित कार्यवाही के न होने पर निराश भी होती हैं। चाणक्य का कथन है—"जैसे ही डर आपके करीब आये उस पर हमला करके उसे खत्म कर देना चाहिए।" उन्हें चाहिए वे धैर्य धारण करें, निराशा को प्रश्रय न दें तथा ऐसे उपाय अपनायें जिससे वे स्वयं की सुरक्षा कर सकें। स्वामी रामतीर्थ ने कहा है कि, "निराशा निर्बलता का चिह्न है। वे स्वयं को निर्बल न समझें, मन को एकाग्र कर साहस का परिचय दें।" चार्ल्स बक्सटन के अनुसार—"एकाग्रता से ही विजय प्राप्त होती है।" इसी प्रकार वावे नार्गी का कथन है कि, "धैर्य, आशा करने की कला है। यह आशा सेल्फ डिफेन्स या आत्मरक्षा से सम्बन्धित है।"

विकास के क्रम में शिक्षा प्राप्त करने के साथ महिलाओं को हृष्ट-पुष्ट बनने हेतु स्वास्थ्य के प्रति सचेत रहना चाहिए। इसीलिए जूडो और कराटे सीखने के प्रति उनमें रुचि विकसित हो रही है। सी.बी.एस.ई. ने 9वीं एवं 10वीं कक्षा में लड़कियों के लिए सेल्फ डिफेन्स ट्रेनिंग की योजना बनायी है। इसमें मार्शल आर्ट को सम्मिलित किया गया है। यह असेसमेण्ट का भाग होगा। पाठ्यक्रम समिति ने 'एजूकेशन इन सिविल डिफेन्स' का प्रस्ताव पारित किया है जिसमें एन. सी. सी., एन. एस. एस. स्काउट ऐण्ड गाइड तथा जिम्नास्टिक आदि में से किसी दो में भाग लेना अनिवार्य होगा। इसमें ग्रेडिंग प्रणाली लागू होगी। एन. सी. सी. और एन. एस. एस में 6ठीं से 12वीं कक्षा के बच्चों को भाग लेना अनिवार्य है। रुचि के अनुसार अभ्यर्थी को मिक्स्ड स्पोर्ट्स इवेण्ट्स में भागीदारी सुनिश्चित करनी होगी। सत्र 2013-14 में उत्तर प्रदेश की राजधानी लखनऊ में सी.बी.एस.ई. के लगभग 104 स्कूल थे, वर्तमान में यह संख्या और बढ़ी होगी। निश्चित रूप में यह एक अच्छा काम है।

वर्ष 2013 में विभिन्न प्रकार के उत्पीड़न के केसेज के आँकड़े उत्तर प्रदेश एवं इसकी राजधानी लखनऊ में निम्नवत् थे–

अपराध	उत्तर प्रदेश	लखनऊ
रेप	3,050	55
किडनैपिंग	9,737	270
छेड़छाड़	7,303	261
क्रूरता	8,781	872

उत्पीड़न की सभी घटनाएँ दर्ज नहीं होती हैं, वास्तविक रूप में देखा जाये तो इस प्रकार की घटनाएँ इससे कहीं अधिक होंगी। ऐसी स्थिति में महिलाओं को सेल्फ डिफेन्स के लिए सतर्कता बरतनी होगी। वे आत्मविश्वास से भरपूर बनें। उन्हें चाहिए कि सिर झुकाकर चलने की अपेक्षा सामने देखते हुए चलें और यदि रास्ते से अनभिज्ञ हों तो यथासम्भव इस बात को जाहिर न होने दें। यदि आटो अथवा टैक्सी से जा रही हों तो फोन पर स्पष्ट रूप से निकटस्थ व्यक्ति से बात करते हुए आटो या टैक्सी के नम्बर का उल्लेख करते हुए समय बताते हुए पहुँचने के समय को व्यक्त करें। पहनावा इस प्रकार का हो जिससे आप सहजता महसूस करें और जरूरत पड़ने पर दौड़ सकें। यथासम्भव किसी से लिफ्ट न लें और अपरिचित लोगों से तो बिलकुल भी नहीं। यदि आपके पास पर्स या बैग है तो उसे इस प्रकार पकड़े रहें जिससे आसानी से कोई छीनकर भाग न सके। यदि कोई पीछा कर रहा है तो निकट के किसी मकान की कॉलबेल बजाकर परिस्थिति से अवगत करायें। याद रखें कि आटो या टैक्सी, स्टैण्ड से हायर करें अथवा प्रीपेड बूथ से। उसी बस में बैठें जिसमें पर्याप्त सवारियाँ मौजूद हों। सुनसान रास्तों से जाने के बजाय वह रास्ता अपनाने की कोशिश करें जहाँ आमद ज्यादा हो, भले ही वह अधिक लम्बा क्यों न हो तथा रास्ते में पड़नेवाली चौकी या थाने पर ध्यान देती रहें। घर के निकट हों तो हाथ में मोबाइल रखें जिससे हमला होने पर या अन्य किसी आपदा के समय सुरक्षा के लिए नम्बर डायल कर सकें। किसी क्लब या अन्य स्थान पर जहाँ डान्स का आयोजन है तो ध्यान रखें कि डान्स करते समय दूरी या सीमा बनाये रखें। यदि आप ड्रिंक की शौकीन हैं तो लिमिटेड मात्रा में ही सेवन करें जिससे होशोहवास दुरुस्त रहे।

महिला को ड्रिंक में नशीली दवाएँ देने से उनके अचेत होकर रेप की शिकार होने की घटनाओं की जानकारी जब-तब मिलती रहती है। इससे सुरक्षा पाने के लिए एक विशिष्ट प्रकार की नेल पॉलिश निर्मित हुई है जिसका नाम अण्डर कवर कलर्स रखा गया है। इस पॉलिश को नेल पर लगाकर ड्रिंक को उँगली से हिलाने पर यदि नेल पेण्ट का कलर परिवर्तित हो जाये तो स्पष्ट हो जायेगा कि किसी ने बदनीयती के कारण डेट रेप ड्रग्स तैयार की है। इसका कोई रंग, गन्ध या स्वाद नहीं होता है इसलिए आसानी

से इन्हें पहचाना भी नहीं जा सकता है। वैसे डॉक्टर प्रायः इस दवा का इस्तेमाल सर्जरी के उद्देश्यों से करते हैं। यह दवा केटेमाइनयुक्त होती है और इससे मरीज को बेहोश किया जाता है। यदि डोज ज्यादा हो जाये तो जान का जोखिम हो सकता है। इसके प्रभाव से नींद आती है, चक्कर आ सकता है, व्यक्ति अचेत हो सकता है और हृदय की गति में कमी आ सकती है। इसी तरह की और दवाएँ हैं जिसके नाम रोहिप्नोल, जानक्स और जी एच बी (गामा-हाइड्रोक्सीबुटिरिक एसिड) हैं जिससे मांसपेशियों को आराम मिलता है, नींद आती है और याददाश्त कमजोर हो सकती है। यह दवा एक सामान्य पेन किलर्स की तुलना में दस से बीस गुना तक ज्यादा खतरनाक होती है। ड्रिंक में मिला देने पर स्वाद या रंग में कोई अन्तर नहीं पड़ता है। वैसे भी लड़कियों को चाहिए कि कहीं जाने से पूर्व अभिभावकों को अवश्य बतायें तथा उनसे अनुमति लें। सम्भव हो तो परिवार के किसी व्यक्ति को साथ ले जायें। अपरिचित से यदि मिलना ही हो तो सार्वजनिक स्थानों पर ही मिलें, किसी के साथ खाली कमरे में न जायें जब तक कोई साथ में न हो। यदि ड्रिंक लेना ही है तो तभी लें जब बोतल आपके समक्ष खोली गयी हो। टेस्ट में थोड़ा भी परिवर्तन लगे तो उसका इस्तेमाल कदापि न करें। आवश्यकता इस बात की है कि वे इतना साहस दिखायें कि बुरी नीयतवाले व्यक्ति को चाँटा मार सकें। दिल्ली महिला आयोग ने इस सम्बन्ध में गाइड लाइन्स की रिपोर्ट तैयार की है। कई बार रेप करने का वीडियो भी बना लेते हैं। जिससे वे ब्लैकमेल कर सकें और हवस का शिकार बनाते रहें।

कार चलाते समय महिलाओं को चाहिए कि सेण्ट्रल लॉक लगाकर ड्राइव करें तथा ड्राइविंग के समय तेज म्यूज़िक न सुनें और न ही मोबाइल पर बात करें क्योंकि इससे ध्यान बँट जाता है। रात के समय यथासम्भव बेसमेण्ट में पार्किंग न करें क्योंकि सम्भव है कि वहाँ मोबाइल काम न करे। कार को प्रकाशयुक्त जगह पर तथा रिवर्स करके खड़ी करें जिससे जरूरत पड़ने पर आसानी से उसे निकाल सकें। कार में बैठने से पहले अच्छी तरह देख लें कि कोई अन्य तो नहीं बैठा है। जहाँ तक हो सके कार के पास जाकर न तो चाभी खोजें और न पर्स ही खोलें। यदि गाड़ी खराब हो जाये तो कार हेल्प लाइन पर सूचित करें और खिड़की तथा दरवाजे बन्द रखकर उसी में बैठी रहें मदद आने तक। इसी प्रकार यदि कोई रास्ता रोके तो कार के भीतर ही रहकर तत्काल पुलिस को सूचित करें।

कुछ न होने पर महिलाएँ सेफ्टीपिन और चिमटी को हथियार बना सकती हैं स्वयं की सुरक्षा के लिए। यदि पत्थर दिखायी पड़ जाये तो दुपट्टे में लपेटकर हमलावर पर चोट करें अन्यथा पर्स को घुमाकर हमला करनेवाले के चेहरे पर मारें। इसके अतिरिक्त नेल फाइलर, नेल कटर और पेपर कटर से भी चोट पहुँचायी जा सकती है। उबर टैक्सी रेप की घटना चर्चित हो चुकी है अतः स्वयं को जागरूक रखें तथा हर स्थिति का मुकाबला करने के लिए तैयार रहें। जरूरत के मुताबिक भागा भी जा सकता है अप्रिय घटना से बचने के लिए। यदि आपकी कार का कोई पीछा कर रहा है तो लगातार हार्न

बजाते हुए स्पीड तेज कर दें तथा पुलिस चौकी, स्टेशन, सिनेमा या सार्वजनिक स्थान पर रुकना बेहतर होगा। हमला होने की स्थिति में हमला करनेवाले की आँखों पर डीओड्रेण्ट स्प्रे, एयर फ्रेशनर, परफ्यूम में जो भी आपके पास हो उसका इस्तेमाल करें जिससे वह कुछ समय के लिए अपनी आँखें न खोल सके और आपको अगला कदम उठाने का मौका मिल सके। पेन, डायरी या फोर्क जो कुछ भी हो उससे भी चोट पहुँचायी जा सकती है। पेपर स्प्रे अर्थात् मिर्च का स्प्रे भी जरूरत पड़ने पर हमला करनेवाले की आँखों पर किया जा सकता है। इसे तीन-साढ़े तीन सौ रुपये में क्रय किया जा सकता है।

स्टण्टगन का भी प्रयोग किया जा सकता है जो देखने में टॉर्च जैसा है, इससे बिजली का झटका लगता है। इसके अतिरिक्त इलेक्ट्रॉनिक हैण्ड ग्लब्स महिलाओं की सुरक्षा के लिए निर्मित किया गया है। इससे छेड़खानी करनेवाले व्यक्ति को करेण्ट का झटका जोर से लगता है। इसके पूर्व जीन्स पैण्ट में लगे जी. पी. एस. सिस्टम के जरिये सूचना पहुँचाने के कार्य का ईजाद हो चुका है। यह ग्लब्स इलेक्ट्रॉनिक डिवाइस से तैयार किया गया है जिसे इलेक्ट्रॉनिक सर्किट और बैट्री से जोड़ा गया है जो ग्लब्स के ऊपरी हिस्से में लगा होगा। अँगूठे के पास स्विच को दबाते ही 3.7 वोल्ट की बैट्री से करेण्ट से होकर अँगुलियों पर लगे चार मेटल प्लेटों तक पहुँचेगा और डी. सी. करेण्ट ए. सी. में बदल जायेगा जिससे छूनेवाले को झटका लगेगा। यह चार्ज किया जा सकता है और एकबार चार्ज करने से बैट्री चार महीने तक चलेगी। इसकी लागत या कीमत भी अधिक नहीं है, लगभग आठ सौ रुपये में क्रय किया जा सकता है। बाजार में उपलब्धता के लिए पहल किये जाने की आवश्यकता है जिससे अधिक लोगों को सुरक्षा मुहैया हो सके।

महिलाओं को चाहिए कि उत्पीड़न करनेवाले की आँखों, नाक, सिर या चेहरे पर वार करें। पुरुष के प्राइवेट पार्ट्स पर जोर से वार करें तथा पसलियों और पेट के मध्य में चोट पहुँचायें। वे चोट पहुँचाने के लिए अपनी कुहनी और घुटने का भी प्रयोग कर सकती हैं। यदि कोई पीछे से उन्हें पकड़े तो कुहनी से पीछे पेट पर मारें और हीलवाले सैण्डिल या जूते पहन रखे हैं तो उसके पैर पर चोट पहुँचायें। सामने से यदि कोई हमला करता है तो उसके प्राइवेट पार्ट्स या पेट पर मारना अच्छा होगा। वे दोनों हाथों को जोड़कर फिर घुमाकर आक्रमण कर सकती हैं। यदि वह दोनों हाथों से गर्दन पकड़े तो अपने दोनों हाथों को उसके हाथों के बीच लाकर हाथ चलायें जिससे पकड़ ढीली हो जायेगी। दुपट्टे से उसके गर्दन को कस सकती हैं या उसके पैरों में फँसाकर उसको गिराने का प्रयास करें। घूँसा मारते समय पंच बनायें अर्थात् चारों उँगलियों को हथेली में करके अँगूठे को ऊपर रखें, इससे सशक्त प्रहार होगा।

सखा कैब में महिला ड्राइवर होती हैं और जी कैब्स पर अनुरोध करने पर महिला ड्राइवर की उपलब्धता होती है पर यह सुविधा दिल्ली—एन. सी. आर. में ही है तथा महिला ड्राइवरों की संख्या भी कम है। अतः इस सुविधा से सब कहीं और हर समय लाभ नहीं उठाया जा सकता है। महिलाओं को अपनी इज्जत की रक्षा के लिए शारीरिक

एवं मानसिक रूप से तैयार होना पड़ेगा। आँकड़े बताते हैं कि रेप और उत्पीड़न की घटनाओं में विभिन्न प्रकार के कानून बन जाने के बाद भी वृद्धि हुई है। उत्तर प्रदेश में पहली जनवरी से 31 मार्च, 2014 तक रेप की घटनाएँ 736 हुईं जो वर्ष 2013 की तुलना में तीस प्रतिशत ज्यादा पायी गयीं। लड़कियों की आत्मरक्षा के लिए बिजली का झटका देनेवाली सैण्डिल लड़कियों के द्वारा ही बनाये गयें हैं। इसके निर्माण में रिजुल पाण्डेय और शालिनी यादव का योगदान सराहनीय रहा। इस प्रकार की सैण्डिल में सेन्सर लगा होता है जिससे नजदीकी परिचित लोगों के पास एस. एम. एस. के जरिये सचूना मिल जायेगी। जीन्स में विशिष्ट इलेक्ट्रॉनिक डिवाइस को यदि सिल दिया जाये तो छेड़छाड़ करने पर पुलिस थानों तथा लड़की के घर पर मेसेज पहुँच जाता है साथ ही लोकेशन के बारे में भी जानकारी मिल जाती है। इस डिवाइस को बनाने में दीक्षा पाठक और अंजली श्रीवास्तव का प्रयास उल्लेखनीय है। इस विशिष्ट प्रकार की सैण्डिल को हथियार के रूप में प्रयोग करने से हमलावर बेसुध होगा थोड़ी देर के लिए और महिला को बच निकलने का रास्ता मिल सकेगा। इसके अलावा मनीषा मोहन ने एक विशिष्ट प्रकार का इनर वियर का निर्माण किया है जो उत्पीड़न करनेवाले को बिजली का शाक देगा। इस इनर वियर ब्रा का नाम SHE रखा गया है इसमें प्रयुक्त प्रेशर सेन्सर शरीर पर किसी प्रकार का दबाव पड़ते ही ऐक्टिवेट हो जायेगा। इन्सुलेशन लेयर होने की वजह से पहननेवाले का करेण्ट से बचाव होता है। SHE से भी एस. एम. एस. थाने, दोस्तों और घरवालों तक पहुँचेगा। कानून के द्वारा पर्याप्त सुरक्षा न मिलने से बचाव के साधनों का उपयोग किया जाना आवश्यक हो जाता है। उत्पीड़न की घटनाओं में वृद्धि का होना कानून की विफलता या उसके क्रियान्वयन की और समाज की भी विफलता मानी जायेगी। जरूरत है बच्चों में शुरू से ही परिवारजन द्वारा अच्छे संस्कार डाले जायें जिससे वे महिलाओं का सम्मान करना सीखें। पुरुष वर्ग यह भी कहता है कि तड़क-भड़क कपड़े पहनने से, अत्याधुनिकता से लैस लड़की के प्रति उनकी कामुकता जागृत होती है अतः लड़कियाँ भी जिम्मेदार हैं उनके विरुद्ध इस प्रकार के कृत्यों में लेकिन ये सब थोथी बातें हैं जिसका वास्तविकता से कोई सम्बन्ध नहीं है। दरअसल ये सब बातें पुरुषों की दूषित, संकीर्ण एवं प्रभुत्ववादी मानसिकता को दर्शाती हैं जिसके विरुद्ध लड़कियों को जागरूकता के साथ आगे आना होगा।

दिल्ली में निर्भया काण्ड, मोहनलालगंज (लखनऊ की तहसील) का चर्चित रेप काण्ड तथा इसी प्रकार की अन्य घटनाओं ने अभिभावकों को विवश कर दिया है अपनी लड़कियों को आत्मरक्षा हेतु मार्शल आर्ट सीखने के प्रति प्रेरित करने के लिए। 'कल्कि आर्ट ऑफ सेल्फ डिफेन्स' में लड़कियों को मार्शल आर्ट सिखाया जा रहा है। यह ट्रेनिंग किसी भवन में या पार्क आदि जगहों पर दी जा सकती है। उन्हें जूडो या बाक्सिंग सीखना भी लाभप्रद होगा। जरूरत यदि हो तो वे हमलावर लड़के को किक मारें और पंच जड़ें। मेरे विचार से लड़कियों के सभी माध्यमिक और उच्च शिक्षा के कॉलेजों में

इस प्रकार की ट्रेनिंग की व्यवस्था होनी चाहिए। इस प्रकार का बदलाव या कार्यक्रम आवश्यक और लाभकारी है। उनकी सुरक्षा के लिए लेजर कोटेड आयरन रॉड का भी निर्माण किया गया है जो साइज में हलकी होने के कारण कहीं भी ले जायी जा सकती है। इसका उपयोग स्वयं की सुरक्षा के लिए किया जा सकता है। इसकी विशेषता इसका अनब्रेकेबल होना है। लड़कियाँ चिली स्प्रे को अपनी सुरक्षा के माध्यम के रूप में अपना सकती हैं। इसके अलावा कई पेपर स्प्रे हैं। लिपस्टिक स्प्रे भी सामनेवाले व्यक्ति की आँखों में जलन पैदा करने की दृष्टि से कारगर है। बेहया एवं दुष्ट लड़कों को सबक सिखाने की दृष्टि से विभिन्न उपलब्ध चीजों में लड़कियों को चाहिए कि जो सम्भव हो उसकी व्यवस्था करें, साथ रखें ताकि आपातूकाल में इसका प्रयोग वे सुरक्षा हेतु कर सकें। इस प्रकार से सेफ्टी प्रोडक्ट्स लड़कियों को सुरक्षा देने में प्रभावी हैं।

वीमेन पावर ऑफ लाइन (1090) के अनुसार उत्तर प्रदेश की राजधानी लखनऊ में प्रतिदिन महिलाएँ छेड़खानी की घटना की शिकार होती हैं। पचास प्रतिशत से ज्यादा घटनाएँ शाम के बाद से शुरू होती हैं और मुख्य रूप से रात्रि आठ बजे से लेकर एक बजे के मध्य। शाम छह से सात के बीच बारह प्रतिशत घटनाएँ दर्ज होती हैं। वर्ष 2014 की जनवरी से पाँच जून तक की अवधि में 14,362 घटनाओं में से सात हजार से अधिक घटनाएँ शाम छह के बाद घटित हुईं और छह से सात सायंकालीन समय में 1300 से अधिक घटनाएँ हुईं। इन पाँच महीनों में पन्द्रह साल तक की सौ लड़कियों के साथ तथा पन्द्रह से बीस साल के बीच की आयुवाली 3,959 महिलाएँ घटना की शिकार बनीं और 5,364 घटनाएँ बीस से पचीस वर्ष की महिलाओं के साथ घटित हुईं। इस अवधि में 7,400 शिकायतें रात्रि के समय की गयीं। स्कूल जानेवाली 7,989 छात्राओं ने शिकायत दर्ज करायी। जिसमें तीस प्रतिशत आरोपी साथ पढ़नेवाले ही निकले। आरोपियों में ज्यादातर की उम्र 25 से कम और 32 से अधिक पायी गयी। 2,299 वर्किंग महिलाएँ और 4,155 घरेलू महिलाओं के साथ छेड़खानी की घटनाएँ हुईं। इसके प्रतिकार के लिए जरूरी है कि हर थाने में मनचलों की सूची हो और टास्क फोर्स गठित की जायें। वर्ष 2014 में उत्तर प्रदेश पुलिस में महिलाओं की भागीदारी 5.55 प्रतिशत थी जबकि 20 प्रतिशत का मानक तय है। महिला पुलिस की संख्या की दृष्टि से उत्तर प्रदेश का स्थान भारत के राज्यों में तीसरा है। प्रथम स्थान महाराष्ट्र और द्वितीय स्थान तमिलनाडु का है। उत्तर प्रदेश में महिलाओं की संख्या 9,88,31,000 है और वर्ष 2013 में रेप के 3,050 बन्धक बनाने के 9,737 तथा पति द्वारा पत्नी के साथ क्रूरता के 8,781 केसेज हुए हैं।

उत्तर प्रदेश में वीमेन पावर लाइन में 15 नवम्बर, 2012 से 18 अगस्त, 2014 तक दो लाख सड़सठ हजार शिकायतें आयीं जिनमें ढाई लाख शिकायतों का निस्तारण किया गया तथा बाकी के लिए प्रयास जारी हैं। महिलाओं की मदद के लिए 1090 के अतिरिक्त 13,854 नम्बर भी मददगार है और 100 नम्बर भी। 'हर्ष संस्था' द्वारा 'बी

अवेयर' अभियान प्रारम्भ है। क्रिमिनल अमेण्डमेण्ट ऐक्ट, 2013 की जानकारी कर इसका लाभ उठाया जा सकता है। महिला सशक्तीकरण हेतु पाठ्यक्रम में सेल्फ डिफेन्स को शामिल किया जाना प्रभावी कदम होगा। वर्ष 2014 में लखनऊ के डी. आई. जी. ने वॉट्स ऐप नम्बर 9454401090 जारी किया जो उनके मोबाइल नम्बर और वीमेन पावर लाइन से संयुक्त है। इस पर छेड़छाड़ की शिकायत दर्ज करायी जा सकती है चाहे वीडियो भेजकर या एस. एम. एस. के द्वारा। प्रावधान यह किया गया है कि शिकायतकर्त्ता की पहचान गोपनीय रखी जायेगी और शिकायत दर्ज हो जाने पर मेसेज भेजा जायेगा। विवेचक कार्यवाही की रिपोर्ट, डी. आई. जी. को भेजेगा और वही इसकी मानीटरिंग करेंगे। राजधानी के 43 थाना क्षेत्रों में यह सिस्टम लागू होगा। समस्या दूर न होने पर पुनः मेसेज भेजने पर पुलिस कर्मियों के विरुद्ध समुचित कार्यवाही होगी।

महिलाओं के उत्थान एवं उत्पीड़न से बचाव हेतु वर्तमान में कुछ योजनाएँ संचालित हैं और कुछ योजनाओं की भविष्य में संचालित होने की सम्भावना है। उत्तर प्रदेश सरकार की योजना महिला हिंसा के सम्बन्ध में प्रत्येक जिले में 'निर्भया सेण्टर' बनाने की है जिससे तुरन्त राहत पहुँचायी जा सके। ये केन्द्र महिला चिकित्सालय व महिला थाने में खुलेंगे। महिला की एफ.आई.आर. तत्काल दर्ज होगी और उसे तुरन्त मेडिकल सहायता दी जायेगी। गृह, चिकित्सा एवं स्वास्थ्य, चिकित्सा, शिक्षा और न्याय विभाग सहित सम्बन्धित विभागों में नोडल अधिकारी नियुक्त किये जायेंगे और कमेटी जो गठित होगी उसके अध्यक्ष मुख्य सचिव होंगे। गृह विभाग द्वारा मोबाइल अप्लीकेशन से सभी पायलट जिले जुड़ेंगे। सी. एस. आर. के तहत बालगृह एवं वृद्धाश्रमयुक्त थीम पार्क भी विकसित किये जायेंगे। इसके अतिरिक्त उत्तर प्रदेश में 'महिला सम्मान कोष' नामक वेबसाइट की स्थापना की योजना है जिस पर हर केस अपलोड होगा। आरम्भ में यह योजना लखनऊ व बाराबंकी में संचालित होगी फिर पूरे प्रदेश में। थानों में महिला उत्पीड़न की शिकायतें ऑन लाइन होंगी। एन. आई. सी. स्तर पर चिकित्सक एवं पुलिस अधिकारियों को विशेष लॉग इन और पासवर्ड उपलब्ध कराये जायेंगे। थानों में दर्ज शिकायतें स्वास्थ्य विभाग को अग्रसारित होंगी और स्वास्थ्य विभाग पीड़ित महिला की मेडिकल रिपोर्ट तैयार करेगा जिससे रिपोर्ट मिलने पर पुलिस विभाग शीघ्र चार्जशीट दाखिल कर सकेगा। पन्द्रह दिनों में महिलाओं को मुआवजा या आर्थिक सहायता इस प्रकार उपलब्ध हो सकेगी। पुलिस विभाग में महिला पुलिस की भर्ती एवं उनकी संख्या में वृद्धि के लिए प्रदेश की सरकार प्रयासरत है जिससे महिला पुलिस बल दृढ़ होगा तथा उत्पीड़न की शिकायतों में कमी तथा आरोपियों को दण्ड दिलाने की दिशा में अधिक कारगर प्रयास सम्भव हो सकेगा। कानपुर पुलिस और प्रशासन में महिलाओं को तत्काल सुरक्षा प्रदान करने हेतु 'शक्ति' सर्विस लांच की है। कण्ट्रोल रूम से सूचना प्राप्त होने पर शक्ति वैन द्वारा महिला कान्स्टेबिल तत्काल मौके पर पहुँचकर मुसीबत में फँसी महिला को राहत प्रदान करेगी। तात्कालिक रूप से दो गाड़ियों की व्यवस्था

से यह कार्यक्रम चलाया जायेगा तथा आवश्यकता पड़ने पर गाड़ियों की संख्या में वृद्धि की जायेगी। प्रत्येक वैन में छह महिला कान्स्टेबिल होंगी जिनके पास हेलमेट, डण्डा और बाडी प्रोटेक्टर होगा। इनकी सर्विस का फीडबैक भी प्राप्त किया जायेगा जिससे प्रभाव का अध्ययन हो सके। पीड़ित महिलाओं को तुरन्त चिकित्सा सेवा दी जायेगी। उनकी काउन्सलिंग भी होगी जिससे वे सामान्य जीवन की ओर लौट सकें। एसिड अटैक से पीड़ित महिलाओं के लिए पुनर्वास केन्द्र खोला जायेगा जिससे वे मानसिक रूप से मजबूत बन सकें। उनके लिए वोकेशनल ट्रेनिंग सेण्टर और ई-लाइब्रेरी सुविधा उपलब्ध करायी जायेगी। अदम्य साहस का परिचय देनेवाली महिलाओं को सम्मानित व पुरस्कृत भी किया जायेगा।

केन्द्र सरकार महिलाओं के लिए एक इमरजेन्सी नम्बर की घोषणा की प्रक्रिया आरम्भ करने जा रही है जो सिंगिल इमरजेन्सी रिस्पान्स नम्बर के रूप में होगा और यह अमेरिका के 911 के भारतीय वर्जन को 112 के रूप में किये जाने का प्रस्ताव है। सम्भवतः यह वर्ष 2017 में प्रारम्भ हो जायेगा और पाँच सालों में सम्पूर्ण देश में लागू हो जायेगा। इसका सेण्ट्रलाइज्ड ऑपरेशन सेण्टर दिल्ली में होगा तथा सभी राज्यों की राजधानियों की आइडेण्टिफाइड लोकेशन्स में स्टेट कॉल सेण्टर्स का निर्माण होगा तथा ये मोबाइल, एस. एम. एस. ई-मेल, लैण्ड लाइन, पब्लिक ट्रान्सपोर्ट के पैनिक बटन, ऑन लाइन चैट, वी. वी. आई. पी. मोबाइल अल्पीकेशन या इण्टरनेट ऑफ थिंग्स द्वारा महिलाओं की आपदा से जुड़े मेसेज ग्रहण करेंगे जिससे शीघ्रातिशीघ्र उन्हें मदद मुहैया की जा सके। इसके अन्तर्गत आई. टी. सर्विस प्रोवाइडर 'निर्भया पोर्टल' विकसित करेगा जिसमें लोग फोन या डिवाइसेज को पंजीकृत करा सकेंगे। इस सिस्टम को 'हिम्मत' जैसी महिला सुरक्षा के वर्तमान अप्लीकेशन और मन्त्रालय के द्वारा संचालित mysecurity.go.in को सम्मानित किया जायेगा। इस प्रकार के समन्वयन से रोड बसों में इमरजेन्सी बटन लगेंगे जिससे महिलाओं को कारगर ढंग से सुरक्षा दी जा सके। इन योजनाओं के साथ ही महिलाओं की सुरक्षा हेतु चेतना उत्पन्न करने के लिए कार्यशालाओं का आयोजन करना समीचीन होगा।

आज वर्किंग वीमेन हों या घरेलू महिलाएँ सभी के समक्ष यक्ष प्रश्न यह है कि क्या वे घर के बाहर सुरक्षित हैं? इलेक्ट्रिक बग को वे ड्रेस या बेल्ट में लगा सकती हैं जिससे छेड़छाड़ की अप्रिय स्थिति होने पर, बटन दबाने पर हमलावर को 220 वोल्ट का जोर का झटका लगेगा, परिणामस्वरूप लगभग पन्द्रह मिनट तक वह चेतनाशून्य हो सकता है अर्थात् कुछ न कर सकने की स्थिति में। तब महिलाओं को इस स्थिति से बाहर निकलने का मौका मिलेगा। इसमें लगे सिम के नम्बर पर किसी की कॉल आती है तो फोन करनेवाले को घटना के समय सभी बातें सुनायी पड़ेंगी। ऐसे अलार्म भी उपलब्ध हैं जिनमें डोरी को खींचते ही साइरन तेज आवाज में बजने लगता है जिससे हमलावर भाग सकता है। सुनसान रास्ते में या अँधेरे में जाते समय इस प्रकार के अलार्म उपयोगी

होते हैं। लड़कियाँ अपने पर्स में की रिंग में या पॉकेट में सीटी रख सकती हैं और इसके बजाने पर आसपास के लोग इकट्ठे हो सकते हैं, ऐसी स्थिति में हमलावर स्वयं भाग खड़ा होगा, पकड़े जाने या पिटायी होने के डर से। इन सेफ्टी डिवाइसेज को क्रय करते समय क्रेता के हस्ताक्षर कराये जाते हैं और उसे एफिडेविट देना पड़ता है कि इसका इस्तेमाल केवल सुरक्षा के लिए ही कियां जायेगा। घर से निकलते समय या इसके पूर्व इन डिवाइसेज की बैट्री को चार्ज कर लें तथा एक्स्ट्रा बैट्री भी पर्स में रखना लाभकारी होगा। छोटे बच्चे की पहुँच से इसे दूर रखें ताकि उन्हें कोई हानि न हो। इन डिवाइसेज को ऑन लाइन भी क्रय किया जा सकता है, इससे घर बैठे-बैठे ही ये चीजें उपलब्ध हो सकेंगी। पेन पेपर में बटन को प्रेस करने पर मिर्च से भरा स्प्रे निकलता है जो हमलावर के गले, नाक, आँख और लंग्स को कुप्रभावित करता है । की रिंग से भी स्प्रे किया जाता है, हमलावर जान नहीं पाता है कि यह की रिंग ही है या अन्य कोई चीज। कैम्प लगाकर लड़कियों को इन डिवाइसेज के सम्बन्ध में जानकारी दी जाये, डिमॉन्स्ट्रेशन भी तभी उनमें अवेयरनेस की बढ़ोतरी होगी।

लोगों को चाहिए कि लड़कों एवं लड़कियों में किसी प्रकार का भेद-भाव न करें। महिलाओं को चाहिए कि वे उनके विरुद्ध होनेवाली घटनाओं की अनदेखी न करें, बर्दाश्त करने की आदत में बदलाव लायें। बहुत हो चुका सहते-सहते अब तो प्रतिक्रिया देनी होगी जिससे दोषियों को समुचित दण्ड मिले। इससे पुरुषों की मानसिकता में भी बदलाव आयेगा। अभिभावकों को चाहिए कि वे बर्दाश्त करने की सीख न दें अपितु प्रत्युत्तर एवं प्रतिक्रिया के लिए प्रोत्साहित करें। आवश्यकता पड़ने पर प्रशासन को चाहिए कि परिवार को इन्वाल्व करें इससे समस्या के हल में आसानी होगी। उत्पीड़न की घटना या घटना के आरम्भ में ही लड़कियाँ करारा जवाब देना सीखें, इससे आनेवाली पीढ़ी में भी बदलाव आयेगा। पीड़िता की काउन्सलिंग के लिए विशेष एवं सार्थक प्रयास किये जायें। महिलाओं हेतु बने कानून और साइबर क्राइम के बारे में अधिक-से-अधिक जानकारी दी जाये जिससे वे लाभान्वित हो सकें। उन्हें मार्शल आर्ट के कुछ प्रमुख दाँव अवश्य सीखने चाहिए। स्वस्थ मानसिकता के विकास के लिए आयु-वर्ग के अनुसार सेक्स एजूकेशन दिया जाना लाभप्रद होगा। महिलाओं में चेतना की जागृति से, वर्णित डिवाइसेज के उपयोग से, कानून का सहारा लेकर तथा आपातकालीन नम्बरों का उपयोग आदि करने से ही महिला उत्पीड़न में पर्याप्त कमी आयेगी और विश्वास है कि पूर्वापेक्षा वे सेल्फ डिफेन्स प्रभावी ढंग से कर सकने में सक्षम हो सकेंगी।

●

बाल-विवाह

बाल-विवाह समाज या राष्ट्र के लिए एक अभिशाप है साथ ही यह प्रगति का अवरोधक भी है। जिस आयु में लड़कियाँ शिक्षा पूर्ण करने में व्यस्त रहती हैं तथा उनके खेलने और स्वस्थ विकास का मार्ग प्रशस्त होता है उसी आयु में विवाह कर देना कहाँ की नैतिकता है? वैसे भी प्रजनन की दृष्टि से महिलाओं की आयु 20 वर्ष से लेकर 35 वर्ष तक की सर्वाधिक उपयुक्त होती है। जिन लड़कियों का बाल-विवाह होता है उसमें कई तो दाम्पत्य जीवन का अर्थ ही नहीं समझती हैं। वे न तो शारीरिक दृष्टि से और न ही मानसिक रूप में ही परिपक्व होती हैं। कम उम्र में लड़कियों के विवाह का अर्थ है अधिक सन्तान की उत्पत्ति, अभावग्रस्त जीवन, कुपोषण का शिकार होना तथा नवजात शिशु के स्वास्थ्य एवं उसकी विकास सम्बन्धी चिन्ताएँ आदि। आर्थिक दृष्टि से समृद्ध परिवारों में बाल-विवाह प्रायः नहीं होते हैं। हाँ आर्थिक रूप से कमजोर परिवारों में बाल-विवाह के उदाहरण अधिक देखने को मिलते हैं। इसी प्रकार शहरी क्षेत्रों की तुलना में ग्रामीण क्षेत्रों में इसके उदाहरण अधिक दृष्टिगत होते हैं। कहने को तो हम इक्कीसवीं सदी में पहुँच गये हैं लेकिन दुःखद स्थिति यह है कि बाल-विवाह की प्रथा से अब तक हम मुक्त नहीं हो सके हैं।

वर्ष 1929 में बाल-विवाह के निषेध का अधिनियम पारित हुआ लेकिन तब लड़कियों के लिए विवाह की आंयु चौदह वर्ष और लड़कों के लिए अट्ठारह वर्ष निर्धारित की गयी। समय की माँग और आवश्यकता को देखते हुए वर्ष 1978 में इस अधिनियम में परिवर्तन हुआ और हिन्दू विवाह अधिनियम की धारा-5(3) के अन्तर्गत लड़कियों के विवाह की न्यूनतम आयु अट्ठारह वर्ष तथा लड़कों के लिए इक्कीस वर्ष निर्धारित की गयी। हमारे धार्मिक ग्रन्थों में चार आश्रम जो बताये गये हैं वे हैं– 1. ब्रह्मचर्य आश्रम, 2. गृहस्थ आश्रम, 3. वानप्रस्थ आश्रम एवं 4. संन्यास आश्रम। इसमें प्रथम आश्रम की आयु-सीमा पचीस वर्ष निर्धारित की गयी थी जिसमें विद्याध्ययन किया जाता था और विवाह के लिए लड़कों हेतु पचीस वर्ष तथा लड़कियों हेतु सोलह वर्ष को उपयुक्त बताया गया जो अब अट्ठारह वर्ष के रूप में कानूनन मान्य है। इस

कानून के उल्लंघन पर दण्ड का प्रावधान भी है। यदि इस आयु से कम अर्थात् इक्कीस वर्ष से कम आयु का लड़का, अट्ठारह वर्ष से कम आयु की लड़की से विवाह करता है तो उसे पन्द्रह दिन का कारावास या जुर्माना अथवा कारावास एवं आर्थिक दण्ड दोनों भुगतना होगा। बाल-विवाह में सहयोग देनेवाले यथा पण्डित एवं अन्य लोग हिन्दू विवाह अधिनियम की धारा-5 के अन्तर्गत तीन माह की सजा एवं जुर्माना दोनों के भागीदार होंगे। इस विवाह अधिनियम की धारा-6 द्वारा कम उम्र के लड़के और लड़की, जिनका विवाह हुआ है, के माता-पिता को इसका दण्ड भुगतना होगा। इस अधिनियम की धाराओं में लड़की सजा की भागीदार नहीं बनेगी। हिन्दू विवाह अधिनियम की धारा-12 के अन्तर्गत कोर्ट स्वयं या किसी व्यक्ति के द्वारा आवेदन किया जाता है तो इस प्रकार के मामलों में बाल-विवाह को रोक सकता है या रोका जा सकता है और सम्बन्धित व्यक्ति को सजा मिल सकती है।

कम आयु में लड़कियों का विवाह होने से उन्हें प्रजनन की अवधि ज्यादा मिलेगी जिससे जनसंख्या वृद्धि पर भी प्रभाव पड़ेगा। गर्भवती होने की स्थिति में पौष्टिक आहार न मिलने से कुपोषण की स्थिति आ सकती है जिससे स्वास्थ्य-सम्बन्धी समस्याओं में वृद्धि होगी न केवल उनके लिए अपितु गर्भ में पल रहे शिशु के लिए भी। शारीरिक एवं मानसिक रूप से परिपक्वता के अभाव में प्रसव-सम्बन्धी समस्याएँ आ सकती हैं और नवजात शिशु के लिए भी। इस प्रकार जन्म दर, मृत्यु दर एवं मातृत्व मृत्यु दर में वृद्धि होगी। आँकड़े बताते हैं कि प्रतिवर्ष तीन लाख बच्चे पैदा होने से लेकर चौबीस घण्टे के भीतर ही काल-कवलित हो जाते हैं। प्रसव के समय प्रतिवर्ष मातृत्व मृत्यु दर एक लाख में 178 है भारत में, चीन में यह संख्या 37 और स्वीडन में 41 है। भारत में प्रति एक हजार जीवित जन्म लेनेवाले शिशुओं में मरनेवाले शिशुओं की संख्या 48 है। तुलनात्मक रूप से देखें तो यह दर चीन में 16, श्रीलंका में 14 और बाँग्ला देश में 38 है। भारत के केरल राज्य में प्रति हजार में शिशु मृत्यु दर अन्य सभी राज्यों से कम है और यह केवल 13 है जिसका कारण साक्षरता की दर का अधिक होना है।

एक एन. जी. ओ. द्वारा अध्ययन किया गया है नेशनल हेल्थ सर्वे द्वारा प्रदत्त निष्कर्ष के विविध पक्षों को समझने के लिए। हमारे देश में लगभग 74 प्रतिशत लड़कियों की शादी बीस वर्ष से कम आयु में हो जाती है। विश्लेषण करने पर ज्ञात होता है कि जैन और पारसी लोगों में लड़कियाँ देर से विवाह करती हैं जबकि हिन्दू एवं मुस्लिम परिवारों की लड़कियों का विवाह अपेक्षाकृत जल्दी अर्थात् तुलनात्मक रूप में कम आयु में हो जाता है। इसी प्रकार ग्रामीण क्षेत्रों की लड़कियों का विवाह जल्दी हो जाता है तथा शहरी क्षेत्र की लड़कियों का विवाह अपेक्षाकृत देर से होता है। इन दोनों पृष्ठभूमि की लड़कियों के विवाह में औसतन दो वर्ष का अन्तर होता है। सम्पन्न परिवार और निर्धन परिवार की लड़कियों के विवाह की आयु में भी अन्तर होता है। सम्पन्न परिवार की लड़कियों का विवाह देर से होता है तथा निर्धन परिवार की लड़कियों का विवाह जल्दी या

अपेक्षाकृत कम आयु में होता है। यह निष्कर्ष भारत के आठ राज्यों में किये गये अध्ययन के आधार पर निकाला गया है और तुलनात्मक रूप में दोनों वर्ग के परिवार की लड़कियों के विवाह की आयु का अन्तर चार वर्ष का है। जहाँ शिक्षा की कमी है वहाँ के परिवारों में टीनेजर लड़कियों के गर्भवती होने के केसेज ज्यादा रहे और यह अन्तर काफी अधिक है। अशिक्षित लड़कियों में शिक्षा प्राप्त कर रही लड़कियों की तुलना में टीनेज में गर्भवती होने के केसेज नौ गुना अधिक पाये गये। हम महिला सशक्तीकरण की बात करते हैं पर उपर्युक्त तथ्य इस सशक्तीकरण को झुठलाता है। वैसे जो ज्यादातर जगहों पर पितृसत्ता की प्रधानता है लेकिन भारत के पूर्वोत्तर भागों में मातृसत्ता की प्रधानता है और ऐसी जगहों पर बाल-विवाह का प्रचलन नहीं है। पितृसत्ताप्रधान समाजों में अशिक्षा और निर्धनता के कारण बाल-विवाह का चलन तुलनात्मक रूप में अधिक है। ऐसे समाज में लड़कियाँ न तो स्वतन्त्र रूप से निर्णय ले पाती हैं और न ही उनके माता-पिता उन्हें स्वतन्त्र रूप से निर्णय लेने देते हैं या यह भी कह सकते हैं कि उनके स्वतन्त्र निर्णय लेने से माता-पिता भयभीत रहते हैं आन्तरिक रूप में जिसकी वजह से बाल-विवाह की प्रथा को बढ़ावा मिलता है। यह अच्छी बात है कि विगत दशकों से हमारे देश में साक्षरता का प्रतिशत निरन्तर बढ़ रहा है, समाज में जागरूकता भी आयी है, बाल-विवाह में कमी आयी है लेकिन दुःखद स्थिति यह है कि यह प्रथा अब भी दृष्टिगत होती रहती है।

बाल-विवाह अवरोध अधिनियम स्पष्ट करता है कि अट्ठारह वर्ष से कम आयु की लड़कियों का विवाह कानूनी दृष्टि से अपराध है लेकिन गाँव, कस्बों और छोटे शहरों में वयस्क होने से पूर्व ही लड़कियों का बाल-विवाह हो रहा है अर्थात् किसी-न-किसी रूप में आज भी बाल-विवाह की प्रथा बरकरार है। भारतीय समाज में बाल-विवाह की प्रथा लम्बे समय से ही चली आ रही है। आश्चर्य की बात यह है कि माता-पिता अपनी कन्या का बाल-विवाह कराते समय अपराध बोध से ग्रस्त नहीं होते अपितु उन्हें कर्त्तव्य निर्वहन पूर्ण करने से मुक्ति भाव का बोध होता है। समाज-सुधारकों ने समय-समय पर बाल-विवाह के निषेध हेतु अभियान चलाया जिसके फलस्वरूप बाल-विवाह निषेध अधिनियम बन सका। आज भी राजस्थान एवं उत्तर प्रदेश आदि राज्यों में बाल-विवाह होते देखा जा सकता है।

यूनिसेफ की रिपोर्ट 'एण्डिंग चाइल्ड मैरिज प्रोग्रेस ऐण्ड प्रास्पेक्ट्स' के अनुसार विश्व में बालिका वधुओं में तीन पर एक भारत से है। बाल-विवाह में अग्रणी देश है नाइजीरिया, बाँग्ला देश, चाड, माली, मध्य अफ्रीकी गणराज्य, भारत, गिनी, इथोपिया, बुर्किनाफासो और नेपाल आदि। कम उम्र में लड़कियों के विवाह होने से उनकी पढ़ायी में अवरोध होता है अर्थात् पढ़ायी रुक जाती है। उनके लिए घरेलू हिंसा के शिकार होने की सम्भावना बढ़ जाती है क्योंकि वे प्रतिरोध करने में समर्थ नहीं होती हैं। उन्हें गर्भ धारण करने में तथा प्रसव होने में कठिनाई होती है साथ ही नवजात शिशु के जीवन को खतरा भी बना रहता है।

एक्ज़ेक्यूटिव डाइरेक्टर, यूनिसेफ, एण्टनीलेक का कथन है—"बाल-विवाह जैसी बातें दुनिया-भर के करोड़ों लड़कियों के अपने निर्णय लेने के अधिकार को प्रभावित करती हैं। लड़किया सम्पत्ति नहीं हैं। उन्हें अपनी तकदीर चुनने का अधिकार है। जब वे ऐसा करने में सक्षम होंगी तो इससे सभी को फायदा होगा।" विश्व में लगभग सत्तर करोड़ बालिका वधुएँ हैं जिनमें 25 करोड़ की शादी पन्द्रह वर्ष से कम आयु में हुई है। 42 प्रतिशत बालिका वधुएँ दक्षिण एशिया में हैं। 31 फीसदी बालिका वधुएँ भारत में हैं। भारत में 27 प्रतिशत महिलाओं का विवाह पन्द्रह वर्ष से कम आयु में तथा 31 प्रतिशत महिलाओं का विवाह पन्द्रह से अट्ठारह वर्ष के मध्य की आयु में हो जाता है। ये आँकड़े 20 से 49 साल की महिलाओं की संख्या के परिप्रेक्ष्य में हैं। हमारे देश में विवाह की औसत आयु उन्नीस वर्ष है।

13वें लॉ कमीशन ने 23.2.1993 को तत्कालीन प्रधानमन्त्री को लिखा था कि अट्ठारह वर्ष से कम आयु के लोगों की किसी भी मकसद से खरीद-फरोख्त को गैरजमानती अपराध मानने के लिए धारा-373 ए जोड़ा जाये जिसमें सात साल तक की कैद का प्रावधान रखा जाये पर दुःखद स्थिति यह है कि अब तक इस दिशा में कानून बनाने का कोई प्रयास तक नहीं किया गया। भारत, नेपाल, बाँग्ला देश, बुर्किनाफासो, इथोपिया, तंजानिया और यमन को अमेरिका ने बाल-विवाह रोकने और जबरन शादी की प्रथा को खत्म करने हेतु 48 लाख डालर देने की स्वीकृति प्रदान की है। यह बात यू.एस. एजेन्सी फॉर इण्टरनेशनल डेवलपमेण्ट प्रशासक राजशाह ने व्यक्त की है।

बाल-विवाह हो जाने पर गौना करने की भी प्रथा है। कई बार ऐसा भी होता है कि गौना होने के पूर्व किसी कारणवश यदि लड़की के पति अर्थात् लड़के की मृत्यु हो जाती है तो पति के घर जाये बगैर या दाम्पत्य सुख के भोग से पहले ही वे विधवा हो जाती हैं और यदि विवाह के समय वे पति के घर के लिए विदा कर दी जाती हैं तथा पति की मृत्यु किसी समय हो जाती है तो दोनों स्थितियों में वे बाल विधवा कहलायेंगी। मार्च, 2011 में देश के महारजिस्ट्रार की ओर से जारी आँकड़ों में बताया गया है कि उत्तर प्रदेश में चौदह वर्ष की उम्र तक में ही 5,20,568 मासूमों का विवाह सम्पन्न कर दिया गया। प्रदेश में बाल-विवाह जो हुए उसमें लड़कों की अपेक्षा लड़कियों की संख्या अधिक है। 5,20,568 बाल-विवाह में लड़कियों की संख्या 3,30,841 तथा लड़कों की संख्या 1,89,727 थी। सम्पन्न किये गये बाल-विवाहों में 4,11,500 केसेज ग्रामीण क्षेत्रों में हुए तथा शेष शहरी क्षेत्रों में। प्रदेश में बाल विधवाओं की संख्या 10,896 तथा बाल विधुर की संख्या 7,746 दर्ज की गयी। प्रदेश में बाल-विवाह की संख्या की दृष्टि से इलाहाबाद का स्थान प्रथम है उसके पश्चात् गाजियाबाद, आगरा, कुशीनगर, गोरखपुर, प्रतापगढ़, बरेली, बहराइच, जौनपुर, गोण्डा, बलिया, बदायूँ, सीतापुर, लखनऊ, मुरादाबाद, गाजीपुर, कानपुर और हरदोई आदि का स्थान रहा है। जो उम्र खेलने और पढ़ने की होती

है उस उम्र में विवाह के बन्धन में बाँध दिया जाना किसी भी रूप में जायज नहीं है। धार्मिक नगरों यथा वाराणसी, मथुरा, फैजाबाद में भी बाल-विवाह की संख्या पर्याप्त रूप से पायी गयी साथ ही महाराजगंज, लखीमपुर खीरी, अलीगढ़, शाहजहाँपुर, उन्नाव, बुलन्दशहर, रायबरेली, फिरोजाबाद, फतेहपुर, कौशाम्बी, श्रावस्ती, झाँसी, पीलीभीत, गौतमबुद्ध नगर, मैनपुरी, फर्रूखाबाद, ललितपुर, महामायानगर, जालौन, महोबा, चित्रकूट एवं हमीरपुर आदि जनपदों में बाल-विवाह के कई केसेज पाये गये। इस प्रकार स्पष्ट होता है कि सम्पूर्ण उत्तर प्रदेश बाल-विवाह के चपेट में है। संख्या की दृष्टि से किसी जगह पर कम तथा किसी जगह पर बाल-विवाह की संख्या ज्यादा है। बाल-विवाह कानून की दृष्टि से अपराध है, यह वैध नहीं है अतः नियम एवं कानून की परवाह न करते हुए इस प्रकार के विवाह जो सम्पन्न होते हैं कालान्तर में उनमें से कइयों में तलाक भी हो जाते हैं। बाल-विवाह के इन केसेज में से 11,177 जोड़ों में सम्बन्ध-विच्छेद हो गया तथा 1,875 का तलाक हो गया। इसमें भी लड़कों की संख्या की तुलना में लड़कियाँ अधिक संख्या में पीड़ित पायी गयीं। यह केवल उत्तर प्रदेश का उदाहरण है अन्य प्रदेश राजस्थान, बिहार, मध्य प्रदेश आदि राज्यों में भी कमोबेश इससे मिलती-जुलती स्थिति है। बाल-विवाह के सामाजिक दुष्प्रभाव होते हैं अतः इन दुष्प्रभावों से बचने के लिए बाल-विवाह की प्रथा पर सामाजिक अंकुश लगाना अत्यन्त आवश्यक है।

सेन्सर 2011 की रिपोर्ट के अनुसार भारत में अट्ठारह वर्ष से कम आयु की लड़कियों की शादी एक लाख से भी अधिक संख्या में प्रतिवर्ष हो जाती है। यूनिसेफ की डिप्टी रिप्रेजेण्टेटिव डेविड मेकलफलीन ने बताया है कि उत्तर प्रदेश, बिहार और राजस्थान में अन्य राज्यों की तुलना में बाल-विवाह अधिक संख्या में विद्यमान है। इसलिए आवश्यक है कि बाल-विवाह का सख्ती से निषेध हो जिससे लड़कियों का भविष्य खराब न हो। पहले कानून यह था कि यदि पत्नी की आयु बारह से पन्द्रह वर्ष के मध्य हो और वह पति के विरुद्ध जबरन सेक्स सम्बन्ध बनाने की शिकायत करती है तो उसके विरुद्ध रेप के केस बनने से उसे दो वर्ष तक की सजा हो सकती थी और यही स्थिति बारह साल से कम आयु की पत्नी के साथ घटित हो तो बलात्कार के कानून के अन्तर्गत पति को सात वर्ष तक के कारावास की सजा हो सकती थी। वर्ष 2013 में एण्टी रेप कानून में कतिपय परिवर्तन किये गये हैं जिसके अनुसार पत्नी की आयु पन्द्रह वर्ष से कम होने पर ही उसके द्वारा शिकायत किये जाने पर पति के विरुद्ध बलात्कार के केस में बलात्कार के विरुद्ध बने कानून के अनुसार पति को दण्ड मिलेगा लेकिन पत्नी की आयु पन्द्रह वर्ष से अधिक हो भले ही वह अल्पवयस्क हो और पति द्वारा जबरन शारीरिक सम्बन्ध बनाया जाये तो यह अपराध की श्रेणी में नहीं आयेगा और उसे किसी प्रकार की सजा नहीं होगी। वैसे चाइल्ड मैरिज प्रॉहिबिशन ऐक्ट के अन्तर्गत अट्ठारह वर्ष से कम की आयु में लड़की की शादी नहीं हो सकती है लेकिन पर्सनल लॉ के अनुसार कभी-कभी अट्ठारह साल से कम आयु में भी लड़की का विवाह

होता है तो ऐसी स्थिति में पति द्वारा जबरन सेक्स सम्बन्ध बनाने पर वह रेप नहीं माना जायेगा जबकि सामान्य स्थिति में अट्ठारह वर्ष से कम आयु की लड़की से कोई पुरुष सहमति या असहमति से शारीरिक सम्बन्ध बनाता है तो वह बलात्कार माना जायेगा और पुरुष दण्ड का भागी होगा। इसका अर्थ है कि पन्द्रह वर्ष से अट्ठारह वर्ष के मध्य की महिला से पति सम्बन्ध बनाये तो वह अपराधी नहीं होगा लेकिन कोई अन्य पुरुष सम्बन्ध बनाये भले ही सहमति से ही तो वह दण्ड का भागी होगा। इस तरह POCSO ऐक्ट में विरोधाभास प्रदर्शित होता है क्योंकि अल्पवयस्क होने की स्थिति में यानी पन्द्रह वर्ष से अट्ठारह वर्ष के मध्य की युवती पति के विरुद्ध रेप का केस या POCSO ऐक्ट के अन्तर्गत केस नहीं कर सकती है। इस प्रकार मैरिटल रेप का कानून, रेप के कानून को प्रभावित करता है। विश्व के अस्सी देशों में मैरिटल रेप अपराध घोषित किया गया है जिन देशों में यह अपराध माना गया है उसमें प्रमुख हैं—इंग्लैण्ड, अमेरिका, आस्ट्रेलिया, फ्रान्स, कनाडा, टर्की, मलयेशिया और नेपाल आदि। पाकिस्तान, चीन और अफगानिस्तान आदि में इस सम्बन्ध में कानून नहीं बने हैं। बाल-विवाह की प्रथा किसी भी दृष्टि से समाज व राष्ट्र के लिए हितकर नहीं है। विकसित राष्ट्रों में बाल-विवाह प्रायः नहीं होता है लेकिन विकासशील देशों में इसकी अधिकता देखने को मिलती है। कन्या बचाओ और कन्या पढ़ाओ अभियान तभी सार्थक होगा जब सभी लोग शिक्षित हों या साक्षरता प्रतिशत लगभग शत-प्रतिशत हो तभी बाल-विवाह जैसी कुप्रथा का अन्त सम्भव है साथ ही लड़कियों के सुखद भविष्य का मार्ग भी प्रशस्त हो सकेगा।

●

तलाकशुदा, परित्यक्ता, विधवाएँ : चुनौतियाँ और पुनर्विवाह

समाज का निर्माण परिवारों से होता है तथा परिवार की सशक्त नींव विवाह से स्थापित होती है। सुखी वैवाहिक जीवन द्वारा ही परिवार फलता-फूलता है। पुरुष एवं स्त्री विवाह करके दम्पति कहलाते हैं और दाम्पत्य जीवन की परिणति सन्तान के रूप में होती है। विवाह-विच्छेद की स्थिति आती है परित्यक्ता होने पर या तलाकशुदा होने पर। इन दोनों स्थितियों में महिला पतिविहीन होती है, तीसरी स्थिति पतिविहीन होने की विधवा होने पर होती है। विवाह होने पर स्त्री-पुरुष का शारीरिक एवं मानसिक मिलन होता है क्योंकि परस्पर उनके विविध भाव एकाकार होते हैं। सुखी दाम्पत्य जीवन या साझा जीवन परस्पर विश्वास पर ही निर्भर है। यह विश्वास कई कारणों से कालान्तर में कमजोर भी पड़ सकता है जिससे अनबन, मतभेद, मनभेद एवं तकरार की स्थिति आती है और इसमें वृद्धि होने से शुरू होता है अलगाव। प्रसिद्ध साहित्यकार प्रेमचन्द का कथन है—"विश्वास प्रेम की पहली सीढ़ी है।" यह प्रेम चाहे विवाह से पहले हो या विवाह के पश्चात्। परित्यक्त होने की स्थिति में नारी के समक्ष विभिन्न प्रकार की समस्याएँ एवं चुनौतियाँ आरम्भ हो जाती हैं। विवाह-विच्छेद से भले ही कुछ समस्याएँ सुलझती हों पर उससे कहीं अधिक उलझनें जन्म लेती हैं। दाम्पत्य जीवन में एक-दूसरे के प्रति संवेदनाजन्य अनुभूतियों में कमी आने से खुशियाँ तिरोहित होने लगती हैं और उलझनें बढ़ने लगती हैं। दलाई लामा ने कहा है—"हमारी खुशी का स्रोत हमारे ही भीतर है। यह दूसरों के प्रति संवेदना से प्राप्त होती है।"

आई. बी. एम. आर. के एक सर्वे के अनुसार 94 प्रतिशत दम्पतियों ने स्वीकार किया कि विवाह के दो वर्ष पश्चात् उनमें परस्पर एक-दूसरे के प्रति रुचि समाप्त हो जाती है और पचास प्रतिशत ने स्वीकारा कि वे सरप्राइज गिफ्ट देना बन्द कर देते हैं। दक्षिण भारत में रुचि में कमी आने का जहाँ यह प्रतिशत 89 था वहीं उत्तर भारत में यह 98 प्रतिशत रहा। वर्ष 2000 में किये गये सर्वे के अनुसार सात वर्षों में यह रुचि

समाप्त हो जाती थी और 2011 में यह समय-सीमा घटकर तीन वर्ष हो गयी। वर्तमान में इसमें और कमी आयी और केवल दो वर्ष की अवधि हो गयी। 57 प्रतिशत दम्पतियों द्वारा क्वालिटी टाइम में कमी आने की बात कही गयी। बाइक पर लम्बे सफर पर जाने का प्रतिशत रोमान्स में 91 था लेकिन विवाह के पश्चात् 45 प्रतिशत की कमी होकर यह 46 प्रतिशत तक सीमित हो गयी। वैवाहिक सम्बन्ध टूटने के कगार पर जब आने लगते हैं तो उसके विविध कारण होते हैं यथा शारीरिक, मानसिक, सामाजिक एवं आर्थिक आदि। शारीरिक कारण कई प्रकार के हो सकते हैं जैसे नपुंसकता, बन्ध्यता, असाध्य रोग या मानसिक रोग आदि। बौद्धिक स्तर में अधिक अन्तर का होना, मानसिकता में अन्तर का होना तथा शिक्षा, पद, प्रतिष्ठा में भी अधिक अन्तर होने से सम्बन्ध निर्वहन में कठिनाई होने लगती है। कभी-कभी व्यक्ति की प्रवृत्तियाँ भी वैवाहिक सम्बन्ध में दूरी बनाने का कार्य करती हैं जैसे झगड़ालू स्वभाव, शक, ईर्ष्या या क्रोध आदि। महात्मा गाँधी का कथन है कि शंका के मूल में श्रद्धा का अभाव रहता है। इसी प्रकार शक के बारे में कहा जाता है कि शक का इलाज तो हकीम लुकमान के पास भी नहीं है। तात्पर्य यह है कि शक या शंका अविश्वास को जन्म देती है और दूरी बढ़ाने में सहायक है। निर्धनता के कारण विभिन्न समस्याएँ पनपती हैं, आवश्यकताओं की पूर्ति न होने से घर में क्लेश, दोषारोपण एवं मनमुटाव का वातावरण बनने लगता है। पति य. त्नी के परिवार के किसी सदस्य द्वारा आवश्यकता से अधिक हस्तक्षेप भी मनोमालिन्य उत्पन्न करता है। इसी प्रकार श्रेष्ठता या हीनता की भावना किसी एक पक्ष या दोनों में होने पर अलगाव की पृष्ठभूमि तैयार होने लगती है। पति-पत्नी के बीच तीसरे का आगमन प्रेमी या प्रेमिका के रूप में होता है तो वैवाहिक सम्बन्ध में दरार आने लगती है। नारी या पुरुष का अहं अधिक होने पर सामंजस्य में कमी आना स्वाभाविक है। हिंसात्मक व्यवहार अर्थात् शारीरिक अथवा मानसिक प्रताड़ना या दोनों का होना एक-दूसरे से अलग होने के लिए विवश कर देते हैं। सम्बन्धों में असामान्यता जैसे पुरुष का होमोसेक्सुअल होना अर्थात् समलिंगीय प्रेम या महिला का लेस्बियन होना अर्थात् महिला का महिला से प्रेम भी अलगाव का जनक हो सकता है। मिस्र में लेस्बो द्वीप में सैफो एक कवयित्री थी जो किसी महिला से प्यार करती थी जिसके कारण यह लेस्बियन नाम पड़ा। इस प्रकार सम्बन्ध विच्छेद के ये विभिन्न प्रमुख कारण हैं। बिल गेट्स (प्रसिद्ध उद्यमी) का कथन है—"किसी के साथ रहकर भी आप अकेलापन महसूस करते हैं तो इससे अच्छा है कि आप अकेले ही रहें।"

सुखी विवाहित जीवन के लिए आवश्यक है कि पति-पत्नी एक-दूसरे की पसन्दगी और नापसन्दगी पर ध्यान दें अर्थात् एक की पसन्द दूसरे की पसन्द बने। परस्पर संवादहीनता की स्थिति न उत्पन्न होने दें स्थितियाँ चाहे जो हों। इस प्रकार एक-दूसरे के पूरक बनें जिससे परस्पर एक-दूसरे की अहमियत या अस्तित्व का बोध हो। सप्ताह में एक दिन जीवन साथी के नाम के रूप में करें और समर्पण भाव दिखायें। जरूरत

पड़ने पर एक-दूसरे की प्रशंसा करें। कई बार प्रशंसा के भाव को लोग मन में ही रखते हैं उसे व्यक्त नहीं करते हैं। सोचते हैं कि व्यक्त करने से कहीं दूसरा इसे कृत्रिम रूप में न ले ले या प्रशंसा सुनकर यह समझे कि अब कोई सुधार की आवश्यकता नहीं है लेकिन मन के भाव को संयमित रूप से प्रशंसात्मक रूप में व्यक्त करना अच्छा ही रहता है। आभार व्यक्त करने के लिए थैंक्स कहना न भूलें। घर में राजनीति या कूटनीति से बचें। याद रखें कि छोटी-छोटी चीजों से भी खुशी प्राप्त की जा सकती है। सीमित साधनों से ही खुशियाँ बटोरें। परिवार में सदैव काम का उलाहना न दें तथा ऐसी बातें न करें जिससे टेन्शन उत्पन्न हो। जीवन्तता के साथ जियें। कभी-कभी पिकनिक या आउटडोर का भ्रमण सम्बन्धी कार्यक्रम बनायें। यदि बच्चे हैं तो पति एवं बच्चों के साथ अथवा पति-पत्नी दोनों इस प्रकार के कार्यक्रम में सहभागिता करें। जीवन में रोमान्स को जिन्दा रखें जिससे युगल की एक-दूसरे के प्रति रुचि बनी रहे तथा नीरसता न उत्पन्न हो। वैसे भी आज की नारी मुखर हो चली है। सब-कुछ बर्दाश्त कर लेने की आदत में परिवर्तन आया है जो शुभ संकेत है। शिक्षित नारियों की संख्या पूर्वापेक्षा काफी बढ़ी है और उन्हें यौन शिक्षा या ज्ञान भी किसी-न-किसी रूप में होता है पर वे उसको अभिव्यक्त नहीं करती हैं जिससे विभिन्न प्रकार की समस्याएँ उत्पन्न होती हैं। वैवाहिक जीवन की सफलता बहुत-कुछ मधुर यौन सम्बन्धों पर आधारित होती है। यौन शिक्षा या ज्ञान भी इस मधुर सम्बन्ध की अभिवृद्धि में सहायक है क्योंकि इससे विभिन्न भ्रान्तियाँ दूर होती हैं तथा अनजाने पहलुओं की वास्तविकता से अवगत हुआ जा सकता है। विवाहित महिलाओं को चाहिए कि वे यौन समस्याओं पर अपनी अभिव्यक्ति दें। विवाह के पश्चात् यौन सम्बन्धों में सन्तुष्टि न मिलने पर वे फोरप्ले आदि विषयों पर अपने पार्टनर को राजी कर अधिक सन्तुष्टि का अहसास कर सकती हैं क्योंकि यदि वे चुप रहेंगी तो कुण्ठा और असन्तुष्टि बढ़ेगी। संकेत देना भी अच्छा है लेकिन यदि उनका पार्टनर इसको न समझे तो यह बताने में हर्ज नहीं है कि वह अपने साथी से क्या चाहती हैं। यौन क्रिया में यदि कोई बात पसन्द नहीं है तो उसे बता देना लाभकारी होगा। अच्छा होगा कि वे अपनी असन्तुष्टि को सेक्स क्रिया के दौरान न कहें, किसी अन्य मौके पर इसको जाहिर करें जिससे पुरुष के अहम् को चोट न पहुँचे। अपनी पसन्दगी की गतिविधियों को बताने से वह इन क्रियाओं को देर तक आवश्यकतानुसार जारी रखेगा जिससे आनन्द में बढ़ोतरी होगी। वास्तव में यौन सम्बन्धों में दोनों पक्षों को एक-दूसरे की भावनाओं का खयाल रखना चाहिए। स्वयं प्यार करना सीखें, स्पर्श व आलिंगन को महत्त्व दें, इससे असुरक्षा के भाव दूर होंगे। स्वयं को आकर्षक बनाये रखें जिससे आपके पार्टनर की रुचि आपके प्रति बरकरार रहे। परस्पर यदि कोई गलतफहमी है तो उसे दूर करें तथा एक-दूसरे का विश्वास अर्जित करें। केवल कहने को ही प्रमुखता न दें अपितु धैर्य से दूसरे पक्ष को सुनने की आदत डालें। इससे रिश्ते मधुर बनेंगे और यदि कोई दरार आ गयी है तो उसमें सुधार होगा। प्रसन्नचित्त रहें,

मुस्कराहट बरकरार रखें और प्रिय बातें करें। अपने पार्टनर की प्रशंसा करना सीखें। सराहना का अच्छा प्रभाव पड़ता है क्योंकि इससे रिश्तों की खटास दूर होती है। अतः भावनाओं का दमन न करें, एक-दूसरे पर भरोसा करना सीखें इससे सम्बन्ध मधुर बनेंगे और प्रसन्नता प्राप्त होगी। साहित्यकार अमृतलाल नागर का यह कथन अत्यन्त सटीक है—"जैसे सूर्योदय होते ही अन्धकार दूर हो जाता है वैसे ही मन की प्रसन्नता से सारी बाधाएँ दूर हो जाती हैं।"

दाम्पत्य जीवन में कभी-कभी विभिन्न कारणों से कटुता इतनी बढ़ जाती है कि सारे प्रयास के बावजूद सम्बन्ध सामान्य नहीं हो पाते हैं जिससे अलगाव की स्थिति आती है और नारी परित्यक्ता हो जाती है या वह स्वयं पति को छोड़कर अलग रहने लगती है जिससे इसकी परिणति तलाक के रूप में होती है। हमारे देश में सौ विवाहित जोड़ों में औसतन एक का तलाक होता है अर्थात् केवल एक प्रतिशत, हालाँकि अब तलाक की संख्या में वृद्धि हो रही है। अमेरिका में तो प्रायः दो विवाहित जोड़ों में एक युगल का तलाक हो जाता है। पादरी अर्ल ग्रोल मैन का कथन है—"तलाक मृत्यु से भी भयंकर है।" कारण इसमें विभिन्न प्रकार की त्रासदी झेलनी पड़ती है विशेष रूप से महिलाओं को। तलाक का एक कारण सन्तानोत्पत्ति का न होना भी है यद्यपि यह तलाक का कानूनी अधिकार नहीं बनता है। सन्तान न होने का कारण पुरुष या स्त्री कोई भी हो सकता है किन्तु प्रायः महिला को ही इसके लिए जिम्मेदार ठहराया जाता है जो अनुचित है। दिल्ली एन. सी. आर. की 7,194 महिलाओं पर एक सर्वे किया गया जो इक्कीस वर्ष से लेकर चालीस वर्ष तक के आयु-वर्ग की थीं। इनमें 44.3 प्रतिशत महिलाएँ इनफर्टिलिटी से पीड़ित थीं। इनमें 21-25 आयु-वर्ग की बाईस प्रतिशत महिलाओं की फर्टिलिटी निम्न पायी गयी। जाँच में यह देखा गया कि उनमें कितने फालिकल बचे हैं क्योंकि फालिकल की संख्या ही गर्भधारण की सम्भावना दर्शाती है। 35 वर्ष से लेकर 40 वर्ष की आयु वर्ग की 1,302 महिलाओं में केवल 8 महिलाओं में फर्टिलिटी रेट ज्यादा पाया गया। 30 से 35 आयु-वर्ग की 55 प्रतिशत महिलाओं में सबसे ज्यादा गर्भवती होने की सम्भावना पायी गयी। 25 से 30 साल की आयु-वर्ग की 30 प्रतिशत महिलाओं में ए. एम. एच. काफी निम्न पाया गया। अधिक आयु में विवाह करने के पश्चात् तीन से पाँच साल तक गर्भधारण न किये जाने का प्रयास आदि ऐसे कारक हैं जिससे गर्भधारण की क्षमता में कमी आती है। इसके साथ ही स्ट्रेस, शराब और स्मोकिंग आदि की लत भी गर्भधारण की क्षमता को कुप्रभावित करती है। उम्र बढ़ने के साथ गर्भधारण की क्षमता का कम होना एक स्वाभाविक प्रक्रिया है।

एक घर में एक ही छत के नीचे रहने पर यथासम्भव सारे प्रयासों के बावजूद जब समझौते या सुलह की गुंजाइश नहीं रह जाती है तो पत्नी अलग रहने का निर्णय कर लेती है। ऐसी स्थिति में उसके समक्ष जीवनयापन का ज्वलन्त प्रश्न सम्मुख आ जाता है और वह हिन्दू मैरिज ऐक्ट की धारा 24 के अन्तर्गत अपनी आर्थिक स्थिति का हवाला

देकर गुजारा-भत्ता माँग सकती है। अगर पत्नी ने दहेज प्रताड़ना का केस दायर कर रखा है तो वह चाहे मायके में रहे या अन्यत्र, सी. आर. पी. सी. की धारा-125 के अन्तर्गत स्वयं एवं अपने बच्चों के लिए गुजारा-भत्ता माँग सकती है। पृथक् रहते हुए पत्नी के लिए गुजारे-भत्ते की धनराशि कोर्ट तय करती है अर्थात् दोनों की इनकम जोड़कर उसके आधे की धनराशि (यदि दोनों कमाते हैं) और पत्नी के न कमाने की स्थिति में पति की आय का आधा या कोर्ट अपने विवेकानुसार गुजारा-भत्ता की धनराशि तय करेगी। इसके अतिरिक्त हिन्दू एडाप्शन ऐण्ड मेण्टीनेन्स ऐक्ट की धारा-18 के तहत अपना वाद महिला दायर कर सकती है। यदि तलाक का केस जारी है और अभी तक उसका निर्णय नहीं हुआ है तब भी वह गुजारा-भत्ता पाने के लिए अधिकृत है। पति के द्वारा यदि कोई वसीयत की गयी है तो उसके अन्तर्गत भी पत्नी को सम्पत्ति में अधिकार मिल सकता है हालाँकि इसमें प्रतिबन्ध यह है कि पति केवल अपने द्वारा अर्जित सम्पत्ति की ही विल (will) कर सकता है। यदि पति ने कोई वसीयत नहीं की है तो उसकी मृत्यु के पश्चात् उसकी अर्जित सम्पत्ति में पत्नी को हिस्सा मिलेगा। अभी तक तलाक हो जाने पर पत्नी को पति की पैतृक सम्पत्ति में हिस्सेदारी पाने का अधिकार नहीं है फिर भी चर्चा है कि केन्द्र सरकार इस सम्बन्ध में महिला के अधिकार हेतु कानून बनाने के प्रयास में है। वैसे सामान्य स्थिति में महिला का अधिकार पुश्तैनी सम्पत्ति में है। वह स्वयं की अर्जित सम्पत्ति को बेच सकती है या किसी के पक्ष में वसीयत भी कर सकती है। अगर पति-पत्नी ने कोई ऋण संयुक्त रूप से लिया है तो इसे चुकाने की जिम्मेदारी दोनों पक्षों की है भले ही तलाक हो गया हो लेकिन इससे ऋण चुकाने की जिम्मेदारी से मुक्त नहीं हुआ जा सकता है। पति-पत्नी के बीच सम्पत्ति को लेकर कोई विवाद है तो इसका निपटारा कोर्ट द्वारा होगा। अगर महिला ने शादी के समय या उसके बाद पति के साथ कोई प्रापर्टी खरीदी है तो तलाक हो जाने पर भी वह आधे हिस्से की हकदार होगी। तलाक की स्थिति में भावनाओं में न बहकर अपने अधिकार के लिए महिला को संघर्षशील होना चाहिए। महिलाओं को चाहिए कि वे फाइनेन्शियल मैटर्स को भली-भाँति समझें। उसके विविध पहलुओं की जानकारी प्राप्त करें अन्यथा उन्हें हानि उठानी पड़ सकती है। यदि तलाक लेने का निर्णय महिला करती है तो उसे अपने बैंक एकाउण्ट और क्रेडिट कार्ड्स बन्द करने की पहल करनी चाहिए जिससे उसका पति अनुचित लाभ न उठा सके साथ ही ज्वाइण्ट बैंक एकाउण्ट की धनराशि को अपने एकल खाते में ट्रान्सफर करवा लेना चाहिए क्योंकि तलाक हो जाने के बाद संयुक्त खाते में जितनी धनराशि होगी उसमें प्रत्येक का आधा-आधा हिस्सा होगा और वह राशि बराबर-बराबर बँटेगी। तलाक के मामले में पति-पत्नी भले ही कोई फाइनेन्शियल सेटलमेण्ट आपस में कर लें लेकिन इससे ओरिजिनल एग्रीमेण्ट में कोई परिवर्तन नहीं होगा और लोन चुकाने की जिम्मेदारी दोनों की होगी यदि संयुक्त रूप से लोन लिया गया है।

तलाक आपसी सहमति से भी हो सकता है पर उसे कानूनी रूप देने पर ही मान्यता होगी। एसेट्स का बँटवारा करते समय महिला को चाहिए कि उसकी मार्केट वैल्यू को जानकर निर्णय करें। यदि वे दोनों आपस में कोई निर्णय इस सम्बन्ध में नहीं करते हैं तो कोर्ट द्वारा एसेट्स का बँटवारा होगा तथा गुजारे-भत्ते की धनराशि तय होगी। यदि महिला ने तलाक के लिए अर्जी दे रखी है और पति की ओर से इसे चैलेंज नहीं किया जाता है तो तीन वर्ष की अवधि बीतने पर कोर्ट चाहे तो तलाक स्वीकृत कर सकता है। लॉ कमीशन ने संस्तुति दी थी कि पति-पत्नी कम-से-कम तीन साल से अलग रह रहे हों तो यह तलाक का आधार बनता है। कमीशन ने वर्ष 2009 में अपनी 217वीं रिपोर्ट में यह बात कही थी जिसे यू.पी.ए. की कैबिनेट ने मंजूरी भी दी पर लोक सभा भंग होने के कारण यह निष्प्रभावी हो गया। वैसे न्यूनतम पाँच साल से पति-पत्नी अलग रह रहे हों या एक साथ रहने के लिए तैयारं न हों तो यह तलाक का कारण बनता है। हिन्दू मैरिज ऐक्ट की धारा-13 में एडल्टरी, प्रताड़ना (शारीरिक व मानसिक), दीर्घकाल तक छोड़कर चले जाना, दूसरा धर्म अपना लेना, पागल होने पर या असाध्य रोग से ग्रस्त होने पर जिसके फैलने का खतरा हो आदि तथ्यों के परिप्रेक्ष्य में पारस्परिक सहमति से तलाक लिया जा सकता है। पति-पत्नी में तलाक हो जाने पर एलिमनी में जिन बातों का खयाल रखा जाता है वे हैं—यदि दोनों कमा रहे हों और पति की आय पत्नी से अधिक है तो पत्नी को एलिमनी सीमित ढंग से मिल सकती है। पत्नी यदि नहीं कमा रही है तो एलिमनी निर्धारित करते समय यह खयाल रखा जाता है कि पत्नी का जीवन-स्तर पति के लगभग बराबर हो। पत्नी के पुनर्विव<u>ह</u> करने पर पूर्व पति एलिमनी बन्द कर सकता है लेकिन बच्चों की परवरिश हेतु उस धनराशि देनी होगी। यदि पति शारीरिक अथवा मानसिक विकलांगता के कारण नहीं कमा रहा है तो तलाक की स्थिति में पति द्वारा पत्नी को कोर्ट द्वारा एलिमनी की तय राशि देनी होगी। एलिमनी में बच्चे की मेण्टीनेन्स (फूड, क्लोदिंग और शिक्षा) हेतु कोर्ट एलिमनी तय करता है।

एक्स्ट्रा मैरिटल अफेयर भी डाइवोर्स का आधार बन सकता है। शादी के बाद भी पत्नी का अफेयर जारी रहना, देर रात घर लौटना, मना करने पर धमकी देना आदि भी डाइवोर्स के आधार बनते हैं यही बात पति पर भी लागू होती है। यदि आरोप आधारहीन पाये जाते हैं तब भी जिस पर आधारहीन आरोप लगाये गये हैं वह डाइवोर्स माँग सकता है क्योंकि यह क्रूएलिटी के अन्तर्गत आता है। वैसे एडल्टरी अर्थात् व्यभिचार के लिए पति ही शिकायत कर सकता है अर्थात् यदि कोई पुरुष किसी विवाहित महिला से उसकी सहमति से शारीरिक सम्बन्ध बनाता है तो ऐसे पुरुष के प्रति शिकायत करने का अधिकार पति को आई.पी.सी. की धारा-497 के अन्तर्गत प्राप्त है। ऐसे केस सीधे थाने में दर्ज नहीं होते हैं। पति सी. आर. पी. सी. की धारा-200 में कम्प्लेण्ट केस व्यभिचार करनेवाले पुरुष के विरुद्ध कर सकता है। उसे कोर्ट में अपने बयान दर्ज कराने होंगे साथ ही साक्ष्य भी प्रस्तुत करने होंगे। दोष सिद्ध होने पर एडल्टरी करनेवाले

पुरुष के लिए पाँच साल की सजा का प्रावधान है। विचित्र बात यह है कि एडल्टरी केस में पति शिकायत दर्ज करा सकता है पत्नी नहीं। भले ही पति दूसरी महिला के साथ सहमति से शारीरिक सम्बन्ध बनाये। इन्फर्टिलिटी के कारण भी पति-पत्नी में तनाव उत्पन्न हो सकता है जो अलगाव की शुरुआत करते हैं। विवाह कानून में संशोधन स्वरूप एक बिल तैयार किया गया था जिसमें यह प्रावधान किया गया था कि यदि शादी टूटने के कगार पर हो और जुड़ने की फिर से गुंजाइश न रह गयी हो तो यह तलाक का आधार हो सकता है तथा तलाक हो जाने पर महिला को पति की अचल सम्पत्ति में हिस्सा भी मिलेगा पर किसी कारणवश यह बिल पास नहीं हो सका और संशोधन बिल निष्प्रभावी हो गया।

ऐश्ली मैडिसन डाट काम नाम से एक विवादास्पद वेबसाइट है जो विवाहित महिलाओं और पुरुषों को विवाहेतर सम्बन्ध के लिए प्रेरित करता है। जो लोग यह मानते हैं कि इस सीमित जिन्दगी में नये अनुभव प्राप्त किये जायें वे इसकी ओर आकर्षित होते हैं। दुनिया में इस वेबसाइट से तीन करोड़ सत्तर लाख से ज्यादा लोग जुड़ चुके हैं जिनमें भारतीयों की संख्या भी दो लाख सत्तर हजार है। बेहतर की चाहत ही वह भावना है जिससे लोग इससे जुड़ रहे हैं। जब पति-पत्नी एक-दूसरे को समय नहीं दे पाते हैं तो इस प्रकार के सम्बन्ध की ओर बढ़ना स्वाभाविक-सा हो जाता है। वैसे भी विवाह में सोशल फैक्टर ज्यादा प्रभावी होता है। नैतिकता के आवरण में इसका विश्लेषण न किया जाये तो सच्चाई यही है कि कमोबेश ऐसे सम्बन्ध बनते रहे हैं और स्त्री-पुरुष के रिश्तों के नये आयाम आते रहे हैं।

कोर्ट चाहे तो महिला की माँग पर पूर्व में तय हुई गुजारे-भत्ते की धनराशि को महिला के आवेदन पर बढ़ा सकती है। तलाकशुदा महिला को अपने सास-ससुर की प्रापर्टी पर कोई हक नहीं बनता है अगर वह प्रापर्टी उनकी सेल्फ एक्वायर्ड हो। हिन्दू एडाप्शन ऐण्ड मेण्टीनेन्स ऐक्ट, 1956 के अन्तर्गत डिस्ट्रिक्ट कोर्ट में अर्जी देकर महिला गुजारा-भत्ता माँग सकती है। पति यदि खर्च नहीं देता है तो वह कोर्ट में अप्लीकेशन दे सकती है। पति के धर्म बदलने पर भी गुजारा-भत्ता पाने का उसे हक है। यदि कोई भारतीय महिला विदेश में है और पति ने उसका त्याग कर दिया है ऐसे केसेज में विदेश मन्त्रालय उसकी कानूनी सहायता करता है और यह सहायता उसे मान्यताप्राप्त लीगल आर्गेनाइजेशन द्वारा मिलती है। इसके लिए जरूरी है कि उसके पास शादी का प्रमाण-पत्र हो और वैध पासपोर्ट भी तथा शादी की अवधि पन्द्रह साल से अधिक व्यतीत न हुई हो। फिलहाल इस प्रकार की सुविधा अमेरिका, इंग्लैण्ड, कनाडा, आस्ट्रेलिया, मलयेशिया, न्यूजीलैण्ड और खाड़ी के देशों में उपलब्ध है। यदि महिला इस प्रकार के प्रकरण में आरोपी है तो वह निःशुल्क कानूनी मदद प्राप्त कर सकती है भले ही उसकी हैसियत कुछ भी हो। भारत के प्रत्येक राज्य में लीगल सर्विस अथॉरिटी का गठन किया गया है। महिला की गिरफ्तारी की सूचना पुलिस कानूनी सहायता समिति को देगी और

कमेटी उसे मुफ्त कानूनी सलाह देगी। सुप्रीम कोर्ट द्वारा मानसिक प्रताड़ना के लिए चौदह प्वाइण्ट्स निर्धारित किये गये हैं जिससे आसानी से मानसिक प्रताड़ना को आधार न बनाया जा सके। इनमें प्रमुख बातें इस प्रकार हैं—दीर्घ अवधि से अलग रहना, सन्तानोत्पत्ति न करने का एकपक्षीय फैसला, बिना कारण दीर्घ अवधि तक सेक्स क्रिया करने से इन्कार, बिना बताये पति नसबन्दी करा ले या पत्नी अबॉर्शन करा ले, ईर्ष्या करना या लांछन लगाना तथा अपमानित करना, गाली-गलौज एवं अश्लील भाषा का इस्तेमाल आदि। बेमेल विवाह के कारण भी तलाक होता है। तलाक के केसेज में अदालत फैसला देने से पूर्व एक निश्चित अवधि तय करती है पुनर्विचार के लिए और इस अवधि में यदि वे चाहें तो अपनी रिट वापस ले सकते हैं। पुरुष एवं स्त्री का अहम् जब बढ़ जाता है तो तलाक की नौबत आती है। तलाकशुदा स्त्रियों में जिनके बच्चे हैं वे बच्चों का खर्च मुश्किल से प्राप्त कर पाती हैं। लगभग एक चौथाई महिलाएँ ही इसको प्राप्त कर पाती हैं।

एकल परिवार का चलन बढ़ने से तलाक एवं बच्चे की कस्टडी की समस्या आदि में बढ़ोतरी हुई है। वैसे पारिवारिक न्यायालय की अवधारणा पर 1953 से चर्चा प्रारम्भ हो चुकी थी लेकिन 14 सितम्बर, 1984 में फैमिली कोर्ट्स ऐक्ट लागू हुआ। इसका उद्‌देश्य है पारिवारिक झगड़ों का निपटारा। यथासम्भव परिवार टूटने से बचे, पति-पत्नी दोनों को न्याय मिल सके और बच्चों को समुचित संरक्षण भी। पहले दम्पति स्वयं अपनी बात कहते थे और वकीलों की सहभागिता नहीं होती थी लेकिन अब वकील अपने मुवक्किल का पक्ष रख सकते हैं। पति-पत्नी में चाहे जो झगड़े हों, अलग भी होना पड़े तो कड़वाहट के साथ नहीं बल्कि राजी-खुशी से हों, यही फैमिली कोर्ट की स्थापना का उद्‌देश्य है। फैमिली कोर्ट में प्रत्येक पक्ष अपना मामला प्रस्तुत करता है। काउन्सलर सहयोगार्थ होते हैं जो सारी प्रक्रिया को अपनाने में सहायता करते हैं। आवश्यकता पड़ने पर वकील रखा जा सकता है। याचिका दाखिल होने पर दम्पति को काउन्सलर के पास भेजा जाता है जो उनके मतभेदों को दूर करने में पहले अलग-अलग फिर साथ में बैठाकर समस्या के निवारण के लिए प्रयासरत होते हैं। इस दौरान वकील उपस्थित नहीं रहता है। दम्पति को मामला सुलझाने के लिए समय दिया जाता है, विभिन्न चरणों में उनके साथ मीटिंग की जाती है। यदि मतभेद सुलझ गये तो केस खारिज हो जाता है अन्यथा तलाक हो जाता है। इसमें बच्चों के हित को सर्वोपरि महत्त्व दिया जाता है। बच्चे से उसकी राय ली जाती है कि वह माता-पिता में किसके साथ रहना चाहता है। काउन्सलर घर पर भी विजिट अचानक कर सकता है। वह उपयोगी परामर्श देता है। इस प्रकार यथासम्भव वह मतभेद दूर करने और सम्बन्ध जोड़ने का कार्य करता है। कुल मिलाकर मानवीय आधार पर फैमिली कोर्ट कार्य करता है। परस्पर मतभेद के विभिन्न कारण हो सकते हैं जैसे अलग रहने की चाह, परिवार के किसी सदस्य सास, ससुर या संयुक्त परिवार है तो देवरानी, जेठानी या ननद से सामंजस्य का अभाव या जायदाद आदि।

सम्भव है कि दोनों पक्षों में से किसी एक का अन्य से या दोनों में से प्रत्येक का किसी अन्य से सम्बन्ध हो। कम्युनिकेशन गैप को पूरा करने का कार्य पारिवारिक न्यायालय करता है उन्हें सुविधा और अवसर प्रदान करके तथा काउन्सलर की सेवाएँ उपलब्ध कराकर। इस प्रकार यह न्यायालय परिवार की तरह पति-पत्नी के बीच झगड़ों, मनमुटाव एवं मतभेदों को दूर करने में महती भूमिका का निर्वाह करता है।

उत्तर प्रदेश सरकार फैमिली कोर्ट में ए. डी. आर. (अल्टरनेटिव डिस्प्यूट रिज़ोल्यूशन) केन्द्र बनाने जा रही है जिससे महिलाओं को न्याय पाने में आर्थिक सुविधा होगी। ए. डी. आर. अधिनियम वर्ष, 1996 में संसद् से पास हो चुका है। फैमिली कोर्ट के ए. डी. आर. सेण्टर में स्थायी लोक अदालत, मीडिएशन सेण्टर, डोमेस्टिक वायलेन्स एवं रिटेनर हेतु पृथक् कक्ष होंगे। काउन्सलिंग से प्रारम्भिक स्तर पर समस्याओं को सुलझाने का प्रयास होगा। यदि समस्याएँ काउन्सलिंग से नहीं सुलझ पाती हैं तो कोर्ट सम्बन्धी कार्यवाही की जायेगी। वर्तमान स्थिति में सरकारी वकील की सुविधा पाने के लिए महिलाओं को राज्य विधिक प्राधिकरण जाना पड़ता है लेकिन शीघ्र ही उन्हें यह सुविधा ए. डी. आर. केन्द्र पर ही उपलब्ध होगी। ए. डी. आर. का उद्देश्य है देश के सभी नागरिकों को समान न्याय एवं निःशुल्क लीगल असिस्टेन्स उपलब्ध होना।

विधवाएँ—स्वामी विवेकानन्द ने ऐसी किसी भी धार्मिक आस्था को त्याज्य बताया है जो किसी विधवा के आँसू नहीं पोंछ सकता है। पति की मृत्यु हो जाने पर पत्नी विधवा हो जाती है और शुरू हो जाती है उसकी यन्त्रणाओं का सिलसिला। हमारे देश में वाराणसी, मथुरा जिले के वृन्दावन में तथा देश के अन्य स्थानों पर जो तीर्थ स्थान हैं, वहाँ के मन्दिरों में निस्सहाय विधवाओं की एक बड़ी तादाद देखने को मिलती है। भारत में कई जगहों पर पति की मृत्यु हो जाने पर उन्हें पति की चिता के साथ अतीत में सती हो जाना पड़ता था। समाज-सुधारकों के अथक प्रयास से तत्कालीन सरकार द्वारा इस पर कानूनी रोक लगी। प्रार्थना समाज के प्रमुख आचार्य केशवचन्द्र सेन, महादेव गोविन्द रानाडे, डॉ. आत्माराम पाण्डुरंग, चन्द्रावश्कर, आर्यसमाज के प्रवर्तक स्वामी दयानन्द सरस्वती, ब्रह्म समाज के पुरोधा तथा भारतीय पुनर्जागरण के मसीहा राजा राममोहन राय आदि ने विधवा विवाह को प्रोत्साहित किया और इसे समाज-सुधार का आवश्यक उपाय बताया। पहले इस देश में सती-प्रथा का चलन था जो एक सामाजिक अभिशाप था। विधवा होने पर उसकी इच्छा के विरुद्ध उसे जबरन जला दिया जाता था जिस पर वर्ष 1829-30 में रोक लगायी गयी। तत्कालीन लॉर्ड विलियम बैण्टिक के द्वारा राजा राममोहन राय के प्रयासों के फलस्वरूप। स्वतन्त्रता के पश्चात् 1987 में सती निवारक अधिनियम पारित किया गया। अतीत में विधवाओं की स्थिति शोषित की रही है, उन्हें समाज एवं परिवार से बहिष्कृत कर दिया जाता था तथा मांगलिक कार्यों में उनकी सहभागिता नहीं होती थी। वे अनाश्रित होकर शोषण का शिकार होती थीं तथा उन्हें असहनीय दुःख झेलना पड़ता था। विधवाओं के पुनर्विवाह में ईश्वरचन्द्र विद्यासागर ने अप्रतिम योगदान दिया। उनके प्रयास से गवर्नर जेनेरल डलहौजी ने 1856 में विधवा

विवाह को मान्यता दी और हिन्दू विधवा पुनर्विवाह अधिनियम बना। वेदों में भी विधवा विवाह को मान्यता दी गयी है। कर्वे महोदय ने 1899 में विधवा आश्रम की स्थापना की।

विश्व के कई देशों में आज भी महिलाओं की अपेक्षित प्रगति नहीं हो सकी है और विधवाओं की स्थिति तो और भी दयनीय है। हमारे देश में लाखों ऐसी महिलाएँ हैं जो विधवा के रूप में नारकीय जीवन जी रही हैं। विधवाओं की ओर से देश के वर्तमान प्रधानमन्त्री से यह माँग की गयी है कि उनके कल्याण और सुरक्षा के लिए पृथक् से कानून बनाये जायें और विडो प्रोटेक्शन ऐक्ट बने। कई दशकों से वृन्दावन में रह रही 92 वर्षीया मनु घोष ने इसके लिए अपनी आवाज बुलन्द की। वह तथा उन्हीं की तरह कई आशान्वित हैं पृथक् से कानून के अस्तित्व में आने के प्रति। सुलभ इण्टरनेशनल संस्था ने विधवाओं की सुविधा और सुरक्षा के लिए एक प्रस्ताव तैयार किया है, आवश्यकता है उसको कानूनी रूप देने की। एक अनुमान के अनुसार हमारे देश में महिलाओं की कुल संख्या की लगभग आठ प्रतिशत महिलाएँ विधवा हैं अर्थात् लगभग चार करोड़ विधवा महिलाओं की संख्या है। इनमें पचास प्रतिशत विधवाएँ दारुण जीवन अर्थात् कष्टों से भरा दयनीय जीवन जी रही हैं जब कि पुरुष केवल 2.5 प्रतिशत ही विधुर हैं। इसका कारण है कि विधुर का शीघ्र विवाह कर लेना। बच्चों के पालन-पोषण का दायित्व विधवा पर आने से उनका जीवन और भी कठिनाइयों से भरा होता है। प्रायः विधवाओं को नौकरानी का काम या इसी प्रकार छोटे-मोटे कार्य करके जीवन-निर्वाह करना पड़ता है। राज्य सरकारों व राष्ट्रीय सरकार का यह दायित्व है कि विधवाओं को सहूलियतें मिलें और उनके अधिकार-क्षेत्र में बढ़ोतरी हो जिससे वे भली-भाँति जीवन जी सकें। संयुक्त राष्ट्र संघ ने 2011 के सम्मेलन में 23 जून को अन्तरराष्ट्रीय विधवा दिवस मनाने का निर्णय किया है उनके उत्थान हेतु। आवश्यकता इस बात की है कि उनकी स्थिति में सुधार लाने के लिए विभिन्न उपाय किये जायें जैसे अशिक्षित होने की स्थिति में समुचित शिक्षा की व्यवस्था की जाये, अपने दृष्टिकोण में परिवर्तन लाकर समाज में उन्हें सम्मान की दृष्टि से देखा जाये तथा उन्हें व्यावसायिक प्रशिक्षण दिया जाये जिससे वे आत्मनिर्भरता की ओर उन्मुख हो सकें।

उत्तर प्रदेश में विधवाओं के लिए पेन्शन और उनकी बेटी के विवाह के लिए अनुदान का प्रावधान है। उन्हीं विधवाओं को यह पेन्शन अनुमन्य की जाती है जो निर्धारित आय-सीमा के अन्तर्गत है। शहरी क्षेत्र में यह सीमा 25,546 रुपये वार्षिक है और ग्रामीण क्षेत्र के लिए 19,884 रुपये वार्षिक। आवेदन-पत्र जिला प्रोबेशन अधिकारी, खण्ड विकास अधिकारी और बहुउद्देशीय कर्मी के पास उपलब्ध रहता है। जिलाधिकारी यह पेन्शन जिला प्रोबेशन अधिकारी की संस्तुति के आधार पर स्वीकृत करता है। कन्या के विवाह के लिए विधवा पेन्शन कार्ड, पुत्री की आयु प्रमाण-पत्र, होनेवाली शादी का प्रमाण आदि दस्तावेज संलग्न करने पड़ते हैं ग्राम प्रधान या ब्लाक प्रधान के माध्यम से। विस्तृत जानकारी इस सम्बन्ध में महिला कल्याण विभाग के निदेशक, डी.एम.

कार्यालय और जिला प्रोबेशन अधिकारी से प्राप्त की जा सकती है। विधवा पेन्शन प्राप्तकर्त्ता निराश्रित महिलाओं को ही पुत्री के विवाह के लिए अनुदान प्राप्त होता है। वर्ष 2012-13 के बजट में केन्द्र सरकार ने निराश्रित विधवाओं की पेन्शन दो सौ रुपये से बढ़ाकर तीन सौ रुपये मासिक कर दी है। आवश्यक है कि सरकारी स्तर पर ही नहीं अपितु स्वयं सेवी संस्थाएँ या निजी संगठनों द्वारा उनके उत्थान के लिए हरसम्भव प्रयास किये जायें, असहाय एवं निराश्रित विधवाओं के पुनर्विवाह में योगदान दिया जाये, सर्विस में वरीयता मिले, व्यवसाय एवं जीविकोपार्जन में समुचित आर्थिक सहायता दी जाये, उनके रहने के लिए आश्रम स्थापित किये जायें, उन्हें सुरक्षा मिले साथ ही शीघ्र व त्वरित न्याय भी हक से वंचित होने या शोषित होने पर। इस प्रकार यदि सरकार और संगठन तथा अन्य आर्थिक रूप से सम्पन्न व्यक्ति एवं अन्य लोग भी इस दिशा में अपने दायित्व का निर्वहन करें तो निश्चित ही उनका उत्थान सम्भव है।

चुनौतियाँ—तलाकशुदा या परित्यक्ताओं के जीवन में अनेक प्रकार की समस्याएँ आती हैं। हर महिला अपनी शादीशुदा जिन्दगी को खुशहाल रखने का हरसम्भव प्रयास करती है क्योंकि ऐसा न करने पर वह स्वयं तथा उसके बच्चे प्रभावित होते हैं। वस्तुस्थिति यह है कि मानवीय रिश्ते और स्त्री-पुरुष के सम्बन्धों में नये आयाम जुड़ रहे हैं। पति से विलग होनेवाली स्त्रियों का जीवन उदासी और एकाकीपन से भर जाता है तब तक के लिए जब तक विकल्प नहीं मिल जाता है। इसके साथ ही उन्हें अपने हक की लड़ाई लड़ने की जी-तोड़ कोशिश करनी होती है। सभी महिलाएँ हक की लड़ाई लड़ने में सफल नहीं हो पाती हैं चाहे जानकारी का अभाव हो या अपेक्षित प्रयास की कमी। परित्यक्त महिलाएँ अपने अकेले जीवन की त्रासदी को लम्बे समय तक झेलना नहीं चाहती हैं। उन्हें कोई निर्णय लेना पड़ जाता है जैसे या तो वापस उसी घुटन-भरी जिन्दगी में लौटें समझौता करके अथवा अलगाव पर कानूनी मुहर लगवायें तलाक लेकर। परिवार से विघटित होने की स्थिति में उन्हें किसी स्थायी हल की आवश्यकता होती है और वह तलाक के रूप में फलित होती है इसलिए नहीं कि वे परिवार के विरुद्ध हैं बल्कि इसलिए कि वे शोषण और प्रताड़ना के विरुद्ध हैं। जीवन-मूल्य भी परिवर्तित होते जा रहे हैं। स्त्री किसी तीसरे अर्थात् सौत को कतई बर्दाश्त नहीं कर पाती है और न पुरुष ही। विदेशों में तो छोटी-छोटी बातें तलाक का कारण बनने लगी हैं जैसे शरीर या साँस की दुर्गन्ध आदि। अभी भारत में न तो इसका चलन हुआ है और न इन बातों के लिए कानूनी अधिकार मिला है तलाक हेतु। तलाक हो जाने पर कई बार पूर्व पति से वह सम्बन्ध एकदम तोड़ नहीं पाती है भले ही उसने पुनर्विवाह कर लिया हो। हो सकता है कि कभी-कभार का यह मिलना-जुलना सन्तान के कारण हो या अन्य कारण से। तलाकशुदा होने या परित्यक्ता होने की स्थिति में बच्चों पर भी प्रभाव पड़ता है क्योंकि उनका अपने पिता से अलगाव हो जाता है। बच्चों के सन्तुलित व्यक्तित्व के विकास के लिए माता-पिता दोनों की आवश्यकता होती है। दोनों स्थिति में वह छोड़ी

गयी स्त्री के रूप में देखी जाती है। विधवा के प्रति लोगों में सहानुभूति की भावना होती है पर परित्यक्ता या तलाकशुदा के लिए यह भावना नहीं होती है। ऐसी स्त्रियों को मायके में भी लम्बे समय के लिए शरण नहीं मिल पाती है। अगर वह आत्मनिर्भर नहीं है तो उसे ताने या उलाहने ज्यादा सुनने को मिलतें हैं। पुत्र को पालने की अपेक्षा पुत्री को पालने में अधिक समस्याएँ आती हैं क्योंकि ज्यों-ज्यों वह बड़ी होती जाती है उसकी देख-रेख की जिम्मेदारी बढ़ती जाती है। इस प्रकार इन स्थितियों में प्रायः ऐसी स्त्रियों के लिए विषमताओं और त्रासदी से भरा जीवन सहज नहीं हो पाता है।

कतिपय तलाकशुदा महिलाएँ अपनी जिन्दगी से खुश भी रहती हैं। पाश्चात्य देशों में अधेड़ उम्र की सिंगिल महिलाएँ अपने जीवन में खुश रहने को अभिव्यक्त करती हैं। हमारे देश में भी ऐसे उदाहरण मिल जायेंगे जहाँ तलाकशुदा महिलाएँ कहती हैं कि अब वे स्वतन्त्र हैं और अपने निर्णय खुद ले सकती हैं। अपनी आय को वे अपने ढंग से व्यय कर सकती हैं। उन्हें अब पहले जैसा दबाव नहीं झेलना पड़ता है और वे खुद को व्यस्त रखकर सन्तोषजनक जीवन जीती हैं। फिर भी अकेलेपन का अहसास उन्हें कभी-न-कभी तो होता ही है। कौन नहीं चाहता है कि खुशी के पल में उसकी पसन्द का कोई व्यक्ति ऐसा हो जिसे वह उसके साथ बिता सके। ऐसी महिलाएँ खुश रहने और व्यस्त रहने का कितना भी उपक्रम कर लें पर जाने-अनजाने उन्हें अकेलेपन की उदासी अवश्य सालती है और वे डिप्रेशन की शिकार हो जाती हैं। स्वीडन में पचास प्रतिशत लोग एकाकी जीवन व्यतीत करते हैं। इसके अतिरिक्त ब्रिटेन, जापान, इटली, दक्षिण अफ्रीका, कनाडा एवं अमेरिका आदि में भी अकेले रहनेवालों की एक अच्छी-खासी तादाद है। कभी ऐसा होता है कि तलाकशुदा महिलाएँ पुनर्विवाह के पश्चात् सन्तुष्ट जीवन नहीं जी पाती हैं तो वे पुनः विवाह-विच्छेद करती हैं और फिर तीसरे की तलाश शुरू करती हैं। तलाक के बाद तो उनमें चिड़चिड़ापन और अहम् की भावना में वृद्धि होते देखा गया है। फेसबुक पर किये गये चैटिंग भी तलाक के कारण बने हैं। अतः इससे यथासम्भव बचें और महिलाएँ स्वयं अपने और यदि बच्चे हों तो उनके जीवन को खुशहाल बनाने के लिए प्रयासरत रहें जिससे जीवन का मार्ग उपयुक्त ढंग से प्रशस्त होता रहे।

पुनर्विवाह—तलाक लेने के पश्चात् महिलाएँ पुनर्विवाह भी करती हैं। काफी सोच-समझकर इस दिशा में जीवन साथी का चुनाव करना चाहिए। एकबारगी निर्णय न करके साल-छह महीने तक एक-दूसरे को जानने का अधिक-से-अधिक अवसर महिलाओं को प्राप्त करना चाहिए। उसके व्यवहार, पद, प्रतिष्ठा, अतीत तथा परिवार के सदस्यों के बारे में जानकारी करनी चाहिए। महिलाओं को अलगाव की स्थिति में पुरुष की अपेक्षा अधिक दंश झेलना पड़ता है। दूध का जला छाँछ फूँक-फूँक कर पीता है, यह कथन तलाकशुदा महिलाओं के जीवन में चूँकि चरितार्थ हो चुकी है अतः सावधानी बरतते हुए जीवनसाथी का चुनाव करें जो आपके मापदण्डों पर खरा उतरता

हो। पुनर्विवाह का अर्थ है जीवन की दूसरी पारी। अगर दूसरी शादी ऐसे पुरुष से करने जा रही हैं जो तलाकशुदा पुरुष है तो लम्बे समय तक उसे परखें साथ ही यह जानें कि उसके तलाक की पृष्ठभूमि क्या थी? यदि उसके बच्चे हैं तो सोचें क्या आप उन बच्चों की परवरिश भली-भाँति कर पायेंगी? उन्हें माँ का प्यार दे पायेंगी? और यदि आपके पूर्व पति से सन्तान हैं तो क्या आपका नया जीवन-साथी उन्हें पूर्ण रूप से अपना पायेगा? इस पर गम्भीर रूप से चिन्तन, मनन करने के पश्चात् ही निर्णय लें। सेकेण्ड मैरिज विधवा होने की स्थिति में यदि कर रही हैं या तलाकशुदा होने की स्थिति में तो स्वयं को टटोल लीजिये कि आप पूर्व पति की स्मृति से उबर पायेंगी या नहीं? यदि गाहे-ब-गाहे आप उसकी चर्चा करती रहेंगी तो नये पार्टनर के साथ समायोजन में कठिनाई होगी। सेकेण्ड इनिंग प्रारम्भ करने यानी पुनर्विवाह करने में कोई हर्ज नहीं है बशर्ते कि आप सोच-समझकर निर्णय करें और चुनाव में भी सावधानी बरतें।

पुनर्विवाह करते समय नये जीवन-साथी में पहले के जीवन-साथी की छवि देखने का प्रयास अहितकर होता है तथा दोनों को चाहिए कि विवाह के पश्चात् एक-दूसरे के अतीत में झाँकने का प्रयास न करें। यदि पहले से बच्चे हों तो उन्हें दोनों पक्ष पूर्ण संरक्षण दें तथा बच्चों को किसी भी स्थिति में उपेक्षित न होने दें। उनसे प्रेम और आत्मीयता से बात करें जिससे बच्चे नये व्यक्ति को अपनी माँ या पिता के रूप में स्वीकार कर सकें। यदि ऐसा नहीं होता है तो बच्चे या दम्पति डिप्रेशन के शिकार हो सकते हैं। कभी-कभी आत्महत्या या अन्य कोई अप्रिय घटना हो सकती है। पुनर्विवाह करते समय यह सुनिश्चित कर लेना अच्छा रहता है कि कोई किसी विवाद या कानूनी पचड़े में फँसा तो नहीं है। नये पार्टनर की भावनाओं का यथासम्भव खयाल रखें जिससे घर में सुखद वातावरण बना रहे। सोच-समझकर जाँचने-परखने के पश्चात् लम्बे समय तक पार्टनर के व्यवहार एवं विविध जानकारी करने के बाद किये गये पुनर्विवाह में यह सम्भावना रहती है कि जीवन खुशहाली की ओर बढ़े और आपकी आकांक्षाओं का सुखद रूप में साकार होना सम्भव हो सके।

सरोगेसी

सरोगेसी का अर्थ है किराये की कोख। जब कोई विवाहिता सन्तान उत्पन्न करने में असमर्थ होती है तब इसकी आवश्यकता पड़ती है। इस असमर्थता के विभिन्न कारण हो सकते हैं जैसे भ्रूण को गर्भ में बनाये रखने की कठिनाई हो चाहे फाइब्रायड के कारण या गर्भाशय की संरचना में कोई विकार के कारण अथवा बच्चेदानी के क्षतिग्रस्त होने से। कुछ महिलाएँ गर्भधारण तो करती हैं लेकिन उनका गर्भपात हो जाता है। कभी-कभी महिला के जननांग में टी. बी. होने पर अच्छी गुणवत्तावाले भ्रूण के विकास की सम्भावना कम रहती है या आई. वी. एफ. उपचार भी सफल नहीं हो पाता है इसके साथ ही गर्भाशय का विकास ठीक से न होने पर भी सरोगेसी की आवश्यकता पड़ जाती है। यदि ऑपरेशन के द्वारा गर्भाशय को निकाला जा चुका है या महिला मधुमेह एवं उच्च रक्तचाप से पीड़ित है तो किसी अन्य महिला से सहयोग लेना पड़ सकता है जो उस दम्पति के लिए अपनी कोख में बच्चे का पालन करेगी।

हमारे देश में सरोगेसी एक व्यवसाय-सी बन गयी है। यह लगभग 45 करोड़ डॉलर का कारोबार है। इसमें भी इजाफा हो रहा है और ऐसा अनुमान है कि वर्ष 2020 तक इसकी सीमा दो अरब डालर तक पहुँच जायेगी। सरोगेसी असिस्टेड रिप्रोडक्टिव ट्रीटमेण्ट का ही एक अंग है। वस्तुस्थिति यह है कि सरोगेसी के द्वारा उत्पन्न बच्चे की वास्तविक माँ और उसके मातृत्व के सम्बन्ध में कोई प्रभावी कानून नहीं है। सर्वप्रथम वे दम्पति जिनकी कोई सन्तान नहीं है और वे सन्तान के इच्छुक हैं, सरोगेट मदर का चुनाव करते हैं। फिर एक कानूनी करार दोनों पक्ष आपस में करते हैं जिसमें भुगतान की राशि का विवरण अंकित होता है। दम्पति के अण्डाणु को प्रयोगशाला में निषेचित किया जाता है तथा भ्रूण को सरोगेट मदर के गर्भ में प्रतिस्थापित कर दिया जाता है जिससे वह भली-भाँति विकसित हो सके। असिस्टेड रिप्रोडक्टिव टेक्नोलाजी (ए.आर.टी) एक कृत्रिम गर्भधारण का ढंग है जिसमें एग डोनेशन और स्पर्म डोनेशन से सिंचित फर्टलाइज़्ड एग को भ्रूण के रूप में प्रयोगशाला में विकसित करके सरोगेट मदर के गर्भ में पहुँचा दिया जाता है। इससे भारतीय दम्पति ही नहीं अपितु अन्य देशों के दम्पति

भी लाभान्वित हो रहे हैं। सामाजिक बहिष्कार के भय से सरोगेट मदर इसे अत्यन्त गोपनीय बनाये रखने पर बल देती हैं। वेबसाइट्स पर भी इसके विवरण देखने को मिलते हैं जिसमें देश-विदेश के दम्पतियों द्वारा सरोगेसी के माध्यम से उत्पन्न बच्चे की सम्पूर्ण अवधि में ठहराव, चिकित्सा, डिलिवरी और नवजात शिशु को ले जाने तक के विवरण और इसके विषय में धनराशि तक का उल्लेख होता है। दुःखद बात यह है कि इससे सरोगेट मदर को एक उत्पाद के रूप में प्रस्तुत किया जाता है।

सरोगेसी से कई मुद्दे जुड़े हैं जो चिकित्सा, भावना, कानून और वित्त से जुड़े हुए हैं। विट्रो फर्टिलाइजेशन (आई. वी. एफ.) द्वारा स्त्री के अण्डाणु और पुरुष के शुक्राणु से निषेचित किया जाता है तथा सरोगेट मदर के गर्भाशय में इसका प्रत्यारोपण होता है जो शिशु के जन्म होने तक उसका पालन करती है। इस जेस्टेशनल सरोगेसी का शिशु उत्पन्न करनेवाली माँ से कोई सम्बन्ध नहीं होता है क्योंकि सरोगेट मदर के अण्डाणु का इसमें कोई उपयोग नहीं होता है। वह केवल शिशु उत्पन्न करनेवाली होती है आनुवंशिक सम्बन्ध तो उस दम्पति से ही होता है जिसके अण्डाणु और शुक्राणु निषेचित किये जाते हैं। हमारे देश में जेस्टेशनल सरोगेसी की अनुमति है। इधर एक नया कानून बना है जिसमें किसी महिला के भ्रूण को विदेश से हमारे देश में लाने हेतु भारतीय चिकित्सा अनुसन्धान परिषद् से निःशुल्क अनापत्ति प्रमाण-पत्र लेना आवश्यक होगा।

निर्धन परिवार की महिलाएँ अपनी आर्थिक विवशता के कारण तथा अपनी जरूरतों को पूरा करने के लिए सरोगेट मदर बनने के लिए तैयार हो जाती हैं। गुजरात में सैकड़ों की संख्या में महिलाएँ अब तक सरोगेट मदर बन चुकी हैं। भारतीयों की अपेक्षा विदेशियों को यहाँ के सरोगेट मदर्स की अधिक आवश्यकता होती है। इसका प्रमुख कारण है कि विदेशों में इसके लिए अधिक धनराशि खर्च करनी पड़ती है जबकि भारत में निर्धनता के कारण अपेक्षाकृत कम धनराशि की आवश्यकता पड़ती है। एक अनुमान के अनुसार इस खर्च की जानेवाली धनराशि विदेशों में लगभग सात गुना अधिक है। इस प्रक्रिया से तीन पक्ष लाभान्वित होते हैं क्लीनिक, सरोगेट मदर और इच्छुक दम्पति। क्लीनिक में ही अण्डाणु और शुक्राणु को निषेचित किया जाता है और बाद में भ्रूण का प्रत्यारोपण अन्य महिला के गर्भाशय में किया जाता है। इसलिए क्लीनिकवाले एक मोटी धनराशि वसूल करते हैं तथा करार के तहत सरोगेट मदर को धनराशि दी जाती है जिससे वह अपनी तथा अपने परिवार की जरूरतों को पूरा करने में सहयोग दे सकें। दम्पत्ति लाभान्वित इस दृष्टि से होते हैं कि उन्हें आनुवंशिकी रूप से अपनी सन्तान प्राप्त होती है। इस प्रकार सन्तान उत्पन्न करने में असमर्थ एवं बाँझ महिलाएँ इससे लाभान्वित होती हैं।

हमारे देश में औसतन तीस से चालीस लाख महिलाओं का प्रतिवर्ष विवाह होता है जिसमें दस से पन्द्रह प्रतिशत महिलाएँ सन्तान सुख से वंचित रहती हैं यानी लगभग

सात-आठ लाख महिलाएँ। इस प्रकार उन्हें या दम्पतियों को सरोगेट मदर की आवश्यकता पड़ती है भले ही इस आवश्यकता की पूर्ति खरीद-फरोख्त के रूप में हो। वैसे भी कोई दूसरी महिला किसी दूसरे के भ्रूण को क्यों जन्म देना चाहेगी जब तक कि उसे इस कार्य से लाभ न हो। केवल गुजरात में ही नहीं बल्कि भारत के अन्य प्रदेशों में जहाँ निर्धनता अधिक है वहाँ की महिलाएँ काफी संख्या में सरोगेट मदर बन चुकी हैं और वर्तमान में भी बन रही हैं लेकिन इस प्रकार की प्रक्रिया में भावात्मक सम्बन्ध नहीं बन पाता है। बच्चे के सन्तुलित व्यक्तित्व में अर्थात् सामाजिक एवं सांस्कृतिक पक्षों का विकास सही ढंग से तो वास्तविक माता-पिता द्वारा ही होता है। सरोगेसी के द्वारा उत्पन्न बच्चों के लिए कई बार गम्भीर समस्याएँ उत्पन्न होती रहती हैं जैसे शारीरिक या मानसिक विकार से ग्रस्त शिशु या जेण्डर भेद-भाव के कारण कभी-कभी दम्पति उसे स्वीकार नहीं करते हैं। इस प्रकार की समस्याओं यानी आर्थिक, सामाजिक, मनोवैज्ञानिक एवं कानूनी पहलुओं पर गम्भीरतापूर्वक विचार किये जाने की आवश्यकता है जिससे चुनौतियों या समस्याओं का हल निकल सके।

गर्भधारण की असमर्थता के विभिन्न कारण हो सकते हैं जैसे पुरुष में शुक्राणु की कमी या स्त्री के अण्डाणु का निर्माण न होना या परिपक्व न हो पाना। ऐसी स्थिति में स्त्री के एग डोनर या पुरुष के स्पर्म डोनर की आवश्यकता पड़ सकती है या सरोगेसी की। जाँच के उपरान्त ही निर्णय कर पाना सम्भव है। सरोगेसी के दो प्रकार हैं—ट्रेडिशनल एवं जेस्टेशनल। प्रथम प्रकार की सरोगेसी के लिए हमारे देश में अनुमति नहीं है क्योंकि इसमें अण्डाणु देनेवाली तथा सरोगेट होनेवाली एक ही महिला होती है। जेस्टेशनल सरोगेसी में दम्पति अर्थात् पति-पत्नी के अलावा थर्ड पार्टी यानी एक अन्य महिला की आवश्यकता पड़ती है। यदि दम्पति चाहें तो वे सरोगेट होम्स की सुविधा प्राप्त कर सकते हैं जहाँ सरोगेट मदर शिशु के जन्म तक रहती है और वहीं उसके खाने, पीने, रहने तथा चिकित्सा की व्यवस्था की जाती है। इसमें खर्च ज्यादा आता है। जो दम्पति इस खर्च को वहन करने में समर्थ नहीं हैं वे सरोगेट मदर को अपने घर में ही शिशु के जन्म तक रखते हैं तथा सारी सुविधाएँ मुहैया कराते हैं। सरोगेट होम्स में जन्म देनेवाली महिला को रखना इसलिए भी लाभप्रद होता है क्योंकि उन्हें आवश्यकतानुसार व्यावसायिक प्रशिक्षण दिया जाता है जिससे वे आत्मनिर्भरता की दिशा में अग्रसर हो सकें।

कुछ महिलाएँ ऐसी होती हैं जो कैरियर की ऊँचाइयों तक पहुँचना चाहती हैं और इसमें जो समय लगता है उसके मध्य वे गर्भधारण नहीं करना चाहती हैं। चूँकि गर्भधारण की उपयुक्त अवस्था बीस से पैंतीस वर्ष के मध्य मानी जाती है अतः वे 30 या 32 वर्ष की आयु के पूर्व ही अपने एग्स सुरक्षित रखवा लेती हैं। इस प्रकार की सुविधा ए. आर. टी. लैब्स में होती है। हमारे देश में इस दिशा में महिलाओं का रुझान अभी काफी कम है। यदि कोई स्त्री 25 या 26 वर्ष की आयु में अपने एग्स सुरक्षित रखवा

लेती है और पैंतीस वर्ष की आयु के लगभग प्रजनन चाहती हैं तो अण्डाणु तो 25 या 26 वर्ष की आयु की स्त्री का ही माना जायेगा। इससे लाभ यह होता है कि बाद की आयु में यदि उसे कोई बीमारी हो जाती है जिससे उसे रेडियोथेरेपी या कीमोथेरेपी लेनी पड़ रही है, ऐसी स्थिति में भी उसे माँ बनने में कोई दुश्वारी नहीं होगी। ज्यादातर सरोगेट मदर्स आर्थिक रूप से निम्न तबके की होती हैं पर कभी-कभी पति की नौकरी छूट जाने या व्यापार में घाटा हो जाने पर अथवा अपनी या परिवार से सम्बन्धित किसी सदस्य की विशेष आवश्यकता की पूर्ति हेतु भी वे सरोगेसी के लिए तैयार हो जाती हैं। कभी-कभी निःस्वार्थ भाव से या परोपकार के लिए भी कोई रिश्तेदार महिला या निकटता एवं आत्मीय सम्बन्ध रखनेवाली महिला भी इस कार्य के लिए अपनी स्वीकृति देती है पर ऐसे उदाहरण बहुत कम देखने को मिलते हैं। ज्यादातर जो महिलाएँ सरोगेट मदर्स के लिए तैयार होती हैं उनका कोई बीमा इस प्रयोजन हेतु नहीं होता है लेकिन यदि वे चाहें तो सरोगेसी की स्वीकृति देने के पूर्व दम्पत्ति से डिलिवरी के समय किसी अनहोनी हेतु मुआवजा प्राप्त करने का करार कर सकती हैं।

अधिकांशतया सरोगेसी हेतु ए. आर. टी. क्लीनिक्स और प्रिजर्वेशन रखनेवाले बैंक्स से सम्पर्क करना पड़ता है। सरोगेट मदर बनने में कोई बुराई भी नहीं है क्योंकि इससे दोनों पक्षों को लाभ होता है। एक ओर आर्थिक रूप से करार में तय अच्छी खासी धनराशि प्राप्त होती है तो दूसरी ओर दम्पति की सन्तान की आवश्यकता की पूर्ति भी होती है। पूर्व की अपेक्षा वर्तमान समय में सरोगेट मदर प्राप्त करना उतना मुश्किल नहीं रह गया है। क्लीनिकवालों को भी आर्थिक लाभ होता है क्योंकि तकनीकी सारे कार्य उन्हीं के जरिये सम्पन्न होते हैं। इस कार्य हेतु मध्यस्थता करनेवाले लोग भी मिल जाते हैं। एकबार कोई सरोगेट मदर बन जाती है तो जरूरतमन्द अन्य स्त्रियों को वह इसके सम्बन्ध में जानकारी देती है इसलिए कभी-कभी उसी के द्वारा दूसरे सरोगेट मदर की व्यवस्था हो जाती है। कभी-कभी अपनी जरूरतों को पूरा करने के लिए सरोगेट मदर बनने की इच्छुक स्त्रियाँ स्वयं इन क्लीनिक एवं इससे सम्बन्धित बैंक्स से सम्पर्क साधती हैं जिससे वहाँ के कार्मिक इच्छुक दम्पतियों से सम्पर्क करवा देते हैं। भारतीय संविधान में सरोगेसी के लिए कोई प्रावधान नहीं किया गया है। इण्डियन काउन्सिल ऑफ मेडिकल रिसर्च के द्वारा प्रदत्त गाइड लाइन्स का पालन करना होता है। आई. सी. एम. आर. और ए. आर. टी. रेगुलेशन बिल के कतिपय प्रावधान इस प्रकार हैं—सर्वप्रथम ए. आर. टी. क्लीनिक आई. सी. एम. आर. के निर्देशों के अन्तर्गत पंजीकृत हों तथा किसी भी स्थिति में सरोगेट मदर की पहचान जाहिर न किया जाये साथ ही जाँच कर लिया जाये कि सरोगेट मदर को दिये जानेवाले स्पर्म या ओवम से सम्बन्धित व्यक्ति उपयुक्त हैं। दम्पति डोनर्स एवं सरोगेट मदर की स्वीकृति प्राप्त कर ली जाये तथा विवाहित होने की स्थिति में पति या उसके परिजनों की स्वीकृति भी आवश्यक है। सरोगेसी से सम्बन्धित जो भी खतरे या चुनौतियाँ हैं, उससे उन्हें अवगत करा दिया

जाये। याद रखें कि 21 से 35 वर्ष की आयु की महिलाओं का ही एग डोनेशन प्राप्त किया जाये। तथा पुरुष के स्पर्म डोनेशन से सम्बन्धित आयु 21 से 45 वर्ष के मध्य होनी चाहिए। इसका अर्थ यह है कि 21 वर्ष से कम आयु के स्त्री या पुरुष एग या स्पर्म डोनेट नहीं कर सकते हैं। इस प्रक्रिया द्वारा शिशु के जन्म में कई प्रकार की चुनौतियाँ या खतरे होते हैं। अतः इन्श्योरेन्स करा लिया जाये जिससे जोखिम की कवरेज हो सके। निःस्वार्थ भाव से अर्थात् परोपकार के लिए किये जानेवाले सरोगेसी पर कोई प्रतिबन्ध नहीं है। सामान्यतया अण्डाणु देनेवाली और सरोगेट के लिए तैयार अर्थात् दोनों के लिए एक ही महिला अधिकृत नहीं है। अकेला व्यक्ति या विवाहित दम्पति अथवा अविवाहित युगल भी सन्तान ए. आर. टी. विधि द्वारा प्राप्त कर सकते हैं पर इसके लिए कानूनी सरोगेसी करार पर स्वीकृति होना आवश्यक है। दान देनेवाले व्यक्ति या सरोगेट मदर का सन्तान पर कोई अधिकार नहीं होता है तथा शिशु के उत्पन्न होने पर दम्पत्ति को उसे कानूनन अपनाना जरूरी है। भारत में भारतीय महिला ही सरोगेट मदर के लिए अधिकृत है। इस देश में रहनेवाली विदेशी महिलाओं को यह अधिकार प्राप्त नहीं है।

सरोगेसी रेग्युलेशन बिल, 2014 सरोगेट मदर्स और उत्पन्न बच्चों के हितों के लिए है जैसे सेक्स सेलेक्शन और सामान्य गर्भधारणजनित समस्याओं को दूर करना, विदेशी नागरिक की सहभागिता से पैदा हुए बच्चे की नागरिकता, सरोगेसी का दायित्व सौंपनेवाले माता-पिता की मृत्यु होने पर बच्चे का भविष्य, कम्पलसरी रजिस्ट्रेशन तथा सेक्स सेलेक्शन को अपराध के दायरे में लाना, भारत में सरोगेसी से उत्पन्न बच्चे को बॉयलाजिकल इन बार्न के रूप में एण्ट्री, जन्मजात रोग या विकलांगता के कारण बच्चे को अस्वीकार करने पर दो साल की सजा और पचास हजार रुपये जुर्माना आदि प्रावधानों को इस बिल में शामिल किया गया है। सरोगेसी की प्रक्रिया से विभिन्न पक्ष लाभान्वित होते हैं, इच्छुक दम्पति सन्तान प्राप्त करते हैं, एग डोनर, स्पर्म डोनर, सरोगेट मदर तथा इस प्रक्रिया से जुड़नेवाले डॉक्टर एवं अन्य स्टाफ, वकील, एजेण्ट, सरोगेट होम्स तथा सर्विस प्रोवाइडर आदि सभी लोगों को आर्थिक लाभ होता है। सरोगेट मदर को अनुमानतः तीन से चार लाख रुपये, वकील को पचास हजार से एक लाख तक, स्पर्म या एग डोनर को दस से लेकर बीस हजार तक तथा सरोगेट मदर की व्यवस्था करनेवाले को भी पचास हजार से एक लाख रुपये तक का आर्थिक लाभ होता है तथा इसी प्रकार मेडिकल स्टाफ को भी पेमेण्ट किया जाता है अर्थात् कुल खर्च सामान्यतया छह से सात लाख तक का या इससे अधिक भी हो सकता है। विदेशों में यह खर्च इससे कहीं अधिक हो सकता है। अधिकांश सरोगेट मदर्स अपनी जरूरतों को पूरा करने के लिए अपनी सहमति देती हैं क्योंकि निर्धनता के कारण उनकी जरूरतें पूरी नहीं हो पाती हैं साथ ही उन्हें इस बात की प्रसन्नता भी होती है कि उन्होंने निःसन्तान दम्पति की आवश्यकता को पूरा करने में सहयोग दिया। उन्हें नवजात शिशु को उनके असली

माता-पिता को सौंपने का कोई मलाल नहीं होता है क्योंकि वे स्वयं को एक माध्यम भर मानती हैं तथा उन्हें पौष्टिक आहार, फल एवं दूध आदि के लिए जो अतिरिक्त धन मिलता है उससे उनके स्वास्थ्य की भी बेहतरी होती है तथा परिवार में सहमति होने के कारण उनके परिवार में भी खुशहाली आती है। अतः यह कहा जा सकता है कि सरोगेसी द्वारा सन्तान का होना चिकित्सा विज्ञान का एक वरदान है जो निःसन्तान दम्पति को सन्तान का सुख देता है और सरोगेट मदर्स की खुशहाली की वृद्धि में भी सहायक है।

●

लिव इन रिलेशनशिप

जब दो विषमलिंगीय व्यक्ति, जो वयस्क हों, बगैर विवाह के बन्धन में बँधे साथ-साथ रहना शुरू कर देते हैं तो इसे लिव इन रिलेशन कहा जाता है। लिव इन की अवधारणा एक आधुनिक सोच है जो परस्पर एक-दूसरे के प्रति आकर्षण से उत्पन्न प्यार के कारण होता है और इसमें दोनों की इच्छा जब तक साथ रहकर जीवन व्यतीत करने की है बगैर प्रतिबन्ध के साथ रहते हैं और इच्छानुसार पृथक् होने का निर्णय कर सकते हैं। कभी-कभी कुछ समय बाद वे विवाह के सूत्र में बँध जाते हैं और कभी-कभी वर्षों साथ रहने के पश्चात् भी वे विवाह नहीं करते हैं। पति-पत्नी की तरह साथ रहते हुए लिव इन में सन्तान भी उत्पन्न हो जाती है। यदि उनके विवाह कर लेने के पश्चात् सन्तान होती है तो वह लेजिटिमेट चाइल्ड अर्थात् वैध सन्तान होगी अन्यथा लिव इन में रहने के दौरान सन्तान होती है तो वह इलिजिटिमेट चाइल्ड कहा जायेगा। डी. एन. ए. या अन्य तरीके से पैदा हुई सन्तान यदि साथी पुरुष पार्टनर की सिद्ध हो जाये तो वह बच्चा बायोलॉजिकल होगा। वयस्क महिला जब परस्पर सहमति से शारीरिक सम्बन्ध बनाती है तो यह उसका अधिकार है, अपराध नहीं। वयस्क लड़की और लड़के अपने माता-पिता की सहमति न मिलने पर बगैर विवाह किये अपने घरों से पृथक् होकर साथ रहने का निर्णय कर लेते हैं तथा दोनों यदि कार्यरत हैं तब भी ऐसा फैसला ले लेते हैं सम्भव है कि विवाह न करने की पृष्ठभूमि में कैरियर की ऊँचाई तक पहुँचना हो या अन्य कोई कारण। इस प्रकार आज के युवक व युवतियाँ परम्पराओं से हटकर 'लिव इन' में रहने को उद्यत हैं।

प्रसिद्ध अभिनेत्री दीपिका पादुकोण ने अपनी वीडियो 'माइ च्वाइस' में कहा है कि मैं शादी से पहले सेक्स करूँ या शादी के बाद, यह मेरी च्वाइस है। उनका यह कथन विवाद का विषय भी बना लेकिन इस कथन का अभिप्राय यह है कि यह कथन नारी की स्वतन्त्रता का समर्थन करता है। वैसे पुरुष पहले भी यह करते रहे हैं और वर्तमान में भी। देह और सेक्स की स्वतन्त्रता उपयुक्त रूप में न सही पर छिपे रूप में पुरुष और स्त्री द्वारा उपभोग किया जाता रहा है। शादी का उद्देश्य होता है और बगैर उद्देश्य

के विवाह नहीं करना चाहिए। आर्थिक रूप में स्वयं पर निर्भर आज की लड़कियाँ विवाह के लिए किसी प्रकार का दबाव सहन नहीं करना चाहती हैं। फिल्म 'पीकू' में पिता का संवाद है—"मेरी बेटी इकोनॉमिकली, इमोशनली और सेक्सुअली इण्डिपेण्डेण्ट है उसे शादी करने की क्या जरूरत है?" वास्तविक रूप में शादी का निर्णय स्वयं का होना चाहिए। यदि लड़की लिव इन में रहना चाहती है तो उसे इसकी स्वतन्त्रता है और वर्तमान में मानदण्डों के अनुसार समाज में इसके लिए स्थान भी है। वैसे हमारा समाज कतिपय मामले में परम्परागत विचार रखता है और वह महिला के लिए कैरियर की सफलता की अपेक्षा पारिवारिक दायित्व के निर्वहन पर बल देता है। प्रायः सर्विसरत महिलाओं को सर्विस पाने और कैरियर में सेटल, होने तक तीस वर्ष की आयु तक हो जाना पड़ता है। अतः 'लिव इन' में रहने का यदि वह निर्णय करती हैं या अविवाहित रहने का तो दोनों अस्वाभाविक नहीं होंगे। आज की लड़कियाँ आर्थिक या शारीरिक जरूरतों की पूर्ति के लिए ही विवाह करने की पक्षधर नहीं हैं। वे चाहती हैं कि वे उसी से विवाह करें जिससे भावात्मक जुड़ाव हो और वह उसकी कसौटी के अनुरूप हो।

आज भारतीय समाज में ऐसे भी उदाहरण मिलते हैं जिसमें अकेली रहकर किसी को गोद लेकर मातृत्व सुख उठा रही हैं या लिव इन में रहकर सन्तानोत्पादन किया है। विवाह की अवधारणा को महिला के लिए नकारने में हमारे समाज का पितृसत्तात्मक होना भी है जिसमें घर और सर्विस में समन्वय स्थापित करने में कठिनाई आती है। स्त्री और पुरुष में अन्तर यह भी है कि पुरुष की सफलता में कैरियर का प्रधान रोल होता है और महिला की सफलता में सर्विस की अपेक्षा घरेलू दायित्व को प्रमुखता दी जाती है ऐसी स्थिति में उनका विवाहेतर सम्बन्ध भी बन सकता है और यदि विवाहित हैं तो अलगाव की नौबत आ सकती है। स्वतन्त्रताप्रिय महिलाएँ विवाह को बन्धन के रूप में देखती हैं इसीलिए लिव इन को उसने विकल्प के रूप में स्वीकारा है। बदलाव की प्रक्रिया के तहत लिव इन का चलन शुरू हुआ है, कुछ भी हो अन्ततोगत्वा यही उचित प्रतीत होता है कि महिला को विवाह करने या न करने के प्रति स्वयं निर्णय लेना होगा। लिव इन में नारी को देह और सेक्स की स्वतन्त्रता रहती है पर क्या देह और सेक्स की स्वतन्त्रता ही अभीष्ट है? क्या इसको प्राप्त कर लेने से ही नारी-मुक्ति सम्भव हो जायेगी? ये विचारणीय प्रश्न हैं। मुख्य बात है आत्मनिर्भर होने की। पूर्व में भी कई स्त्रियों ने समाज की परम्पराओं या लीक से हटकर उल्लेखनीय कार्य किया है लेकिन वे कार्य अच्छे उद्देश्यों के लिए किये गये हैं मुख्य रूप से नारी को दासता के बन्धन से मुक्त करने हेतु। आत्मनिर्भर होकर नारी अपनी बेहतरी के लिए जो भी करे वह उपयुक्त होगा क्योंकि इससे उसकी उन्नति और सन्तुष्टि का मार्ग प्रशस्त होगा।

आज की महिलाओं को अभी तक उनके सभी अधिकार प्राप्त नहीं हो सके हैं। अधिकारों की प्राप्ति हेतु उसे समाज की बेड़ियों को तोड़ना होगा अतः महिलाओं में जागृति का होना अत्यन्त आवश्यक है। समाज में सर्विसरत बहुओं की माँग बढ़ी है

अतः महिलाओं पर दायित्व लादना उचित नहीं है। इसमें पुरुष की सहभागिता भी बराबर की होनी चाहिए। आधुनिक शिक्षित नारी सोशल नेटवर्किंग साइट्स अर्थात् फेसबुक, ट्विटर आदि का उपयोग कर रही है। वह कैमरे या मोबाइल की मदद से सेल्फी मॉडर्न टेक्नोलॉजी का प्रयोग कर रही है जो स्वयं की फोटो लेने से सम्बन्धित है। इसी प्रकार वेल्फी में बट यानी नितम्ब की फोटो ली जाती हैं बुक सेल्फी पढ़ते समय की फोटो होती है तथा इक्सरसाइज करते समय की फोटो लेना या पूरे परिवार की फोटो लेकर साइट्स पर डालना वेल्फी कहलाती है। यह उनका प्रिय शगल बन चुका है अतः प्रिय लगनेवाली चीज को महिलाएँ करना चाहती हैं जो कानून के दायरे में हो और लिव इन भी उसी का एक उदाहरण है। लिव इन रिलेशनशिप के सम्बन्ध में अलग से कोई कानून नहीं है। लॉ कमीशन इस दिशा में प्रयासरत है गाइड लाइन्स अथवा कानून बनाने के लिए। सुप्रीम कोर्ट ने अपने निर्णय में कहा है कि लिव इन रिलेशन में रहना कोई अपराध नहीं है। क्या इस तरह के सम्बन्ध शादी की श्रेणी में आते हैं? यदि हाँ तो समयावधि क्या होगी? क्या इन पर घरेलू हिंसा अधिनियम लागू होगा? क्या तलाक की तरह रिश्ता टूटने की स्थिति में व्यक्ति को गुजारा-भत्ता पाने का अधिकार होगा? ये ज्वलन्त प्रश्न हैं। इस प्रकार लिव इन में समय-सीमा, घरेलू व्यवस्था, व्यवहार, रहनेवाले लोगों का दृष्टिकोण, यौन सम्बन्ध तथा बच्चों आदि पर समीक्षा की जरूरत है। कोर्ट ने भी इस सम्बन्ध में चिन्ता व्यक्त की है। लिव इन में रहने की शुरुआत उपजे प्रेम के कारण होती है, मतभेद होने पर अलगाव की स्थिति आने के पूर्व उलझनें बढ़ती हैं, डिप्रेशन भी होता है तथा अन्तिम परिणति पृथक् होना होता है। बिना बीमारी के पेट, सीनें और सिर में दर्द होना, गुमसुम रहना तथा चिड़चिड़ापन का होना यदि हो तो इस बीमारी को मेलिंगगर कहते हैं और यह बीमारी प्यार में उत्पन्न उलझन के कारण होती है। आजकल लगभग साठ प्रतिशत युवा इस रोग से ग्रस्त हैं चाहे विवाहित हों या लिव इन में अथवा अकेले रहते हों। इसमें झूठ का दीवानापन और भावनाओं के कारण आबसेशन कम्पलसिव डिसऑर्डर हो जाता है जिसमें व्यक्ति अजीब-सी हरकतें करने लगता है। चाहतें जब चिन्ता में बदलती हैं तो दर्द होता है। मेडिकल चेकअप से इसका निदान नहीं हो पाता है। ऐसी स्थिति में उन्हें मनोचिकित्सक या काउन्सलर से सम्पर्क करना चाहिए।

विश्व में अट्ठारह साल से ज्यादा उम्र की महिलाओं में एक अनुमान के अनुसार 53 प्रतिशत अविवाहित हैं। चीन में किये गये एक रिसर्च के अनुसार महिलाएँ अयोग्य व्यक्ति से विवाह नहीं करना चाहती हैं। वे चाहती हैं कि लड़का उनके बराबर या उनसे उच्च हैसियत का हो और जब योग्य व्यक्ति नहीं मिल पाता है तो वे लिव इन में रहना पसन्द करती हैं भले ही अवधि कुछ भी हो। उनके सोशल वर्किंग साइट्स पर भले ही कितने दोस्त हों पर वास्तविक रूप में गिने-चुने ही दोस्त होते हैं। ऐसी स्थिति में एकाकीपन के भाव से वे ग्रस्त हो जाती हैं और अकेलेपन को दूर करने के लिए लिव

इन के सहारे को अपनाती हैं। हमारे देश में मातृत्व की महिमा का बहुत बखान किया जाता है लेकिन अगर विवाह के पश्चात् उसके सन्तान नहीं होती है और पति से कानूनी रूप से अलगाव हो जाता है ऐसी स्थिति में भी वह लिव इन में रहकर अपने दुःख-दर्द को भूलने का प्रयास करती है। जो महिलाएँ सोशल साइट एवं नेट का इस्तेमाल करती हैं, उन्हें इससे सम्बन्धित कानून की जानकारी होनी चाहिए। किसी की भावनाओं को भड़काना, अफवाह प्रसारित करना या छवि धूमिल करना आदि आई. टी. की धारा 66-ए के अन्तर्गत अपराध है और दोष सिद्ध होने पर तीन साल तक की सजा का प्रावधान है। फर्जी आई डी आदि के लिए धारा-66 सी में भी इतनी ही सजा है एवं अश्लील सामग्री के सर्कुलेशन में धारा-67 एवं सेक्सुअल ऐक्ट के सर्कुलेशन पर धारा-67ए के अन्तर्गत सजा एवं आर्थिक दण्ड का प्रावधान है। इसलिए महिलाओं को चाहिए कि वे सोशल साइट का प्रयोग सतर्कतापूर्वक करें। आज सोशल साइट्स को दोस्ती, प्यार व विवाह का जरिया बनाया जा रहा है। लड़कियों के लिए सोशल मीडिया सुरक्षित नहीं है अतः इसका दुरुपयोग न करें। यह दिलों को जोड़ने का माध्यम भी है इसलिए जरूरी है कि लड़कियाँ बहकावे में न आयें। इसको टाइम पास का जरिया न बनायें। लड़कियों के लिए चैटिंग करना भी सेफ नहीं है, कई उदाहरण ऐसे हैं जिनसे समस्याएँ बढ़ती हैं। फेसबुक पर दोस्त बनाने की रिक्वेस्ट की जाती है और प्रपोज भी किया जाता है जिसमें धोखा खाने का अन्देशा होता है अतः इस पर अपनी फोटो अपलोड न करें, पासवर्ड बदलते रहें और यदि फेसबुक पेज की हैकिंग हो जाये तो उसकी शिकायत साइबर क्राइम सेल में करें। यदि कोई मेसेज भेजकर परेशान कर रहा है तो उसे ब्लाक करें। लिव इन में प्रेम का रिश्ता होता है लेकिन पुरुष और स्त्री की इस सोच में अन्तर भी देखने को मिलता है। पुरुष के लिए स्त्री को पा लेना ही प्रेम की पराकाष्ठा है जबकि स्त्री के लिए प्रेम एक व्यापक धारणा है जिसे वह कई रूपों में ग्रहण करती है। टीनेजर्स में हो रहे प्रेम अभिभावकों के लिए गम्भीर चुनौती हैं। कई बार महिलाएँ आकर्षण को ही प्रेम मानने की भूलकर बैठती हैं और गलत निर्णय ले लेती हैं। ऐसी स्थिति में अभिभावकों को चाहिए कि वे प्रेम और विश्वास से अपनी सन्तानों के प्रेम प्रकरण की समस्याओं को सुलझाने का प्रयास करें। वास्तविकता यह है कि विचार की स्वतन्त्रता ही महत्त्वपूर्ण है, देह और सेक्स की स्वन्त्रता नहीं। न तो देह का प्रदर्शन उपयुक्त है और न ही घूँघट। उसे वस्तु के रूप में प्रतिस्थापित किये जाने से बचना चाहिए। समाज को नारी की देह की स्वतन्त्रता से भय नहीं है बल्कि भय है तो उसके स्वतन्त्र व्यक्तित्व से क्योंकि तब वे शासित नहीं रह जायेंगी और शासक बन सकती हैं इसीलिए पितृसत्तात्मक समाज में उस पर विभिन्न प्रकार के प्रतिबन्ध थोपे जाते हैं।

लिव इन और विवाहित होने में अन्तर है लेकिन लम्बे समय तक लिव इन में साथ रहनेवाले उदाहरणों में से कतिपय केसेज में सुप्रीम कोर्ट एवं हाईकोर्ट से महिला के पक्ष में निर्णय दिया गया कुछ प्रावधानों के अन्तर्गत। ये प्रावधान हैं लम्बे समय तक पुरुष

और स्त्री साथ रहे हों, समाज के सामने उन्होंने पति-पत्नी के रूप में दर्शाया हो, विवाह योग्य उनकी उम्र हो अर्थात् वे बालिग हों तथा शादी के लिए योग्य हों भले ही अविवाहित हों तथा समाज दोनों को उनके आचरण से पति-पत्नी के रूप में देखता हो, ऐसी स्थिति में महिला को उप-पत्नी के बजाय विवाहित होने का दर्जा दिया गया है कोर्ट के निर्णय के अनुसार। इसके लिए यह आवश्यक नहीं कि विवाह की सभी औपचारिकताएँ पूरी हुई हों। इस प्रकार लिव इन में रहनेवाली महिलाओं को गुजारा-भत्ता प्राप्त हुआ है। ऐसी महिलाएँ जो लिव इन में रह रही हैं और समारोहों में तथा अन्य अवसरों पर वे पति-पत्नी के रूप में प्रतिभाग करते हैं तो महिला की सुरक्षा की दृष्टि से यदि घरेलू हिंसा होती है तो डी. वी. ऐक्ट लागू होगा तथा दोष सिद्ध होने पर पुरुष को सजा मिलेगी। वे डी. वी. ऐक्ट की धारा-12 के अन्तर्गत अपने पुरुष साथी से गुजारा-भत्ता की माँग कर सकती हैं क्योंकि उन्हें इसके लिए अधिकार है। यदि लिव इन में रहते हुए और बाद में विवाह कर लेने पर कोई सन्तान है चाहे पूर्व में सन्तान हुई हो या लिव इन में रहते हुए विवाह कर लेने पर इस स्थिति में बच्चे को कानूनी अधिकार है जायज कहलाने का। इस प्रकार लिव इन में या विवाह के फलस्वरूप होनेवाली सन्तान में कोई अन्तर नहीं है। सन्तान के माता-पिता अपने दायित्व के निर्वहन से नहीं बच सकते हैं। अब समाज में भी लिव इन रिलेशन में रहनेवालों को स्वीकार किया जाने लगा है। इस प्रकार लिव इन को प्रत्यक्ष न सही पर अप्रत्यक्ष रूप से मान्यता मिली हुई है। पत्नी का अधिकार पाने के लिए इस रिश्ते में रहनेवाली को पत्नी जैसा दिखना जरूरी माना गया है और वे डोमेस्टिक रिलेशन में माने जायेंगे। उन्हें अपने पति-पत्नी के रिश्ते को छिपाना नहीं है अपितु जाहिर भी करना है। महिला को राइट टू शेल्टर की सुविधा प्राप्त है। हाँ, सम्बन्ध समाप्त होने पर महिला का अधिकार समाप्त हो जाता है। यदि पुरुष साथी की मृत्यु हो जाती है तो इस रिश्ते में रहनेवाली महिला को पुरुष की सम्पत्ति में कोई अधिकार नहीं होगा। उसे डी. वी. ऐक्ट के जरिये प्रोटेक्शन एवं स्वयं के लिए तथा सन्तान के लिए गुजारा-भत्ता प्राप्त करने का हक है साथ में रहते हुए। पुरुष अपनी सम्पत्ति का यदि महिला साथी के लिए वसीयत कर देता है तो उसकी मृत्यु के पश्चात् महिला को सम्पत्ति पाने का अधिकार होगा। केवल रात गुजारने के लिए यदि पुरुष आता है या सप्ताहान्त में वे एक-दो दिन साथ में रहते हैं, ऐसी स्थिति में महिला गुजारा-भत्ता पाने की हकदार नहीं होगी। लिव इन में रहने के कारण जो सन्तान होती है वह नाजायज नहीं मानी जायेगी। सी. आर. पी. सी. की धारा-125 के अनुसार सन्तान चाहे वैध हो या अवैध वह गुजारा-भत्ता पाने के लिए अधिकृत है। पुरुष की अर्जित प्रापर्टी में सन्तान चाहे वैध हो या अवैध उसका हक स्वयमेव नहीं बनता है। वह अपनी अर्जित प्रापर्टी की वसीयत जिसे चाहे उसके पक्ष में कर सकता है। वसीयत न होने की स्थिति में बायोलॉजिकल सन्तान का पैतृक सम्पत्ति में अपना हिस्सा पाने का हक बनता है। बालिग होने की स्थिति में स्त्री-पुरुष

यदि सम्बन्ध बनाते हैं तो यह अपराध नहीं है लेकिन धोखा देकर सम्बन्ध बनाना अपराध है ऐसी स्थिति में पुरुष पर केस चल सकता है। शादी का वादा करके शारीरिक सम्बन्ध बनाया जाये और बाद में पुरुष इससे मुकर जाये तो महिला उस पर रेप का केस दायर कर सकती है। समाज में बदलाव आया है, लिव इन रिलेशन का चलन बढ़ा है, कानूनन भी यह मान्य है तथा महिला को विभिन्न प्रावधानों के अन्तर्गत कई प्रकार के अधिकार प्राप्त हैं। अतः इस प्रकार के सम्बन्धों को नैतिकता के आधार पर देखना उचित नहीं है। लिव इन रिलेशन में रहनेवाले स्त्री-पुरुष परम्परागत बन्धन को अस्वीकार कर स्वतन्त्रतापूर्वक जीवन जीने की ओर अग्रसर हैं। अतः इस प्रकार के सम्बन्ध महिलाओं के लिए भी स्वतन्त्रता एवं परिवर्तन के द्योतक हैं।

कामकाजी महिलाएँ

विगत दशकों से महिलाएँ सफलता की नयी मंजिलों की ओर अग्रसर हैं। इस इक्कीसवीं सदी में महिलाएँ पुरुषों के साथ कदम मिलाकर चल रही हैं। उन्होंने विभिन्न क्षेत्रों में कीर्तिमान् भी स्थापित किये हैं और कतिपय क्षेत्रों में उन्होंने पुरुषों की अपेक्षा अधिक प्रगति दर्शायी है। वर्तमान में न केवल वे विभिन्न व्यावसायिक क्षेत्रों में कार्यरत हैं अपितु सर्विस में भी वे ऊँचे पदों पर आसीन हैं। राष्ट्राध्यक्ष एवं प्रधानमन्त्री के पद को सुशोभित करते हुए उन्होंने राजनीति में सफलता का वरण किया है। वैश्विक दृष्टि से यदि देखा जाये तो विश्व की प्रमुख कम्पनियों में ऊँचे पदों पर उनकी संख्या 24 प्रतिशत से अधिक है। बिजनेस के क्षेत्र में उन्होंने परचम लहराया है। बिजनेस के सीनियर मैनेजमेण्ट में महिलाओं की भागीदारी सबसे ज्यादा है लगभग 43 प्रतिशत इसके पश्चात् इण्डोनेशिया, थाईलैण्ड एवं फिलिपीन्स आदि देशों में भी महिलाओं की सहभागिता मैनेजमेण्ट में उल्लेखनीय रही है। वर्ष 2012 में चीनी महिलाओं की वहाँ की कम्पनियों में सीनियर मैनेजमेण्ट में भागीदारी जहाँ 25 प्रतिशत थी, वहीं वर्ष 2013 में यह सहभागिता बढ़कर 51 प्रतिशत हो गयी है। राजनीति में जर्मनी की चान्सलर ऐंजला मर्केल, क्रोएशिया की राष्ट्रपति कोलिण्डा ग्रेवर किटरोविक, ब्राजील की राष्ट्रपति दिल्मा. रौसेफ, साउथ कोरिया की राष्ट्रपति गुएन हाई पार्क, चिली की राष्ट्रपति मिशेल बैचलेट एवं अर्जेण्टीना की राष्ट्रपति क्रिस्टीना फर्नाडिस आदि महिलाओं ने अपने राजनीतिक कौशल का लोहा मनवा लिया है।

भारत में वर्ष 2000 में महिलाओं का श्रम क्षेत्र में 39 प्रतिशत योगदान था लेकिन 2010 में यह घटकर तीस फीसदी ही रह गया है। 25 से 54 आयु-वर्ग में कामकाजी महिलाओं की संख्या 39.5 फीसदी है जबकि चीन में 82 फीसदी और ब्राजील में 72 फीसदी। इसी प्रकार हमारे देश के शहरी क्षेत्रों में कामकाजी महिलाओं की संख्या 24 प्रतिशत है और चीन में 65 फीसदी। इससे पता चलता है कि अन्य देशों की तुलना में भारत की क्या स्थिति है। पिछले दस वर्षों में कामगार महिलाओं में इजाफा हुआ है।

कामगार महिलाओं के विकास की दर वर्ष 2004 में जहाँ 0.7 प्रतिशत थी वहीं वर्ष 2014 में यह बढ़कर आठ प्रतिशत हो गयी है। जरूरत इस बात की है कि ऐसी योजनाएँ क्रियान्वित की जायें जिससे कामगार महिलाओं की हिस्सेदारी बढ़े और वे आत्मनिर्भरता की ओर उन्मुख हो सकें।

हमारे देश में 40 करोड़ डोमेस्टिक वर्कर्स हैं जिनमें 92 प्रतिशत महिलाएँ हैं। उत्तर प्रदेश में लगभग 8 करोड़ घरेलू कामगार हैं जिनमें 95 प्रतिशत संख्या घरेलू कामगार महिलाओं की है। उत्तर प्रदेश में 13 प्रतिशत ग्रामीण परिवार के घर की मुखिया महिला हैं। भारत सरकार द्वारा जुलाई, 2015 में जारी किये गये ग्रामीण क्षेत्रों के आँकड़ों के अनुसार 68.96 लाख परिवार ऐसे हैं जिनकी मुखिया महिला हैं। इसमें 16 लाख परिवार ऐसे हैं जिनकी महिला मुखिया की मासिक आय दस हजार रुपये से ज्यादा है। केन्द्र सरकार एक ऐसी नीति बनाने जा रही है जिससे घर में काम करनेवाली महिलाओं को न्यूनतम नौ हजार रुपये, पन्द्रह दिन की पेड लीव व मेटरनिटी लीव देना अनिवार्य होगा। इस नेशनल पॉलिसी फॉर डोमेस्टिक वर्कर्स द्वारा यौन शोषण और बँधुआ मजदूरी से बचाव होगा। नियोक्ता, कर्मचारी और मध्यस्थ एजेन्सी के बीच त्रिकोणीय करार किया जायेगा। इस नीति पर विवाद भी है क्योंकि सभी परिवार नौ हजार रुपये देने की स्थिति में नहीं हैं इसलिए उन्हें काम नहीं मिलेगा और कुछ महिलाएँ कई घरों में काम करके इससे ज्यादा कमा लेती हैं। ऐसी स्थिति में एक ही जगह लगातार काम करने से आय कम होगी।

बिजनेस वर्ल्ड में ख्याति प्राप्त महिलाओं में रोशनी नाडर, अवनी और अशनी वियानी, निसब गोदरेज, तान्या दुवैश, पिया सिंह, जयन्ती चौहान, रेड्डी सिस्टर्स, काव्या मारन, लक्ष्मी वेणु, युगी कार्तिक एवं रूपा गुरुनाथ आदि चर्चित नाम हैं। पेप्सिको की चीफ इन्दिरा नुई ने कहा है कि कामकाजी स्त्री के लिए घर एवं ऑफिस में सन्तुलन स्थापित करना एक दुष्कर कार्य है। वह अपनी भूमिका की माँ के रूप में आकलन करती हुई अनिश्चित प्रतीत होती हैं। यदि सर्विसरत महिला का प्रोमोशन होता है तो कई बार उसे सन्देह की नजरों से देखा जाता है। उसका मूल्यांकन प्रायः घरेलू कार्य की दक्षता से किया जाता है जो एक गलत दृष्टिकोण है। ऐसा प्रायः कम ही होता है कि ऑफिस के कार्य से थकी-हारी जब वह लौटे तो उसके लिए चाय-पानी की व्यवस्था की जाये। विवाह के समय भी लोग घरेलू कार्य में दक्ष होने की माँग करते हैं भले ही वह सर्विस करती हो। कई बार विवाह के पश्चात् सर्विस छोड़ने की शर्त रखी जाती है जिससे उसका कैरियर समाप्त हो जाता है। इससे उसके आत्मसम्मान और आर्थिक स्वतन्त्रता को ठेस पहुँचती है। परिवार या बच्चों के दायित्व को सँभालने में स्त्री को ही बलि का बकरा बनाया जाता है पुरुष को नहीं। इस प्रकार शिक्षा, जो अनमोल धन है, का सदुपयोग नहीं हो पाता है। हाईस्कूल या इण्टरमीडिएट बोर्ड की परीक्षाओं में लड़कियाँ, लड़कों से परीक्षाफल की दृष्टि से आगे रहती हैं। उच्च शिक्षा भी इसका

अपवाद नहीं है। वस्तुस्थिति यह है कि अधिक पढ़-लिख जाने पर या ऊँचे ओहदे पर कार्य करनेवाली लड़की के लिए वर ढूँढ़ने में कठिनाई अधिक होती है।

महिलाएँ तकनीकी क्षेत्रों में कम सफल होती हैं ऐसा मिथ्या विश्वास है लोगों का, जबकि वास्तविकता यह है कि भारत की टेक्नोलॉजी क्षेत्र की विभिन्न टॉप की कम्पनियों में पाँच या इससे अधिक कम्पनियों में महिलाएँ मौजूदा समय में सी. ई. ओ. हैं। फोर्ब्स मैगजीन में एशिया की पचास प्रभावशाली कारोबारी महिलाओं में छह भारतीय हैं जिनके नाम निम्नवत् हैं—

1. एस. बी. आई. की हेड अरुन्धति भट्टाचार्य।
2. आई. सी. आई. सी. आई. की सी. ई. ओ. चन्दा कोचर।
3. श्रीराम लाइफ इन्श्योरेन्स की प्रबन्ध निदेशक अखिला श्रीनिवासन।
4. बायोकान की संस्थापक किरण मजूमदार शॉ।
5. एक्सिस बैंक की सी.ई.ओ. शिखा शर्मा।
6. एल. आई. सी. की प्रबन्ध निदेशक ऊषा सांगवान।

इसके अतिरिक्त 'गूंज' एन. जी. ओ. की संस्थापक अंशु गुप्ता हैं जो रमन मैगसेसे अवॉर्ड विजेता हैं। इसी तरह कई अन्य महिलाएँ भी उद्यम के क्षेत्रों में उच्च पद पर कार्यरत रहते हुए उल्लेखनीय कार्य कर रही हैं। कैरियर बनाने के विविध क्षेत्र हैं, कुछ महिलाएँ खेल को ही कैरियर बनाती हैं और उत्कृष्ट योगदान के फलस्वरूप उन्हें विभिन्न विभागों में स्पोर्ट्स कोटे के अन्तर्गत जॉब भी मिल जाती है। उत्तर प्रदेश में 40 महिलाओं को प्रतिवर्ष रानी लक्ष्मीबाई विशेष पुरस्कार से सम्मानित करने का लक्ष्य रखा गया है। ये पुरस्कार वीरता और खेलकूद में उत्कृष्ट योगदान पर आधारित होंगे। जिन महिलाओं को वर्ष 2015 में उत्तर प्रदेश सरकार द्वारा इस पुरस्कार से विभिन्न खेलों में उत्कृष्ट योगदान के प्रति नवाजा गया है उनके नाम इस प्रकार हैं—

1. रजिया जैदी	(हाकी)	
2. श्रद्धा दीक्षित	(ताइक्वाण्डो)	वर्ष 2011-12 के लिए।
3. सुधा सिंह	(एथलेटिक्स)	
4. इन्दु गुप्ता	(हैण्डबाल)	वर्ष 2012-13 के लिए।
5. रंजना गुप्ता	(शूटिंग)	वर्ष 2012-13 के लिए।
6. मेघा सारस्वत	(साफ्ट टेनिस)	वर्ष 2012-13 के लिए।
7. स्थवी अस्थाना	(घुड़सवारी)	वर्ष 2012-13 के लिए।

एक महिला सफाई कर्मी ने अपने परिश्रम और योग्यता द्वारा प्रिन्सिपल के पद पर नियुक्त होकर उल्लेखनीय और अनुकरणीय कार्य किया है। जीवन में लक्ष्य निर्मित कर परिश्रम और लगन से सफलता अर्जित करना सम्भव है। उत्तर प्रदेश की राजधानी लखनऊ में कूड़ा उठानेवाली 'ज्योति इनवायरो' संस्था की 75 गाड़ियों में से 40 की ड्राइवर महिलाएँ हैं जिनमें 15 मुस्लिम एवं अन्य पिछड़े तबकों की हैं। शुरू में 22 महिलाओं को प्रशिक्षण दिया गया था। ये आँकड़े वर्ष 2014 के हैं।

कुछ महिलाओं ने लेखन-क्षेत्र से जुड़कर अभूतपूर्व सफलता प्राप्त की है। इस सम्बन्ध में विदुषी मृणाल पाण्डे का कहना है कि पुरुष लेखकों से यह बात नहीं पूछी जाती है कि वे किस विषय पर लिखें लेकिन महिला लेखकों से अपेक्षा की जाती है कि वे सेक्स, रिश्ते और राजनीति पर न लिखें जो सर्वथा अनुचित है। उल्लेखनीय योगदान देनेवाली लेखन-क्षेत्र में कतिपय प्रमुख महिलाओं के नाम हैं—अनीता देसाई, सरोजिनी नायडू, महादेवी वर्मा, आशापूर्णा देवी, अरुन्धति राय, इन्दिरा गोस्वामी, महाश्वेता देवी, नयनतारा सहगल, प्रमिला कल्हन, मृदुला सिन्हा, माला सेन, शिवानी, मोनिका शाह, मृणालिनी साराभाई, गीता मेहता, शोभा डे एवं मृणाल पाण्डे आदि।

भारतीय प्रतिभूति एवं विनिमय बोर्ड (सेबी) ने निर्देश दिया था कि सूचीबद्ध कम्पनियों में न्यूनतम एक महिला डाइरेक्टर की नियुक्ति अवश्य हो। पहले इसकी अवधि पहली अक्टूबर, 2014 निर्धारित थी, बाद में पहली अप्रैल, 2015 कर दी गयी। भारत में केवल 26 प्रतिशत कम्पनियों में ही महिलाएँ उच्च स्तर पर नियुक्त थीं जबकि चीन में यह प्रतिशत 91 है। कन्सलटेन्सी कम्पनी मैकेंजी की रिपोर्ट (वीमेन मैटर) के अनुसार सीनियर मैनेजर की श्रेणी में एशियाई कम्पनियों में आठ प्रतिशत महिलाएँ हैं, यूरोप में दस और अमेरिका में इनकी संख्या चौदह प्रतिशत है। अब भी 313 सूचीबद्ध कम्पनियों में महिला डाइरेक्टर नियुक्त नहीं हैं फिर भी संख्याओं में वृद्धि हो रही है भले ही यह वृद्धि सन्तोषजनक न हो। कुछ टेक कम्पनियों ने महिला कर्मचारियों को बनाये रखने के लिए 'एग' फ्रीज करने या सुरक्षित रखने के लिए धन देने की योजना बनायी है। इनमें फेसबुक एवं एप्पल आदि प्रमुख हैं। एगश्योरेन्स डाट काम के संस्थापक का कहना है कि कैरियर के साथ बच्चे के पालन-पोषण में असुविधा होती है। 'एग' सुरक्षित रखने में लगभग दस हजार डालर का खर्च आता है और कम्पनी इसके लिए बीस हजार डालर का भुगतान करेगी अर्थात छह लाख रुपये के खर्च हेतु बारह लाख रुपयों का भुगतान होगा। ये कम्पनियाँ गर्भधारण सम्बन्धी इलाज एवं बच्चे को गोद लेने हेतु पहले से ही खर्च दे रही हैं। माइक्रोसाफ्ट के सी. ई. ओ. सत्य नडेला ने कहा है कि वेतन की कमी की भरपाई इन प्रदत्त सुविधाओं से हो रही है अतः उन्हें वेतन के बजाय काम पर ध्यान देना चाहिए।

दिल्ली शाप्स ऐण्ड एस्टैब्लिशमेण्ट ऐक्ट, 1954 के अनुसार रात्रि आठ बजे के पश्चात् प्रातः सात बजे तक किसी महिला से व्यावसायिक संस्थान में कार्य नहीं कराया जा सकता है। हास्पिटैलिटी लाबी के कतिपय होटलों को इससे छूट मिली थी लेकिन उप-राज्यपाल ने यह छूट समाप्त कर दी है। 2005 फैक्ट्रीज ऐक्ट में संशोधन के फलस्वरूप टेक्सटाइल्स और आई. टी. सेक्टर में कार्यरत महिलाओं को रात्रि में सीमित अवधि में कार्य लेने की छूट प्रदान की गयी है लेकिन हरियाणा सरकार ने मनाही कर दी। बाद में कहा गया कि सेफ्टी नार्म्स का पालन करने पर ही आई. टी. जैसे प्रातिष्ठानों

में यह छूट सम्भव है। वास्तविकता यह है कि एक्सटेण्डेट आवर्स में काम न कर पाने से स्त्री और पुरुष के बीच मिलनेवाली मजदूरी में अन्तर बढ़ता है। अमेण्डमेण्ट अच्छी बात है पर इससे खर्च में वृद्धि होती है अतः सभी संस्थाएँ इसका पालन करने में सक्षम नहीं हैं।

कामकाजी महिलाओं को भारतीय संविधान के अनुच्छेद-42 के अन्तर्गत विविध प्रकार के अधिकार प्राप्त हैं। वर्ष 1961 में कानून यह बना कि यदि महिला सरकारी नौकरी, कारखाने या संस्था में कार्यरत है जिसकी स्थापना इम्प्लाइज स्टेट इन्श्योरेन्स ऐक्ट, 1948 द्वारा हुई है तो वह बारह हफ्ते की मेटरनिटी लीव आवश्यकतानुसार ले सकती है और यह अवकाश सवेतन होगा। गर्भपात होने की स्थिति में भी उसे यह सुविधा मिलेगी। वह एक महीने का अतिरिक्त अवकाश ले सकती है और प्रीमैच्योर डिलिवरी में भी उसे यह लाभ प्राप्त होगा। प्रसव होने से लेकर पन्द्रह माह तक कार्यरत रहने के दौरान उसे दो बार नर्सिंग ब्रेक भी मिलेगा। उसे 180 दिन की मेटरनिटी लीव लेने का अधिकार है साथ ही सर्विस के दौरान उसे 730 दिन यानी दो वर्ष तक का अवकाश बच्चे के अट्ठारह वर्ष पूर्ण होने के पूर्व वह ले सकती है, पालन-पोषण, उसके अध्ययन या देख-रेख हेतु। इस बीच उसे सर्विस से नहीं निकाला जा सकेगा तथा इस लाभ से वंचित रखने पर यदि वह शिकायत करती है तो दोषी व्यक्ति को एक वर्ष तक की सजा मिल सकती है। वर्किंग प्लेस पर यदि उसका उत्पीड़न किया जाता है तो इससे सुरक्षा का प्रावधान भी उसके लिए किया गया है। सेक्सुअल हैरेसमेण्ट के अन्तर्गत गलत नीयत से स्पर्श करना, उसे पोर्नोग्राफी दिखाना, छेड़छाड़, सेक्सुअल आग्रह करना, इशारे करना एवं अन्य आपत्तिजनक व्यवहार आदि सम्मिलित हैं। कार्यालय में एक कम्प्लेण्ट कमेटी होगी जिसकी प्रमुख महिला होगी तथा कमेटी में महिलाओं की संख्या आधे से अधिक होगी जो इस प्रकार के प्रकरण की रिपोर्टिंग सरकार को करेगी। सुप्रीम कोर्ट द्वारा 1997 में विशाखा जजमेण्ट के अन्तर्गत इस प्रकार के प्रकरण के लिए गाइड लाइन्स तय की गयी है। ऐसे प्रकरण में आई. पी. सी. की धाराओं में कार्यवाही किये जाने का प्रावधान है।

हमारे देश में 5,100 पायलटों में 600 महिला पायलट हैं अर्थात् भारतीय पायलटों में महिला पायलटों की भागीदारी 11.7 प्रतिशत है जो विश्व के किसी भी देश की तुलना में सर्वाधिक है। विश्वभर में लगभग एक लाख तीस हजार पायलट हैं जिसमें महिला पायलट केवल तीन प्रतिशत हैं यानी चार हजार मात्र। हरप्रीत भारत की पहली महिला पायलट हैं और वह इण्डियन वीमेन पायलट्स एसोसिएशन की अध्यक्ष हैं। सर्विस में जिस प्रकार महिलाओं के लिए मेटरनिटी लीव का प्रावधान बच्चे के जन्म एवं उसकी सुरक्षा व पालन-पोषण हेतु है उसी प्रकार कहीं-कहीं पर पुरुष के लिए पैटरनिटी लीव का प्रॉविजन है जिससे कामकाजी महिलाओं पर बच्चे का पूर्ण दायित्व न रहे और वह आंशिक रूप से बँट भी सके।

इस पुरुषवादी समाज में चालीस से अधिक आयु की कई महिलाएँ ऐसी हैं जो शिक्षित हैं और सर्विस की इच्छुक थीं पर परिवार के दबाव के कारण उनके लिए यह सम्भव नहीं हो पाया। इस उम्र में बच्चे बड़े हो चुके होते हैं अतः ऐसी महिलाओं को अकेलापन खलता है और उनमें कई डिप्रेशन से ग्रस्त भी हो जाती हैं जबकि अशिक्षित महिलाएँ छोटे-मोटे काम करके अर्थोपार्जन कर लेती हैं तथा उनका मनोशारीरिक स्वास्थ्य भी अन्य की तुलना में बेहतर होता है। वर्ष 2011 की सेन्सस रिपोर्ट यह बताती है कि ग्रामीण कामकाजी महिलाओं की संख्या शहरी कामकाजी महिलाओं की अपेक्षा दुगनी है।

उत्तर प्रदेश में हाईस्कूल उत्तीर्ण महिला प्रदेश में कहीं भी ब्यूटी पार्लर, रेस्टोरेण्ट या सर्विस सेक्टर से सम्बन्धित कोई व्यवसाय आरम्भ करती हैं तो उसे बैंक लोन के ब्याज पर सरकार की ओर से सब्सिडी प्रदान की जायेगी। लघु उद्योग विभाग अब सर्विस सेक्टर पर सब्सिडी देने की योजना क्रियान्वित करने जा रही है। पहले केवल कुटीर उद्योग स्थापित करने पर ही इसकी उपलब्धता थी। महिला उद्यमी प्रोत्साहन योजना के अन्तर्गत जिला उद्योग केन्द्र कम ब्याज पर महिलाओं को लघु उद्योग हेतु बैंक से लोन दिलाता है। अब इसमें 235 सेवाओं को सम्मिलित किया जा रहा है। पहले इण्टर उत्तीर्ण महिलाओं को यह सुविधा मिलती थी। अब संख्या को बढ़ाने की दृष्टि से मानक हाईस्कूल पास कर दिया गया है। सरकार लोन पर दिये जानेवाले ब्याज पर पाँच प्रतिशत सब्सिडी उद्यमी के बैंक एकाउण्ट में ट्रान्सफर करेगी।

सेबी के निर्देशों से पूर्व कम्पनियों के प्रोमोटर पत्नी, बहू, बेटी आदि को बोर्ड रूम में रखकर खानापुरी करते थे। सेबी में कुल 1,750 कम्पनियाँ सूचीबद्ध हैं जिसमें 189 कम्पनियों को सस्पेण्ड कर दिया गया। कारण इन कम्पनियों ने सेबी के निर्देशों का अनुपालन नहीं किया। नैनालाल किदवई हांगकांग ऐण्ड शंघाई बैंक की सी. एम. डी. और विनीता बाली ब्रिटानिया लिमिटेड में उच्च पदस्थ हैं। यूरोप की प्रमुख सौ कम्पनियों में 23 प्रतिशत या इससे अधिक महिला डाइरेक्टर हैं, अमेरिका में यह प्रतिशत बाईस है। लैटिन अमेरिका में सौ प्रमुख कम्पनियों में से सैंतालीस में एक भी महिला डाइरेक्टर नहीं है। भारत के कारपोरेट जगत् में जूनियर मैनेजमेण्ट में महिलाओं की भागीदारी सोलह प्रतिशत है तथा सीनियर मैनेजमेण्ट में यह प्रतिशत तुलनात्मक रूप से काफी कम है केवल चार प्रतिशत। यहाँ 56 प्रतिशत कम्पनियों में यौन उत्पीड़न से सम्बन्धित कोई पॉलिसी नहीं है। यहाँ तक कि कई कम्पनियाँ ऐसी हैं जो सर्वेक्षण हेतु पूछे जानेवाले प्रश्नों का उत्तर तक नहीं देती हैं। पुरुषों की तुलना में दुगनी संख्या में महिलाएँ सर्विस छोड़ती हैं। ऐसा देखा गया है कि कम्पनियाँ जितनी बड़ी होती हैं महिला कर्मचारियों की संख्या कम होती जाती है। कई कम्पनियों में महिलाओं के लिए पृथक् वाशरूम तक नहीं है। इसके साथ ही डे केयर, क्रेच, काम करने की घर पर सुविधा तथा पिक अप एवं ड्राप करने की सुविधाएँ भी कई कम्पनियों में नहीं हैं। उनकी नियुक्ति प्रायः

मैन्युफैक्चरिंग एवं प्रोडक्शन यूनिट में नहीं की जाती है। विश्लेषण करने से ज्ञात होता है कि महिला प्रबन्धकों में 54 प्रतिशत महिलाएँ बैकिंग एवं वित्तीय सेवा क्षेत्र में हैं, मीडिया तथा लाइफ साइन्सेज में ग्यारह-ग्यारह प्रतिशत महिलाओं की भागीदारी है। सी. एम. डी शिखा शर्मा ने स्वीकारा है कि माँ बनने के बाद कई महिलाएँ सर्विस छोड़ देती हैं। वर्ल्ड इकोनॉमिक फोरम (डब्ल्यू. ई. एफ.) की रिपोर्ट के अनुसार वर्कप्लेस पर असमानता को दूर करने में 81 वर्ष लग जायेंगे अर्थात् वर्ष 2095 तक समानता आ पायेगी। वर्ष 2006 से प्रतिवर्ष जेण्डर इक्वेलिटी इण्डेक्स निर्गत किया जा रहा है। वर्ष 2006 में यह 56 प्रतिशत थी और आठ वर्ष बाद अर्थात् वर्ष 2014 में यह साठ प्रतिशत ही हो सकी है। हमारे देश का इस इण्डेक्स में स्थान 114वाँ है। एक वर्ष पूर्व अर्थात् वर्ष 2013 में भारत का स्थान 101 पर था। वर्किंग फोर्स में पुरुषों की तुलना में महिलाओं का अनुपात 0.36 है, इसी प्रकार आय में भी काफी अन्तर है। पुरुष की आय जहाँ 8,087 डालर थी वहीं महिला की आय 1980 डालर ही रही। स्थानीय निकायों में महिलाओं को बजट सम्बन्धी दायित्व प्रदान किये गये हैं और इसमें उनकी परफारमेन्स पुरुषों की तुलना में बेहतर है। जेण्डर इक्वेलिटी की दृष्टि से उत्तरी यूरोप के देश, निकारागुआ, आयरलैण्ड, फिलिपीन्स, खाण्डा और बेल्जियम आदि देशों की स्थिति अच्छी है लेकिन यमन और पाकिस्तान सबसे नीचे हैं। अमेरिका का स्थान 20वाँ, ब्राजील का 71वाँ, रूस का 75वाँ एवं चीन का 87वाँ रहा। शिक्षा और स्वास्थ्य के क्षेत्र में प्रगति अन्य क्षेत्रों से बेहतर है। पॉलिसी के निर्माण में महिलाओं की सहभागिता इक्कीस प्रतिशत है। राजनीति में पिछले नौ वर्षों में सादिया जाहिदी के अनुसार महिला सांसदों की संख्या में 26 प्रतिशत की वृद्धि हुई तथा मन्त्रियों की संख्या में वैश्विक स्तर पर पचास प्रतिशत की वृद्धि हुई है। कामकाजी महिलाओं को पुरुषों की तुलना में तनाव अधिक झेलना पड़ता है। कल-कारखानों में संगठित श्रमिक तथा खेत-खलिहानों में असंगठित श्रमिक के रूप में महिलाओं की भागीदारी बढ़ी है। राजनीति में महिलाओं के सशक्तीकरण की दृष्टि से भारत का विश्व में स्थान 15वाँ है। महिला एवं पुरुषों के लिए अलग-अलग नियमों से भी असन्तुलन में वृद्धि हुई है। ग्रामीण महिलाओं को चाहिए कि वे स्वयं सहायता समूहों में भागीदारी करें। गैरसरकारी संस्थानों और संगठनों के साथ सरकारी योजनाओं का प्रचार-प्रसार ग्रामीण अंचलों में पर्याप्त रूप से किया जाना अपेक्षित है। महिलाओं को स्वयं में जागृति लानी होगी, हक के लिए लड़ना होगा तथा सभी स्तर से उनके उन्नयन में सहयोग देने पर ही कामकाजी महिलाओं की स्थिति प्रगति की ओर उन्मुख होगी।

●

महिला अधिकार एवं कल्याणकारी योजनाएँ

विश्वकवि रवीन्द्र नाथ ठाकुर का कथन है—"अधिकार की अपनी मर्यादा होती है। उस मर्यादा की रक्षा करने के लिए अधिकार प्रयोग को संयत रखना पड़ता है।" कानून द्वारा महिलाओं को जो अधिकार प्राप्त हैं, वे उनकी मर्यादा की रक्षा के लिए ही हैं लेकिन जब इसका उल्लंघन होता है तो उन्हें अपनी सुरक्षा हेतु अधिकार के प्रयोग के लिए कानून का सहारा लेना पड़ता है। भारतीय संविधान के अनुच्छेद-14 में स्त्री एवं पुरुष को समान अधिकार प्राप्त हैं तथा इनमें किसी प्रकार का भेद-भाव अमान्य है। अनुच्छेद-15(अ, इ) में नागरिक के कर्त्तव्यों का उल्लेख है और नारी की गरिमा के विरुद्ध किसी भी प्रकार के आचरण को त्यागने की बात कही गयी है। समाज में बदलाव आ रहा है तथा परिवर्तन की बयार चल रही है। अविवाहित रहते हुए भी महिला सन्तान को जन्म देकर उसका पालन-पोषण कर सकती है। सुप्रीम कोर्ट ने अपने एक आदेश में कहा है कि अविवाहित माँ एक एफिडेविट देकर सन्तान का जन्म प्रमाण-पत्र प्राप्त कर सकती है साथ ही उसकी मर्जी पर निर्भर है कि वह सन्तान के जैविक पिता का नाम जोड़े या नहीं। द गार्जियन ऐण्ड वार्ड्स ऐक्ट तथा हिन्दू माइनॉरिटी ऐण्ड गार्जियनशिप ऐक्ट में पहले यह प्रावधान था कि बच्चे की लीगल गार्जियनशिप पिता की सहमति से ही तय होती थी लेकिन अब ऐसा पिता जो बच्चे से सरोकार न रखे उससे अधिक महत्त्वपूर्ण है सन्तान का कल्याण। इसलिए माँ की ममता को महत्त्व दिया जाना ही सर्वथा उचित है। पितृसत्तात्मक समाज पर यह एक करारा प्रहार है क्योंकि अब अविवाहित माँ अपने बच्चे की कानूनन अभिभावक बन गयी है। कोर्ट ने उसे अल्पवयस्क बच्चे का एकमात्र अभिभावक स्वीकार कर लिया है। विभिन्न देशों यथा न्यूजीलैण्ड, फिलिपीन्स, दक्षिण अफ्रीका एवं अमेरिका आदि देशों में यह सुविधा पहले से ही प्राप्त है। बलात्कार के कारण गर्भवती हुई महिला यदि बच्चे को जन्म देती है तो किसी भी दशा में उसके जैविक पिता से समझौते के लिए महिला को विवश नहीं किया जा सकता है। अतः अब नारी के स्वतन्त्र अस्तित्व की दिशा में यह एक सराहनीय शुरुआत हुई है।

मिस वर्ल्ड की सौन्दर्य प्रतियोगिता में चेयरपर्सन जूलिया मोर्ले के कथन कि बिकिनी स्त्री को वस्तु के रूप में पेश करती है तथा इसका उसके विचारों से कोई सम्बन्ध नहीं है, के बाद बिकिनी राउण्ड को समाप्त कर देना एक अच्छी पहल है। आज की माँग है कि स्त्री को देह से परे रखकर एक स्वतन्त्र व्यक्ति एवं उसके अस्तित्व के रूप में देखा जाना चाहिए। कंगना राणावत ऐक्ट्रेस ने करोड़ों रुपये के विज्ञापन का ऑफर अस्वीकार कर प्रशंसनीय कार्य किया है क्योंकि यह विज्ञापन गोरेपन की क्रीम के उत्पाद से सम्बन्धित था। वस्तुतः न तो स्त्री के लिए पर्दे का आवरण उचित है और न कपड़े उतारकर देह प्रदर्शन करना। स्त्री के स्वतन्त्र व्यक्तित्व से कई पुरुषों के अहम् को चोट पहुँचती है और पुरुषवादी व्यवस्था के लिए खतरा उत्पन्न होता है। पुत्र न उत्पन्न करने पर स्त्री को दोष दिया जाता है जब कि मेडिकल साइन्स ने प्रमाणित कर दिया है कि इसके लिए स्त्री नहीं अपितु पुरुष ही उत्तरदायी है। स्त्रीत्व का अर्थ बच्चे को जन्म देना ही नहीं है क्योंकि इसमें असमर्थ होने पर बच्चे की चाहत को गोद लेकर या दूसरे तरीके से पूरा किया जा सकता है। अब स्कूल में एडमिशन फार्म, पैन कार्ड और पासपोर्ट में माँ का नाम अनिवार्य रूप से लिखा जाने लगा है। बच्चे के अवयस्क होने पर माँ की गार्जियनशिप में बैंक में एकाउण्ट खोला जा सकता है। स्त्री चाहे शिक्षित हो या अशिक्षित यदि वह जीविका कमाने योग्य है तो उसे बच्चे के पालन-पोषण का अधिकार है। प्रापर्टी में पत्नी की स्वीकृति एवं उसका नाम भी रजिस्ट्री में आवश्यक समझा जाने लगा है। सिंगिल महिला भी बच्चे को गोद ले सकती है, इस दृष्टि से अब माँ मजलूम नहीं है बल्कि वह बच्चों के लिए मजबूत सहारा को सार्थक कर रही है। विवाह से पूर्व लड़की अपने पिता की पुत्री के रूप में तथा विवाह के पश्चात् पति के सरनेम को अपनाकर पूर्व सरनेम को विलीन कर देती थी। अब भी ऐसा है लेकिन अब कई महिलाएँ अपने सरनेम को नहीं बदलती हैं, हाँ, इतना अवश्य है कि वे पति के सरनेम को अपने सरनेम के साथ जोड़ने लगी हैं। मैरिज सर्टिफिकेट में मूल नाम और विवाह के पश्चात् बदले हुए नाम या सरनेम का उल्लेख होता है तथा एफिडेविट में पति-पत्नी के फोटो सहित स्टैम्प पर लेख्य प्रमाण-पत्र बनवाना पड़ता है, अखबार में विज्ञापन निकलवाना बदले हुए नाम का प्रमाण होता है तत्पश्चात् प्रार्थना-पत्र देकर पैन कार्ड, बैंक एकाउण्ट, पासपोर्ट आदि में नाम बदलवाया जा सकता है। इस प्रकार से महिला की पहचान सुरक्षित रहती है तथा विवाह की प्रसन्नता भी और सम्भावित कई अड़चनों से मुक्ति भी मिलती है।

महिला को बच्चे को जन्म देने का अधिकार है साथ ही उसकी अनभिज्ञता में उसका गर्भपात नहीं कराया जा सकता है। वह पति की सहमति से बच्चा गोद ले सकती है लेकिन अगर वह सिंगिल यानी अकेली महिला है या तलाकशुदा अथवा विधवा है तो उसे गोद लेने का अधिकार है। यदि बच्चे माँ का पालन-पोषण नहीं करते हैं तो वह सी. आर. पी. सी. की धारा-125 के अन्तर्गत मेण्टीनेन्स के लिए कोर्ट तक जा सकती

है क्योंकि मेण्टीनेन्स ऐण्ड वेलफेयर ऑफ पैरेण्ट्स ऐण्ड सीनियर सिटीजन ऐक्ट, 2007 के अन्तर्गत उसे यह अधिकार प्राप्त है। बच्चों के विरुद्ध महिला द्वारा गुजारे-भत्ते की शिकायत करने पर ट्रिब्यूनल नोटिस भेजता है और यथासम्भव नब्बे दिन में केस का निपटारा करता है। उसके निर्णय के विरुद्ध बच्चों को अपील करने का अधिकार नहीं है लेकिन पैरेण्ट के रूप में महिला यदि निर्णय से सन्तुष्ट नहीं है तो उसे अपील करने का अधिकार है। इस प्रकार माँ के रूप में महिला को कई अधिकार प्राप्त हैं। संशोधित विवाह अधिनियम, 2003 के अनुसार तलाक और गुजारा-भत्ता के लिए जहाँ महिला रह रही है वहीं से वह केस दायर कर सकती है तथा पारिवारिक न्यायालय के फैसले के विरुद्ध उसके द्वारा अपील करने का समय तीस दिन से बढ़ाकर नब्बे दिन कर दिया गया है। तलाक हो जाने पर उसे उत्पीड़न से राहत मिलती है तथा बन्दिशों से मुक्ति भी और वह स्वतन्त्र जीवन जीने की ओर अग्रसर होती है। अब तो अमेरिका की तरह भारत में भी डाइवोर्स हो जाने पर पार्टी देने का जोर पकड़ रहा है। इमारल ट्रैफिक प्रिवेन्शन ऐक्ट, 1956 में भारत में अधिनियम बन कर लागू हुआ। इसके पूर्व वर्ष 1950 में न्यूयार्क में अन्तरराष्ट्रीय स्तर पर अनैतिक व्यापार निवारण अधिनियम का प्रावधान बना। इस अधिनियम के अन्तर्गत बिना वारण्ट के तलाशी हो सकती है। हमारे देश में बहुत-सी महिलाओं को अपने अधिकारों का सम्यक् ज्ञान नहीं है जिसके कारण उन्हें कई समस्याओं का सामना करना पड़ता है।

महिलाओं के प्रमुख अधिकार निम्नवत् हैंः—

पैतृक सम्पत्ति पर अधिकार

पिता एवं पुश्तैनी सम्पत्ति पर महिला के विवाहित हो जाने पर भी अधिकार बना रहता है। पिता द्वारा यदि किसी के पक्ष में वसीयत नहीं की गयी है तो उसका भी उतना अधिकार होगा जितना उसके भाई व उसकी माँ का।

पति की सम्पत्ति पर अधिकार

वैसे तो महिला का पति की सम्पत्ति पर मालिकाना हक नहीं होता है केवल गुजारा-भत्ता पाने का हक है। पति की अर्जित सम्पत्ति पर किये गये वसीयत के आधार पर ही हक होगा पत्नी का यदि उसके पक्ष में वसीयत है लेकिन पति के द्वारा कोई वसीयत न करने पर उसकी मृत्यु के पश्चात् पत्नी को हिस्सा पाने का अधिकार होगा पति की सम्पत्ति में।

कलह होने की स्थिति में अधिकार

परस्पर अनबन, मनोमालिन्य या लड़ाई-झगड़ा होने पर पत्नी चाहे तो सी. आर. पी. सी. की धारा-125 के तहत या हिन्दू एडाप्शन ऐण्ड मेण्टीनेन्स ऐक्ट की धारा-18 के अन्तर्गत गुजारा-भत्ता की माँग कर सकती है। यह गुजारे-भत्ते की राशि पति की आय एवं अर्जित सम्पत्ति के आधार पर तय होती है।

डोमेस्टिक रिलेशन में प्रताड़ना के विरुद्ध अधिकार

एक ही छत के नीचे रहनेवाले किसी भी स्त्री या पुरुष के विरुद्ध यदि उसे प्रताड़ना मिलती है तो वह शिकायत कर सकती है। यदि महिला विवाहित नहीं है और साथ

में रहती है तो केवल पुरुष को प्रतिवादी बना सकती है। उस घर में रहनेवाली किसी महिला के विरुद्ध शिकायत करने का अधिकार उसे नही है।

घरेलू हिंसा के विरुद्ध अधिकार

घरेलू हिंसा के विरुद्ध महिला को मेट्रोपालिटन मजिस्ट्रेट की कोर्ट में शिकायत करने का अधिकार है। प्रोटेक्शन आफिसर कोर्ट में इन्सिडेण्ट रिपोर्ट पेश करेगा और प्रतिवादी को समन इश्यू किया जायेगा। अदालत महिला के लिए घर पर रहने देने, खर्चा देने या संरक्षण दिये जाने का आदेश निर्गत कर सकती है तथा डी. वी. ऐक्ट-31 के अन्तर्गत केस बनेगा। इसमें एक साल की सजा या बीस हजार रुपये जुर्माना प्रतिवादी को दोष सिद्ध होने पर मिल सकता है।

लिव इन में अधिकार

जो महिलाएँ लिव इन रिलेशन में रहती हैं उन्हें भी घरेलू हिंसा से सुरक्षा प्राप्त है। इसके लिए कतिपय प्रावधान हैं जिनके अन्तर्गत घरेलू हिंसा के लिए आरोपी के विरुद्ध कार्यवाही की जायेगी। स्त्री तथा पुरुष दोनों को बालिग होना चाहिए और उनमें से कोई भी विवाहित न हों अथवा दोनों तलाकशुदा हों या दोनों विधवा एवं विधुर हों तभी स्त्री को घरेलू हिंसा के विरुद्ध संरक्षण मिलेगा। घरेलू हिंसा के कारण महिला को घर से निकाला नहीं जा सकता है लेकिन सम्बन्ध समाप्त होने पर साथ रहने का अधिकार समाप्त हो जायेगा। हाँ, वह गुजारा-भत्ता प्राप्त कर सकती है लेकिन पुरुष की सम्पत्ति पर उसका अधिकार नहीं होगा। यह अधिकार केवल पुरुष द्वारा वसीयत किये जाने पर ही प्राप्त होगा।

निःशुल्क कानूनी सहायता पाने का अधिकार

आरोपी महिला, चाहे सम्पन्न हो या विपन्न, मुफ्त कानूनी मदद ले सकती है। इसके लिए प्रत्येक राज्य में लीगल सर्विस अथारिटी गठित है। लीगल ऐण्ड कमेटी महिला को निःशुल्क कानूनी सलाह उपलब्ध करायेगी।

स्त्री धन पर अधिकार

विवाह के अवसर पर महिला को मायके या ससुराल से प्राप्त होनेवाले उपहार स्त्रीधन कहलाते हैं चाहे वह चीज कामन यूज की ही क्यों न हो। यदि जबरन स्त्रीधन ससुराल पक्ष ने रख लिया है तो आई. पी. सी. की धारा 406 के अन्तर्गत वह अपना स्त्री धन पुनः प्राप्त कर सकती है।

दहेज के विरुद्ध अधिकार

वर्ष 1986 में आई. पी. सी. की धारा 498-ए के अन्तर्गत किये गये प्रावधान द्वारा कोर्ट जाया जा सकता है। दहेज लेना और देना दोनों अपराध की श्रेणी में आते हैं।

यह संज्ञेय एवं गैरजमानती अपराध हैं। शादी से पूर्व यदि दहेज की माँग की जाती है तब भी केस दर्ज किया जा सकता है। मानसिक एवं शारीरिक प्रताड़ना से बचाव एवं विवाह के पश्चात् सुरक्षित वातावरण महिला को मिले इसके लिए यह प्रावधान है।

मेटरनिटी लीव पाने का अधिकार

यदि महिला सरकारी सेवा में है या ऐसी प्राइवेट संस्था में जिसकी स्थापना इम्प्लाइज स्टेट इन्श्योरेन्स ऐक्ट, 1948 के अन्तर्गत है तो उसे बारह हफ्ते की मेटरनिटी लीव अपनी आवश्यकतानुसार पाने का अधिकार है। इस अवकाश में उसे सैलरी और अन्य भत्ते पूर्ववत् मिलेंगे। अबॉर्शन की स्थिति में भी उसे यह लाभ प्राप्त होगा। उसे कार्यालय अवधि में भी दिन में दो बार बच्चे के लिए नर्सिंग ब्रेक मिलेगा। वर्तमान में 180 दिन की मेटरनिटी लीव का प्रावधान किया जा चुका है केन्द्र सरकार द्वारा। इसके साथ ही बच्चे के अट्ठारह वर्ष होने के पूर्व तक 730 दिन की लीव लेने का प्रावधान जरूरत के हिसाब से कभी भी लिये जाने का है। इस सुविधा के अन्तर्गत इस अवधि में उसे सर्विस से निकाला नहीं जा सकता है अन्यथा वह कोर्ट जा सकती है और दोषी को एक वर्ष तक का कारावास का दण्ड मिल सकता है।

सेक्सुअल हैरेसमेण्ट से सुरक्षा पाने का अधिकार

दिल्ली में 16 दिसम्बर, 2012 में गैंगरेप के निर्भया काण्ड के पश्चात् ऐण्टी रेप लॉ बनाया गया है जिसमें रेप की परिभाषा को व्यापक बनाया गया है। इसमें प्राइवेट पार्ट तथा ओरल सेक्स, प्राइवेट पार्ट में पेनिट्रेशन या किसी चीज के द्वारा पेनिट्रेशन को रेप के दायरे में रखा गया है। यदि महिला की मृत्यु हो जाये या कोमा में चली जाये तो फाँसी तक की सजा का प्रावधान है। आई. पी. सी. की धारा-354 के विभिन्न सेक्शन के अन्तर्गत कार्रवाई किये जाने और सजा दिये जाने का प्रावधान है। लिखित शिकायत पर या पुलिस स्वयं संज्ञान लेकर केस दर्ज कर सकती है। इस प्रकार महिलाओं के लिए सेक्सुअल हैरेसमेण्ट के विरुद्ध सख्त कानून बनाये गये हैं।

जबरन अबॉर्शन से सुरक्षा का अधिकार

महिला की सहमति के बिना अबॉर्शन नहीं हो सकता है। अबॉर्शन मेडिकल टर्मिनशन ऑफ प्रेग्नेन्सी ऐक्ट के तहत ही हो सकता है। गर्भ के कारण महिला का जीवन संकटग्रस्त हो या शारीरिक एवं मानसिक रूप से गम्भीर खतरा हो या ऐसे रिश्तेदार द्वारा सम्बन्ध बनाने से गर्भ हुआ हो जो वर्जित सम्बन्ध में हो अथवा गर्भ में पल रहा बच्चा विकलांगता का शिकार हो, इन स्थितियों में ही अबॉर्शन कराया जा सकता है। इस कानून के उल्लंघन करने पर दोषी व्यक्ति को उम्रकैद तक की सजा का प्रावधान है।

तलाक का अधिकार

हिन्दू विवाह अधिनियम की धारा-13 के अन्तर्गत महिला को तलाक पाने का अधिकार है। यदि पति, पत्नी का त्याग करता है या अन्य स्त्री से सहवास करता है अथवा धर्म-परिवर्तन करता है या अप्राकृतिक मैथुन करता है तो पत्नी तलाक का केस

दायर कर सकती है साथ ही पति-पत्नी परस्पर सहमत होकर याचिका प्रस्तुत करके एक-दूसरे से तलाक पा सकते हैं।

बाल विवाह निषेध का अधिकार

1929 में बाल-विवाह निषेध अधिनियम बना, 1978 में इसमें संशोधन किया गया। विवाह की न्यूनतम आयु लड़कियों के लिए अट्ठारह वर्ष तथा लड़कों के लिए इक्कीस वर्ष निर्धारित है। इसका उल्लंघन होने पर सजा का प्रावधान है। यह सजा लड़के, शादी करानेवाले पण्डित तथा लड़की-लड़के के माता-पिता जैसी स्थिति हो, को दी जा सकती है।

विधवा विवाह का अधिकार

1856 में हिन्दू विधवा पुनर्विवाह अधिनियम बना। इसके अनुसार पति की मृत्यु होने पर महिला पुनर्विवाह कर सकती है।

बहु विवाह निषेध

हिन्दू विवाह अधिनियम वर्ष, 1955 में बना। इसके अनुसार बहु विवाह दण्डनीय अपराध है।

महिला श्रमिक के अधिकार

समान पारिश्रमिक अधिनियम, 1976 के तहत महिला पुरुष श्रमिकों के बीच भेद-भाव को समाप्त किया गया है। महिलाओं के लिए अलग टॉयलेट की व्यवस्था का प्रावधान है। उसे तीस किलो से अधिक भार उठाने के लिए विवश नहीं किया जा सकता है और न ही रात की पारी में कार्य करने के लिए विवश किया जा सकता है।

पंचायती राज में आरक्षण का अधिकार

वर्ष 1992 में संसद् द्वारा पारित 73वें एवं 74वें बिल के माध्यम से ग्रामीण एवं शहरी निकायों में एक तिहाई सीट अर्थात् 33 प्रतिशत सीटों का आरक्षण महिलाओं के लिए किया गया है।

उपर्युक्त विवरण से स्पष्ट है कि विभिन्न अधिनियम, दण्ड संहिताओं की धाराओं के अन्तर्गत महिलाओं के उन्नयन हेतु तमाम अधिकार दिये गये हैं। महिला और बाल विकास मन्त्रालय ने एक प्रस्ताव तैयार किया है जिसके अन्तर्गत शादी से पूर्व एक एग्रीमेण्ट होगा जिसमें उल्लेख होगा कि विवाह के बाद पति-पत्नी द्वारा कार्यों के दायित्व का निर्वहन किस प्रकार होगा तथा शादी टूटने की स्थिति में कितना गुजारा-भत्ता देना होगा और बच्चों का दायित्व किस पर होगा। इससे महिलाओं को कोर्ट के चक्कर लगाने से बचत होगी और कोर्ट में तलाक के पेण्डिग केसेज में कमी होगी। इस प्रकार के एग्रीमेण्ट की वैधता तभी होगी जब इस निमित्त कानून बने या पूर्व बने कानून में संशोधन हो। महिलाओं को प्राप्त अधिकारों के सन्दर्भ में आवश्यकता इस बात की है कि इनका प्रभावी क्रियान्वयन हो, महिलाएँ अपने अधिकारों के प्रति जागरूक रहें जिससे वे प्रगति के मार्ग पर अग्रसर हो सकें।

उत्तर प्रदेश की राजधानी लखनऊ में ही महिलाओं के विरुद्ध उत्पीड़न कृत्य से सम्बन्धित बाईस हजार केसेज हैं जिनमें लगभग तेरह हजार केसेज तलाक से सम्बन्धित हैं। तलाक के केस निपटने में हमारे देश में औसतन पन्द्रह साल लग जाते हैं। विगत दस वर्षों में 56 प्रतिशत तलाक के मामलों में वृद्धि हुई है। मुस्लिमों में समान्यतया तलाक एक मौलानां और दो लोगों की गवाही में तीन बार तलाक कहने से तलाक हो जाता है। शरीअत के अनुसार पहले महीने, दूसरे महीने और तीसरे महीने में तलाक कहने से तलाक होता है जिससे इस अवधि में पुनर्विचार किया जा सके। दो प्रकार के मसलक हैं हनफी मसलक और साफई मसलक। हनफी मसलक के अनुसार पति के लापता हो जाने पर सत्तर साल इन्तजार करना होता है जब कि साफई मसलक में प्रतीक्षा अवधि केवल चार वर्ष होती है। राष्ट्रीय महिला आयोग द्वारा प्रकाशित 'वेलफेयर ऑफ मुस्लिम वीमेन' के अनुसार जिन देशों में एक साथ तीन बार तलाक कहने पर प्रतिबन्ध है वे देश हैं—पाकिस्तान, इण्डोनशिया, इराक, ईरान, बाँग्ला देश, अल्जीरिया, तुर्की एवं ट्यूनीशिया। वर्ष 1961 से पाकिस्तान में एक साथ तीन बार तलाक कहने पर प्रतिबन्ध है। मलयेशिया एवं ब्रूनेई में दूसरी शादी पर पहली पत्नी के रहे हुए रोक है। 92 फीसदी मुस्लिम महिलाएँ चाहती हैं कि एक साथ तीन बार तलाक कहने पर प्रतिबन्ध लगे तथा 93 फीसदी मुस्लिम महिलाएँ मध्यस्थता के पक्ष में हैं। वर्ष 2014 में 235 केसेज शरई अदालत में जो आये थे उनमें 80 फीसदी केसेज मौखिक तलाक के थे। ये आँकड़े गैरसरकारी संस्था द्वारा 'मुस्लिम महिला आन्दोलन' के सर्वे पर आधारित हैं।

केन्द्र एवं राज्य सरकारों ने महिलाओं के लिए विभिन्न योजनाएँ संचालित की हैं। मानव संसाधन विकास मन्त्रालय के अन्तर्गत महिला एवं बाल विकास विभाग महिलाओं को सशक्त एवं आत्मनिर्भर बनाने हेतु प्रयासरत है। वर्ष 1997 में महिलाओं के लिए प्रशिक्षण एवं रोजगार सहायता योजना आरम्भ की गयी। इस योजना का उद्देश्य महिलाओं के कौशल में वृद्धि करना है तथा कृषि, हथकरघा, हस्तशिल्प, रेशम उद्योग, पशुपालन तथा मत्स्य-पालन में प्रशिक्षण देकर रोजगार के अवसर उपलब्ध कराना है। उन्हें कम्प्यूटर, मुद्रण, सौन्दर्य प्रसाधन एवं बेकरी आदि कार्यों के लिए वित्तीय अनुदान दिये जाने का प्रावधान है।

केन्द्रीय समाज बोर्ड की स्थापना वर्ष 1953 में हुई। इसके द्वारा स्वैच्छिक संगठनों को आर्थिक सहायता दी गयी जिससे वे महिलाओं को शिक्षित कर सकें तथा जागरूक बना सकें। यह पालनाघर एवं पीड़ित महिलाओं के पुनर्वास के लिए संगठनों को आर्थिक मदद देता है।

निपसिड अर्थात् राष्ट्रीय जन सहयोग एवं बाल विकास संस्थान द्वारा कई कार्य किये जाते हैं जैसे पंचायतों में चुनी गयी महिलाओं को प्रशिक्षण देना, स्वैच्छिक संगठनों को प्रशिक्षण प्रदान करना, अनुसन्धान, प्रशिक्षण और प्रलेखन में सहयोग देना आदि।

राष्ट्रीय महिला आयोग एक वैधानिक निकाय है। यह महिलाओं के हित के लिए कानूनी सुरक्षा प्रदान करता है तथा महिलाओं की शिकायतों की जाँच करता है। राज्य स्तर पर भी महिला आयोग गठित है। ये सभी महिलाओं के सशक्तीकरण हेतु उनके अधिकारों की रक्षा करते हैं तथा उनके हित के लिए विभिन्न कार्य करते हैं।

राष्ट्रीय महिला कोष का गठन वर्ष 1993 में किया गया। इसके द्वारा निर्धन महिलाओं, महिला विकास निगम, सहकारी समिति एवं संगठन को लघु ऋण प्रदान किया जाता है। महिला विकास निगम महिला उद्यमियों की पहचान करता है तथा ऋण सुविधाओं की उपलब्धता को निश्चित करता है। वर्ष 1995 में आरम्भ की गयी इन्दिरा महिला योजना द्वारा महिलाओं को सशक्त बनाने हेतु विभिन्न कार्य किये जाते हैं।

किशोरी शक्ति योजना में लड़कियों के लिए पोषण, शिक्षा और कौशल के विकास की जरूरतों को पूरा किया जाता है। स्वशक्ति परियोजना में ग्रामीण क्षेत्रों में स्वसहायता समूह महिलाओं का बनाकर उनके उत्थान का प्रयास किया जाता है तथा त्रैमासिक पत्रिका के प्रकाशन द्वारा महिलाओं के विचारों की अभिव्यक्ति का अवसर प्रदान करके उनमें जागृति लाने का प्रयास हो रहा है।

स्त्री शक्ति पुरस्कार भारत की पाँच प्रसिद्ध महिलाओं के नाम पर रखा गया है और वे हैं—रानी लक्ष्मीबाई, अहिल्याबाई होल्कर, रानी गैदिल्यू जेलिआंग, कण्णगी एवं जीजाबाई। इस पुरस्कार का उद्देश्य महिलाओं की परिवार के पालन-पोषण की शक्ति को बढ़ाना है। इसमें जुझारू महिलाओं को पुरस्कृत कर एक लाख रुपये और प्रशस्ति-पत्र दिये जाते हैं। कामकाजी महिलाओं के लिए बोर्डिंग और रुग्ण माताओं के लिए शिशु गृह भी इसके अन्तर्गत संचालित किये जाते हैं। महिलाओं के विरुद्ध हो रहे अन्याय से सुरक्षा दिलाने हेतु वर्ष 1991 में देश-भर में महिला सुग्राह्यता कार्यक्रम चलाया गया जिसमें टीकाकरण, मृत्यु दर में कमी, गर्भ के दौरान जाँच, रक्त की अल्पता के उपचार, गर्भ निरोधक उपायों की जानकारी, दो बच्चों के मध्य समय का उचित अन्तराल और स्वास्थ्य आदि विषयों को महत्त्व दिया गया। ऑपरेशन ब्लैक बोर्ड की योजना में पचास प्रतिशत महिला शिक्षिकाओं की नियुक्ति हेतु निर्देश दिया गया है। महिला समाख्या कार्यक्रम, 1989 में शुरू किया गया जिसमें महिला को सूचना एवं ज्ञान दिया जाता है ताकि वे अपनी क्षमताओं को विकसित कर सकें। श्रम मन्त्रालय महिलाओं के लिए व्यावसायिक शिक्षा कार्यक्रम के अन्तर्गत प्रशिक्षण दिलाता है। महिलाओं के लिए राज्यों में आई.टी.आई. की स्थापना पर्याप्त संख्या में हो, इसके लिए केन्द्र सरकार राज्य सरकारों को अनुदान देती है। वर्ष 1986-87 में विकलांग महिलाओं के लिए व्यावसायिक पुनर्वास केन्द्रों की योजना आरम्भ की गयी। कृषि मन्त्रालय खेतों में काम करनेवाली महिलाओं को समूह में संगठित करने तथा उनके विकास का कार्य करता है जिसमें महिलाओं को तकनीकी प्रशिक्षण दिया जाता है और उनके कौशल का विकास किया जाता है तथा उनके लिए विज्ञान एवं प्रौद्योगिकी योजनाएँ संचालित हैं।

महिला एवं बाल विकास विभाग अपने प्रकाशन द्वारा महिलाओं को उनके मौलिक अधिकारों एवं कानून से सम्बन्धित जानकारी प्रदान करता है।

उत्तर प्रदेश में वर्ष 2010 में निराश्रित महिलाओं की मासिक पेन्शन एक सौ पचास रुपये से बढ़ाकर तीन सौ रुपये की गयी है तथा इससे लगभग 15.80 लाख महिलाएँ लाभान्वित हो रही हैं। बी.पी.एल. निराश्रित महिलाओं की पुत्री के विवाह हेतु दस हजार रुपये एकमुश्त दिये जाने की व्यवस्था की गयी है। विधवा महिला द्वारा पुनर्विवाह करने पर ग्यारह हजार रुपये की एकमुश्त धनराशि पुरस्कारस्वरूप दिये जाने की व्यवस्था की गयी है। भ्रूण हत्या रोकने की दिशा में बी.पी.एल. परिवार में 15 जनवरी, 2009 अथवा उसके बाद जन्म लेनेवाली कन्या के लिए महामाया गरीब बालिका आशीर्वाद योजना प्रारम्भ की गयी है। बालिका के जन्म लेने पर एकमुश्त धनराशि अट्ठारह वर्ष के लिए सावधि जमा की जायेगी। अट्ठारह वर्ष तक अविवाहित रहने की स्थिति में बालिका को इस जमा धनराशि, जो लगभग एक लाख रुपये होगी, का भुगतान किया जायेगा। इससे वित्तीय वर्ष 2009-10 में 1,01,705 बालिकाओं को लाभान्वित किया गया। प्रदेश में वर्ष 2010 में 897 समन्वित बाल विकास परियोजनाएँ तथा उनके 1,51,469 आँगनबाड़ी केन्द्र संचालित किये गये हैं जिससे 97.20 लाख बच्चे हाटकुक्ड भोजन से प्रतिदिन लाभान्वित हो रहे हैं। आँगनबाड़ी कार्यकर्त्रियों के मानदेय में पाँच सौ रुपये और उनकी सहायिकाओं के मानदेय में ढाई सौ रुपये की वृद्धि की गयी है। 258.62 लाख लाभार्थियों को अनुपोषक पोषाहार दिया जा रहा है। इस प्रकार बच्चों एवं महिलाओं के कल्याण निमित्त केन्द्र एवं राज्य स्तर पर विविध योजनाएँ संचालित हैं। महात्मा गाँधी का कथन है—"अधिकारों का सच्चा स्रोत कर्त्तव्य है। अगर हम सब अपने कर्त्तव्य पूरे करें तो अधिकार ढूँढ़ने दूर नहीं जाना पड़ेगा।" वास्तविकता यह है कि हम सभी अपेक्षित ढंग से महिलाओं के प्रति अपने कर्त्तव्य का निर्वहन नहीं कर रहे हैं, इसलिए महिलाओं को विविध माध्यमों से उनके अधिकारों की जानकारी तथा सम्बन्धित कानून के सम्बन्ध में भी जानकारी प्रदान की जा रही है। जरूरत इस बात की है कि इन सभी योजनाओं एवं प्रदत्त सुविधाओं का प्रभावी क्रियान्वयन हो तथा उनमें जागृति लायी जाये जिससे महिलाएँ आशान्वित होकर आत्मनिर्भरता की ओर सशक्त ढंग से उन्नयन की ओर अग्रसर हो सकें।

अन्तरराष्ट्रीय महिला-दिवस

अन्तरराष्ट्रीय महिला-दिवस विश्व-भर में प्रतिवर्ष 8 मार्च को मनाया जाता है। असमानता को दूर करने के लिए यह दिवस नारी शौर्य का चिह्न है साथ ही स्वास्थ्य, शिक्षा, व्यावासायोन्मुखी होने, उत्पीड़न दूर करने, भ्रूण हत्या के निवारणार्थ एवं अन्य विभिन्न क्षेत्रों में आगे बढ़ने तथा समस्याओं के निराकरण की दृष्टि से यह दिवस अत्यन्त सार्थक है। हमारे देश में प्रसव के दौरान होनेवाली मातृ मृत्यु दर काफी अधिक है जो चिन्तनीय है। यह दिवस नारी के संघर्ष एवं जुझारूपन का प्रतीक है और नारी-मुक्ति की दृष्टि से महत्त्वपूर्ण है। उपभोक्तावादी संस्कृति में महिलाओं को उत्पाद न समझा जाये, लोग संकीर्ण मानसिकता से ऊपर उठें, लैंगिक असमानता को दूर करने में सहयोग दें, इन सबके लिए महिला-दिवस जागरूकता उत्पन्न करने में सहायक है। आज महिला सशक्तीकरण की बात की जाती है लेकिन सच्चाई तो यह है कि महिला प्रताड़ना के केसेज में निरन्तर बढ़ोतरी हो रही है। जागरूकता के अभाव में सामाजिक बुराई को दूर करना सहज नहीं होता है भले ही योजनाएँ और ऐक्ट चाहे जो बन जायें पर सकारात्मक परिणाम नहीं निकल पाता है। सामान्य रूप से दहेज प्रतिषेध अधिनियम, 2007 के अनुसार न्यूनतम कारावास पाँच वर्ष और आर्थिक दण्ड रुपये पन्द्रह हजार या दहेज मूल्य की राशि देने का प्रावधान है। न्यायालय के अधिकार-क्षेत्र में इस दण्ड को कम करने का अधिकार है।

उत्तर प्रदेश में हाईकोर्ट ने पीड़ित महिलाओं के लिए पूरे प्रदेश में एक हेल्प लाइन नम्बर जारी करने के निर्देश दिये हैं। उत्तर प्रदेश में महिलाओं की सुरक्षा हेतु 1090 वुमेन पावर लाइन तथा 1090 ऐप का प्रारम्भ किया गया है। महिला सशक्तीकरण हेतु राज्य में रानी लक्ष्मीबाई सम्मान कोष तथा आशा ज्योति केन्द्रों की स्थापना की गयी है। उत्तर प्रदेश महिला आयोग की अध्यक्ष जरीना उस्मानी हैं जो महिलाओं के हित में सराहनीय कार्य कर रही हैं। दुराचार से पीड़ित महिलाओं के साथ पुलिस की बेरुखी तथा समुचित कार्यवाही का अभाव जब-तब देखने को मिलता है, कभी-कभी तो इस दुराचार में उनकी संलिप्तता भी पायी गयी है। एक तो वैसे ही समाज के भय के कारण सभी केस दर्ज नहीं हो पाते हैं और जो दर्ज होने की स्थिति बनती है तो दबंगों के समक्ष

पुलिस महकमा भी कई बार कार्यवाही करने में हिचकता है भले ही कारण राजनीतिक संरक्षण या अन्य कोई भी क्यों न हो। ऐसी महिलाओं की उचित काउन्सलिंग होनी चाहिए, उनकी शिकायतें दर्ज हों और समुचित रूप से विवेचनाकर अविलम्ब कार्यवाही किये जाने की नितान्त आवश्यकता है। वैश्वीकरण के इस युग में असंगठित क्षेत्र में काम करनेवाली महिलाओं के लिए कठिनाइयाँ बढ़ी हैं जिसके निराकरण हेतु प्रभावी उपाय किये जाने चाहिए।

8 मार्च, 1857 में अमेरिका में महिलाओं ने कार्य के घण्टे जो 15 या 16 घण्टे के थे, को कम करके दस घण्टे करने के लिए प्रदर्शन किया था। वर्ष 1910 में 8 मार्च को क्लारा जेण्टकिन ने इसी दिन को अन्तरराष्ट्रीय महिला-दिवस के रूप में मनाने का प्रस्ताव रखा। महिला अधिकारों के लिए, नारी-मुक्ति के लिए और उन्नयन हेतु इस दिवस की पृष्ठभूमि तैयार होती रही। कई देशों में यह दिन अवकाश-दिवस घोषित है यथा नेपाल, रूस और अफगानिस्तान आदि। पेरिस में भी वर्ष 1923 में महिला अधिकारों के लिए अभियान चलाया गया। वर्ष 1975 को अन्तरराष्ट्रीय महिला-वर्ष तथा 1976 से 1985 तक की अवधि को अन्तरराष्ट्रीय महिला-दशक के रूप में मनाया गया। वर्ष 1980 में और 1995 में क्रमशः कोपेनहेगन तथा बीजिंग में अन्तरराष्ट्रीय महिला-सम्मेलन किया गया तथा समय-समय पर सम्मेलन आयोजित होता रहा है। सामूहिक रूप से महिलाओं को एकजुट होना होगा तभी उन्हें अपनी कठिनाइयों पर विजय प्राप्त होगी तथा वे सशक्त बन सकेंगी। आज आवश्यकता इस बात की है कि सामाजिक, आर्थिक, राजनीतिक एवं सांस्कृतिक आदि विभिन्न गतिविधियों में उनकी भागीदारी बढ़े और तब निश्चित ही अन्तरराष्ट्रीय महिला-दिवस उनके उन्नयन में सहायक ही नहीं होगा अपितु महत्त्वपूर्ण योगदान देगा।

आजकल पर्स छीनने, चेन स्नैचिंग एवं अन्य घटनाएँ आये दिन होती रहती हैं। कभी-कभी साहस का परिचय देते हुए महिलाएँ डटकर मुकाबला भी करती हैं और अपराधियों को पकड़वाया भी है चाहे वह ठगी का प्रयास हो अथवा चोरी या दुष्कृत्य किये जाने का प्रयास। इस प्रकार की जागृति व साहस अन्य महिलाओं में भी होना चाहिए। ऐसी घटनाओं में नारी-शक्ति का जो परिचय मिलता है उसकी सराहना की जानी चाहिए ताकि अन्य लोग भी प्रेरित हो सकें। लिंगभेद, दहेज, पर्दा प्रथा, हिंसा और शोषण आदि का निवारण सामाजिक चेतना और शिक्षा द्वारा ही सम्भव है। महिलाओं ने वर्तमान में पुरुषों के समकक्ष विभिन्न क्षेत्रों में अपनी भागीदारी बढ़ायी है और उनकी अर्जित सफलताएँ पुरुषों से किसी मायने में कम नहीं हैं। अबला नहीं वे सबला होकर उभर रही हैं। वे अपने सपनों को सार्थक करती हुईं भविष्य को उज्ज्वल बनाने में व्यस्त हैं। अग्नि-4 मिसाइल प्रोजेक्ट की निदेशक टेसी थामन, फैशन डिजाइनर रितु बेरी, कार्डियोलॉजिस्ट शिवरामकृष्णन अय्यर पद्मावती, कारपोरेट सेक्टर की नैनालाल किदवई, इन्दिरा नूयी, लेटिनेण्ट-जेनेरल पुनीता अरोड़ा, झुम्पा लाहिड़ी पहली मार्च, 2012 को

लुसियाना राज्य (यू. एस. ए.) में नियुक्त फैमिली कोर्ट की जज भारतीय मूल की गोवा की महिला बर्नाडेट डिसूजा आदि अनेक ख्याति प्राप्त महिलाएँ किसी परिचय की मोहताज नहीं क्योंकि उन्होंने सफलता के उच्च शिखर को प्राप्त किया है।

आज भी दुनिया के कई देशों में महिलाओं की स्थिति दोयम दर्जे की है। यमन देश में महिला की गवाही को आधा माना जाता है। उसकी गवाही को तभी बल मिलेगा जब कोई पुरुष उसकी गवाही को सपोर्ट करे। वहाँ महिलाओं को चोरी, अपमानजनक लेख, व्यभिचार और सोडॉमी जैसे मामलों में गवाही देने का अधिकार नहीं है। वे पति की अनुमति के बिना घर से बाहर नहीं निकल सकती हैं। अमेरिकी राष्ट्रपति की पत्नी मिशेल ओबामा ने सऊदी अरब में सिर के ऊपर स्कार्फ नहीं डाला तो टीवी फुटेज में उनके चेहरे को धुँधला दिखाया गया जो चर्चा का विषय बना। वेटिकन सिटी में केवल पुरुषों को मत देने का अधिकार है। सऊदी अरब में महिलाओं को ड्राइविंग करने का अधिकार नहीं है। एक महिला ने इसका उल्लंघन किया तो उसे कोड़े मारने की सजा दी गयी। इक्वाडोर में जब तक महिला घोषित रूप में पागल न हो वह अबॉर्शन नहीं करा सकती है। कई बार मिस कैरेज होने पर उसे अपराध घोषित करने का प्रयास किया जाता है। मोरक्को में तो कानून यह है कि रेप पीड़िता पर ही आपराधिक मामला चलाया जा सकता है अतः कोर्ट ने एक बार जब रेप करनेवाले से विवाह करने का आदेश दिया तो उस महिला ने आत्महत्या कर ली। महिलाओं का सम्मान करनेवाले देशों में अमेरिका 35वें पायदान पर है। बेल्जियम महिलाओं के लिए विश्व में सबसे ज्यादा फ्रेण्डली है। फ्रान्स, स्पेन, सर्बिया, स्लोवेनिया आदि देश, 'ऑर्गनाइजेशन फॉर इकोनॉमिक कोऑपरेशन ऐण्ड डेवलपमेण्ट' की रिपोर्ट के अनुसार ऐसे हैं जहाँ महिलाओं का सम्मान होता है।

महिलाओं का उत्पीड़न केवल हमारे देश में ही नहीं होता है अपितु विदेशों में भी यह उत्पीड़न होता रहता है। एक रिपोर्ट के अनुसार ब्रिटिश सेना में 44 प्रतिशत महिलाओं को उत्पीड़न के दौर से गुजरना पड़ा जिसमें 13 प्रतिशत महिलाओं को इसका कटु अनुभव भुगतना पड़ा पर रिपोर्ट केवल तीन प्रतिशत ने ही दर्ज करायी। भारत में यौन उत्पीड़न (रोकथाम, निषेध, निवारण) अधिनियम, 2013 से लागू है। हमारे समाज में रेप में सजा दिये जाने की दर 24.2 प्रतिशत ही है। कभी-कभी पति-पत्नी में तीसरा फेसबुक आ जाता है जिस पर लोग चैटिंग करते हैं और यह सम्बन्धों में दरार बनाता है तथा तलाक तक की स्थिति ला देता है। इण्टरनेशनल मेन ऐण्ड जेण्डर इक्वेलिटी के द्वारा किये गये सर्वे के अनुसार हमारे देश में 15 से 49 वर्ष तक की दो-तिहाई महिलाएँ पीटी जाती हैं। हर पाँचवाँ पुरुष पत्नी या पार्टनर को सेक्स के लिए विवश करता है। किशोरवय में विपरीत लिंग के व्यक्ति के प्रति आकर्षण होना एक सहज प्रवृत्ति है जो प्रेम का स्वरूप ग्रहण कर लेती है और अभिभावक चिन्तित होते हैं। महानगरीय संस्कृति में माता-पिता दोनों के सर्विसरत होने से वे प्यार व ममत्व से वंचित रहते हैं और मित्र समूह में वे इसको तलाशते हैं। परिवार के दबाव में आकर कई बार

दुष्कर्म का आरोप लगाती हैं पर 60 प्रतिशत केसेज में अदालत में वे प्रेमी होने की बात को स्वीकारती हैं। अतः विरोध करके अभिभावक उसे अस्वीकार न करके समय दें परिपक्व एवं आत्मनिर्भर होने के लिए तभी थोड़ा-बहुत निदान सम्भव है।

महिलाओं को भारतीय संविधान के अनुच्छेद-15 के अन्तर्गत लिंगभेद के विरुद्ध मौलिक अधिकार प्राप्त हैं। महिलाओं को सम्मिलित करते हुए सभी नागरिकों को अक्सर समानता की बात भी कही गयी है। उनकी संख्या पुरुषों की संख्या के लगभग बराबर ही है इसलिए वे आधी दुनिया का प्रतिनिधित्व करती हैं लेकिन उनकी प्रतिभागिता संख्या के अनुपात में विभिन्न क्षेत्रों में पर्याप्त कम है। इन्हें पंचायतों और नगर पालिकाओं में तैंतीस फीसदी आरक्षण मिला है फिर भी विधान सभा एवं लोक सभा के चुनावों में विभिन्न राजनीतिक दलों में इनकी भागीदारी संख्या के हिसाब से बहुत कम है। इसलिए ऐसा लगता है कि महिला आरक्षण की बातें तो की जाती हैं। लेकिन अन्दर से राजनीतिक दल इनकी भागीदारी को सुनिश्चित नहीं करना चाहते हैं। जर्मन महिला इलोना से प्रेरित होकर हमारे देश में भी सैनिटरी पैड्स के माध्यम से मेसेज लिखकर सेक्सिज़्म के खिलाफ अभियान प्रारम्भ किया गया है। सोशल मीडिया पर # Padsagainstsexism नाम के हैशटैग के साथ यह पापुलर हुआ। यह दिल्ली में सेण्ट स्टीफन कॉलेज से शुरू हुआ फिर जामिया मिलिया आदि में फैलता रहा पूरे देश में जैसे पश्चिमी बंगाल में जाधवपुर यूनिवर्सिटी आदि में। मेसेज इस प्रकार हैं–"लड़कियों का रेप इसलिए नहीं होता कि वे लड़कियाँ हैं, इसलिए होता है कि हम पितृसत्तात्मक समाज में रह रहे हैं, रेपिस्ट रेप पीपुल नाट आउट फिट्स, माई नेम इज नाट बेबी और मेन्स्ट्रुएशन नेचुरल है, रेप नहीं आदि।" उत्तर प्रदेश की राजधानी लखनऊ में 5000 सी. सी. टी. वी. लगाये जाने की योजना है जिससे यह शहर सी. सी. टी. वी. सिटी में बदल जायेगा। 100 नम्बर डायल करने से इव टीजिंग और अन्य आपराधिक मामलों से राहत मिल सकेगी। 1090 वुमन पावर एंजिल महिलाओं की शक्ति बन रही है जिससे वे उत्पीड़न के विरुद्ध अपनी आवाज बुलन्द कर रही हैं। डायल 100 के पास 25 लोगों की टीम, 30 समर्पित लाइन्स, जी. पी. एस. सिस्टम से लैस 47 चौपहिया वाहन तथा 47 टू ह्वीलर चौबीसों घण्टे सेवा में तत्पर रहते हैं, दस-बारह मिनट में वे घटना-स्थल पर पहुँच जाते हैं। इसमें उच्च तकनीक का इस्तेमाल होता है। पहुँचने पर एराइव बटन दबाया जाता है। इसके अलावा ड्रोन कैमरे के सिस्टम को अपनाया जा रहा है जो दस किलोमीटर के एरिया को कवर करते हैं। एच डी कैमरे और वीडियो रिकार्डर से विवरण कण्ट्रोल रूम को प्राप्त होता है। इस प्रकार महिलाओं को इन सबके द्वारा सुरक्षा प्राप्त करने एवं उनके विरुद्ध आपराधिक कृत्यों से बचाव हेतु सहारा मिलता है।

स्वास्थ्य एवं सुरक्षा की दृष्टि से महिलाएँ, पुरुषों से पिछड़ी हुई हैं। भरपेट भोजन न मिलने और भूखे रहनेवाले लोगों में साठ प्रतिशत की हिस्सेदारी महिलाओं की ही है तथा इन स्थानों पर लैंगिक असमानता की दर भी अधिक है। संयुक्त राष्ट्र संघ की रिपोर्ट

के अनुसार एक-तिहाई महिलाओं को ही प्रसवकालीन सुविधा उपलब्ध है। स्वास्थ्य सुविधाओं के बढ़ने से और शिक्षा के प्रचार-प्रसार अर्थात् शिक्षित महिलाओं की संख्या में वृद्धि होने से ही उनकी स्थिति बेहतर हो सकती है। आज की महिलाएँ स्वतन्त्र सोच को अपना रही हैं। वे परम्परावादी रूढ़ियों से मुक्त हो रही हैं। अब उनका जीवन बड़े होने पर विवाह और सन्तान उत्पन्न करने तक ही सीमित नहीं रह गया है वे सफलता के कीर्त्तिमान् स्थापित कर रही हैं। उनमें निडरता और आत्मविश्वास बढ़ रहा है। समाज के निर्माण में तथा भावी पीढ़ी को संस्कारयुक्त बनाने में उनकी अग्रणी भूमिका है।

महिलाओं को आधी दुनिया भी कहा जाता है क्योंकि विश्व की समस्त जनसंख्या की लगभग आधी संख्या महिलाओं की है। भारत की संस्कृति में 'यत्र नार्यस्तु पूज्यन्ते रमन्ते तत्र देवताः' को अंगीकार किया गया है। उन्हें सम्मान एवं आदर की दृष्टि से देखा गया है। वैदिक काल में भी नारियों को पुरुषों के समकक्ष सम्मान व अधिकार प्राप्त थे लेकिन बाद के समय में उनकी स्थिति काफी दयनीय रही। बहुविवाह, सतीप्रथा, बाल-विवाह, विधवाओं का समाज में समादर न होना, अशिक्षा, शोषण और हिंसा उनके दुःखों की अकथनीय कहानी कहते रहे हैं। स्वतन्त्रता-प्राप्ति के पश्चात् उनकी स्थिति में काफी परिवर्तन आया है लेकिन अभी बहुत-कुछ होना शेष है। आज भी वे हिंसा और यौनाचार आदि से पीड़ित हैं। वर्तमान में महिलाओं के सशक्तीकरण हेतु विभिन्न प्रयास किये जा रहे हैं जैसे ग्राम पंचायतों एवं नगर निकायों में उनके लिए आरक्षण की सुविधा, प्रत्येक जिले में स्वाधार गृह की स्थापना, कामकाजी महिलाओं के लिए छात्रावासों का बनाया जाना एवं पीड़ित महिलाओं को मुक्त कराकर उनके पुनर्वास की व्यवस्था आदि। कार्यस्थल पर उनका यौन शोषण न हो सके इसके लिए संरक्षण हेतु उपाय करना तथा घरेलू हिंसा से संरक्षण हेतु कानून बनाया जाना, महिला थानों की स्थापना, गर्भस्थ शिशु के लिंग सम्बन्धी जाँच पर पूर्णतया रोक लगाकर बालिका के जन्म के अधिकार की परिपुष्टि करना और पारिवारिक न्यायालय की स्थापना आदि कई चीजों का क्रियान्वयन महिला एवं बाल विकास मन्त्रालय, भारत सरकार और स्वैच्छिक संगठनों आदि के द्वारा किये जा रहे हैं। उनके प्रशिक्षण एवं रोजगार के कार्यक्रम हेतु सहायता उपलब्ध करायी जा रही है। राजीव गाँधी किशोरी सशक्तीकरण स्कीम-सबला और इन्दिरा गाँधी मातृत्व सहयोग योजनाएँ उनकी बेहतरी के लिए क्रियान्वित की गयी हैं। मनरेगा में उन्हें कार्य मिलता है जिससे धनोपार्जन करके जीविका निर्वाह में सहायता प्राप्त होती है तथा गर्भवती एवं धात्री माताओं हेतु पुनर्गठित समेकित बाल-विकास सेवा भी संचालित है। उनके लिए गृह उद्योग और विकास हेतु विभिन्न प्रकार के कार्यक्रम जैसे महिला विकास ऋण योजना, स्त्रीशक्ति पुरस्कार योजना, बालिका सम्बल योजना और किशोरी शक्ति आदि योजनाएँ संचालित हैं जिससे आत्मनिर्भर होकर विकास की राह पर अग्रसर होने का अवसर मिलता है। उनमें सहिष्णुता और कार्य के प्रति प्रतिबद्धता पर्याप्त मात्रा में होती है जिससे वे जीवन में सफलताएँ अर्जित करती हैं।

आज वे मेडिकल, टीचिंग, विज्ञापन, वकालत, कारपोरेट सेक्टर, डेकोरेशन और मैनेजमेण्ट आदि क्षेत्रों से जुड़कर उल्लेखनीय प्रगति कर रही हैं।

अन्तरराष्ट्रीय महिला-दिवस पर विभिन्न प्रकार के कार्यक्रम आयोजित किये जाते हैं तथा उसके पूर्व की अवधि में अन्तरराष्ट्रीय महिला-सप्ताह मनाया जाता है। संयुक्त राष्ट्र संघ ने 8 मार्च को अन्तरराष्ट्रीय महिला-दिवस घोषित किया है। इस दिवस पर और साप्ताहिक आयोजन में महिला सशक्तीकरण हेतु विविध कार्यक्रम होते हैं। वर्तमान में भी लिंग-भेद और असमानता की बातें महिलाओं के सन्दर्भ में देखने को मिलती हैं। भ्रूण हत्याएँ हो रही हैं। प्रसव के पूर्व गर्भ में ही लिंग की जानकारी प्राप्त करना और यदि कन्या पल रही है तो उसे समाप्त कर देना प्रचलित है जो कानूनन अवैध है लेकिन फिर भी ये घटनाएँ जारी हैं। इसके लिए जरूरी है कि मेडिकल टरमिनेशन ऑफ प्रेग्नेन्सी ऐक्ट, 1972 को प्रभावी ढंग से क्रियान्वित किया जाये जिससे अजन्मी कन्या की दर्दनाक दास्तान से मुक्ति मिल सके। आज स्थिति यह है कि हमारे देश में एक हजार पुरुषों पर महिलाओं का अनुपात लगभग 914 से 940 है और उत्तर प्रदेश की स्थिति तो और भी बदतर है जिससे जनसंख्या में असन्तुलन के कारण भयावह स्थिति दृष्टिगत हो रही है दिल्ली देश की राजधानी है अतः यह देश का आईना भी है। इस क्राइम कैपिटल में महिलाएँ सुरक्षित नहीं हैं। आँकड़े बताते हैं कि यहाँ वर्ष 2011 में 459 बलात्कार हुए हैं अर्थात् हर अट्ठारह घण्टे में बलात्कार और 98 प्रतिशत केसेज में बलात्कारी परिचित ही निकले हैं।

भारत में स्वतन्त्रा-प्राप्ति के पश्चात् एक दर्जन से अधिक विभिन्न प्रदेशों में महिला मुख्यमन्त्री हुई हैं, उनके नाम हैं सुचेता कृपलानी, नन्दिनी सत्पथी, शशिकला, काकोदकर, जयललिता, मायावती, राबड़ी देवी, सुषमा स्वराज, शीला दीक्षित, उमा भारती, वसुन्धरा राजे सिन्धिया, राजिन्दर कौर भट्टल, सईद अनवरा तैमूर और ममता बनर्जी। कार चलाने की शुरुआत महिलाओं में सर्वप्रथम सुजान आर. डी. टाटा ने की। एवरेस्ट पर सन्तोष यादव ने दो बार सफलतापूर्वक आरोहरण किया। आरती शाह ने इंग्लिश चैनल को पार किया। प्रथम महिला राजदूत विजय लक्ष्मी पण्डित थीं। साहित्यकार अमृता प्रीतम साहित्य अकादमी पुरस्कार से सम्मानित हुईं। मीरा कुमार लोकसभा की प्रथम महिला अध्यक्ष बनीं। खेलों में साइना नेहवाल सानिया, मिताली राज, अंजू बाबी आदि की एक लम्बी शृंखला है जिन्होंने न केवल खेल बल्कि अन्य क्षेत्रों में भी ख्याति अर्जित की। राज्यपाल के पद को सुशोभित करनेवाली महिलाओं में सरोजिनी नायडू, पद्ममजा नायडू, विजय लक्ष्मी पण्डित, राम दुलारी सिन्हा, रजनी राय, फातिमा बीबी और ज्योति वेंकट चेलम्मा आदि उल्लेखनीय हैं। प्रधानमन्त्री पद को श्रीमती इन्दिरा गाँधी और राष्ट्रपति पद को श्रीमती प्रतिभा पाटिल ने सुशोभित किया। इसी प्रकार मन्त्री पद और राजनयिक स्तर पर महिलाओं ने सक्रिय भागीदारी की है। महिलाओं की स्थिति के उन्नयन के लिए भारत सरकार महिला आरक्षण हेतु प्रयासरत है। वर्ष 2011 की

जनगणना के अनुसार भारत की जनसंख्या 121.02 करोड़ है जिसमें महिलाओं की संख्या 58.65 करोड़ है अर्थात् आधी संख्या से कुछ करोड़ कम। इस अन्तर को दूर करने हेतु विविध प्रकार के सरकारी और गैरसरकारी प्रयास जारी हैं। चिन्तनीय बात यह है कि छह वर्ष तक की आयु के बच्चों में यह लिंगानुपात का अन्तर अधिक है। इधर महिलाओं में आत्मविश्वास की बढ़ोतरी हुई है। उन्होंने सफलता के विविध आयामों को प्राप्त कर लिया है। संघर्ष की इस गौरवगाथा में उन्होंने उल्लेखनीय मुकाम हासिल किये हैं। उनमें हौसला और जुनून है आगे बढ़ने का, कुछ कर दिखाने का, पुरुषों से कमतर न मानने का, उनके साथ कन्धे-से-कन्धा मिलाकर आगे बढ़ते रहने का। यह एक शुभ संकेत है उनके लिए गगन की ऊँचाइयों को मापने का, उन्हें पाने का और स्वयं को प्रूव करने का। वे पारिवारिक और कैरियर की जिम्मेदारियों का एक साथ निर्वाह कर रही हैं और अपने सपनों को साकार कर रही हैं। इस सशक्तीकरण से निश्चित ही उनका भविष्य पूर्वापेक्षा उज्ज्वल है और गतिमान् भी है। उन्नति के पथ पर वे अग्रसर दृष्टिगत हो रही हैं और इसी में अन्तरराष्ट्रीय महिला-दिवस की सार्थकता भी है।

•

स्त्री-शिक्षा

जार्ज हरबर्ट का कथन है—"एक अच्छी माता सौ शिक्षकों के बराबर है।" वास्तव में शिक्षा का ध्येय चरित्र-निर्माण है इसलिए शिक्षित स्त्री माँ के रूप में सहज ही अच्छे संस्कार बच्चों को विरासत के रूप में देती है। शिक्षित महिलाएँ सीमित परिवार की पक्षधर होती हैं इसलिए उनमें अशिक्षित महिलाओं की अपेक्षा जन्म-दर कम होती है। हमारे देश में साक्षरता की दर 74.04 प्रतिशत है लेकिन महिलाओं में यह दर कम है। वर्ष 2011 की गणना के अनुसार पुरुषों में साक्षरता दर 82.14 प्रतिशत है पर दुःखद स्थिति यह है कि महिलाओं में यह दर 65.46 फीसदी ही है। वर्ष 2001 से 2011 तक में महिलाओं में साक्षरता वृद्धि-दर 11.79 प्रतिशत पायी गयी है। भारत में केरल प्रदेश में महिलाओं में साक्षरता दर सर्वाधिक 91.98 फीसदी है जबकि राजस्थान में केवल 52.66 प्रतिशत महिलाएँ साक्षर हैं। देश में कुल 77.84 करोड़ शिक्षित व्यक्तियों में शिक्षित महिलाओं की संख्या 33.42 करोड़ है। 7 वर्ष से अधिक उम्रवालों में 27.29 करोड़ निरक्षर हैं जिनमें 9.65 करोड़ पुरुष और 17.63 करोड़ महिलाएँ निरक्षर हैं। इस दृष्टि से निरक्षर महिलाओं की संख्या निरक्षर पुरुषों की अपेक्षा लगभग दुगनी है। साक्षरता-दर को बढ़ाने के लिए विभिन्न प्रयास किये गये जैसे प्रौढ़ शिक्षा, अनौपचारिक शिक्षा, सर्वशिक्षा अभियान अर्थात् सबके लिए शिक्षा, पत्राचार शिक्षा एवं दूरस्थ शिक्षा आदि लेकिन वस्तुस्थिति यह है कि अब भी चुनौतियाँ कम नहीं हुई हैं। सत्य यह है कि शिक्षा राष्ट्रीय विकास की प्रक्रिया का एक महत्वपूर्ण अंग है।

भारत में वर्ष 2001 की तुलना में सेन्सस के अनुसार वर्ष 2011 तक में 116 प्रतिशत अधिक महिलाओं ने ग्रेजुएशन किया है तथा पोस्टग्रेजुएशन की संख्या में 151 प्रतिशत की बढ़ोतरी हुई है। टीचर्स ट्रेनिंग ग्रेजुएट होनेवाली महिलाओं में एक दशक में 122 प्रतिशत की बढ़ोतरी हुई है। नर्सिंग और मेडिसिन में यह वृद्धि 157 फीसदी है। इसी प्रकार टेक्निकल और प्रोफेशनल डिग्री प्राप्त महिलाओं में 196 प्रतिशत की वृद्धि हुई है। वर्ष 2001 में महिला इंजीनियर्स की संख्या 4.8 लाख थी और अब यह बीस लाख के आँकड़े से अधिक है अर्थात् 326 प्रतिशत तक की वृद्धि महिला इंजीनियर्स की संख्या में हुई है। ग्रेजुएशन लेवल पुरुषों में यह वृद्धि कम रही केवल

65 प्रतिशत ही। इससे स्पष्ट है कि महिलाओं की शिक्षा में पुरुषों की अपेक्षा ज्यादा वृद्धि हुई है, पहले उनकी संख्या कम थी। जागरूकता बढ़ने से उनका एजूकेशन लेवल बढ़ा है। जूनियर हाईस्कूल स्तर पर लड़कियों में 64 प्रतिशत, हाईस्कूल स्तर पर 50 प्रतिशत और इण्टर स्तर पर 146 प्रतिशत की बढ़ोतरी वर्ष 2001 से 2011 के दशक में हुई है। शिक्षित महिलाओं को रोजगार के अवसर मुहैया कराने पर निश्चित ही पूर्वापेक्षा उनका शैक्षिक उन्नयन और ज्यादा होगा। नेशनल सैम्पल सर्वे के अनुसार सात वर्ष से अधिक उम्र के लोगों की साक्षरता दर पुरुष-वर्ग में 83 प्रतिशत है और महिलाओं में 67 प्रतिशत है। शहरी क्षेत्र में 17 प्रतिशत पुरुष स्नातक या उससे ऊँची शिक्षा प्राप्त हैं जबकि महिलाओं में यह केवल 13 प्रतिशत है। गाँव और शहरों में प्रत्येक दो किलोमीटर की दूरी पर प्राइमरी स्कूल हैं। सेकेण्डरी स्कूल की दृष्टि से केवल 60 प्रतिशत ग्रामीण लोगों को तथा 91 प्रतिशत शहरी लोगों को दो किलोमीटर की दूरी पर यह सुविधा उपलब्ध है। नेशनल सैम्पल सर्वे आर्गेनाइजेशन (एन. एस. एस. ओ.) के सर्वे के अनुसार मुस्लिमों के 6 से 14 वर्ष के आयु-वर्ग के 25 प्रतिशत बच्चे या तो स्कूल नहीं जा पाते हैं या बीच में पढ़ाई छोड़ देते हैं। उत्तर प्रदेश सरकार अल्पसंख्यकों की बालिकाओं की शिक्षा अथवा विवाह हेतु तीस हजार रूपये का अनुदान देती है।

प्रसिद्ध साहित्यकार आचार्य महावीरप्रसाद द्विवेदी का कथन है—"जो यह कहते हैं कि पुराने जमाने में स्त्रियाँ नहीं पढ़ती थीं या उन्हें पढ़ने की मनाही थी वे या तो इतिहास से अनभिज्ञता रखते हैं या जान-बूझकर धोखा देते हैं।" इतिहास के परिप्रेक्ष्य से यह विदित होता है कि वैदिक काल में बालिकाओं को बालक के समान शिक्षा दी जाती थी। उन्हें धर्म, साहित्य के साथ नृत्य, संगीत, गायन एवं काव्य-रचना आदि की शिक्षा दी जाती थी। सह-शिक्षा का निषेध नहीं था और न यह अधिक प्रचलित थी। उपनिषद् में गार्गी द्वारा याज्ञवल्क्य को शास्त्रार्थ की चुनौती दी गयी थी। इस काल में स्त्री-शिक्षा उत्कर्ष पर थी। बौद्ध-काल में महिला विहारों में स्त्रियाँ शिक्षिकाएँ थीं जो उपाध्याया कहलाती थीं। फिर भी इस काल में स्त्री-शिक्षा सामान्य रूप से उपेक्षित ही रही जिसका एक कारण बाल-विवाह के चलन का आरम्भ होना था। मुस्लिम-काल अर्थात् 1200 ई. से 1700 ई. के मध्य पर्दा-प्रथा का चलन बढ़ा और स्त्री-शिक्षा का प्रचार-प्रसार कम रहा। बालिकाएँ मकतबों में जाकर शिक्षा ग्रहण करती थीं या घर पर ही शिक्षा प्राप्त करती थीं। इस काल में उन्हें धर्मशास्त्र, गृहशास्त्र एवं विभिन्न कलाओं की तालीम दी जाती थी। इस काल की प्रसिद्ध विदुषी बाबर की पुत्री गुलबदन और औरंगजेब की पुत्री जेबुन्निसा आदि रहीं। 1854 के वुड घोषणा-पत्र में स्त्री-शिक्षा के लिए धन देनेवालों की सराहना की गयी और स्त्री-शिक्षा के विद्यालयों को वित्तीय अनुदान दिये जाने की संस्तुति की गयी साथ ही यह विश्वास व्यक्त किया गया कि स्त्री-शिक्षा भारतीयों के नैतिक स्तर के उन्नयन में सहायक होगी। ब्रिटिश-काल में हण्टर कमीशन (1882-83) ने महिला-शिक्षा को प्रोत्साहन देने की बात कही साथ ही उनके लिए भिन्न पाठ्यक्रम

के निर्माण की संस्तुति की गयी। निःशुल्क शिक्षा और छात्रवृत्तियाँ बालिकाओं को प्रदान किये जाने की संस्तुति की गयी। उनके लिए छात्रावासों की व्यवस्था, स्त्री शिक्षिकाएँ और सुशिक्षित महिला निरीक्षिकाओं की आवश्यकता पर बल दिया गया है।

लॉर्ड कर्जन की शिक्षा-नीति के घोषित होने के पश्चात् राष्ट्रीय आन्दोलनों ने जोर पकड़ा और राष्ट्रीय शिक्षा के विकास को महत्त्व दिया गया। यह दौर गुरुदास बनर्जी, रवीन्द्रनाथ टैगोर, आर्य प्रतिनिधि सभा और कांग्रेस के अधिवेशनों का था जिसके अन्तर्गत राष्ट्रीय स्कूलों की स्थापना की गयी। इस समय गोखले ने वर्ष 1911 में शिक्षा-सम्बन्धी विधेयक प्रस्तुत किया और तत्कालीन सरकार ने शिक्षा-नीति-सम्बन्धी प्रस्ताव पारित किया जिसमें बालिकाओं के लिए व्यावहारिक पाठ्यक्रम के निर्माण की बात कही गयी, परीक्षाओं को कम महत्त्व दिये जाने और महिला शिक्षिकाओं एवं निरीक्षिकाओं की संख्या में वृद्धि किये जाने की आवश्यकता को महत्त्व दिया गया। 1936-37 के वुड-ऐबट रिपोर्ट में पूर्व प्राथमिक या शिशु शिक्षा के लिए महिला शिक्षिकाओं की नियुक्ति किये जाने को आवश्यक बताया गया। स्वतन्त्रता-प्राप्ति के पश्चात् साक्षरता-दर को बढ़ाने का प्रयास किया गया जिससे महिलाओं की साक्षरता-दर में बढ़ोतरी हुई और पूर्व में स्त्री-पुरुषों के मध्य साक्षरता-दर में जो अधिक अन्तर था उसमें गिरावट आयी। वर्ष 1948-49 में विद्यालयीय शिक्षा के लिए राधाकृष्णन आयोग और वर्ष 1952-53 में माध्यमिक शिक्षा के लिए मुदालियर कमीशन का गठन हुआ। गुरुदेव रवीन्द्रनाथ टैगोर ने कहा है कि, "विश्वविद्यालय महान् व्यक्तियों के निर्माण के कारखाने हैं और अध्यापक उन्हें बनानेवाले कारीगर हैं।" इस सन्दर्भ में राधाकृष्णन आयोग ने स्त्री-शिक्षा के सम्बन्ध में विभिन्न संस्तुतियाँ कीं जो इस प्रकार हैं—"स्त्री-शिक्षा की सुविधाओं का विस्तार, सहशिक्षात्मक विद्यालयों की संख्या में बढ़ोतरी, स्त्रियों को उनके अनुरूप शिक्षा की व्यवस्था, महिलाओं को समान कार्य के लिए समान वेतन और महिला शिक्षा में गृहविज्ञान, अर्थशास्त्र, गृह प्रबन्ध और ललित कलाओं की शिक्षा की व्यवस्था आदि।" वर्ष 1964-66 में कोठारी कमीशन या राष्ट्रीय शिक्षा आयोग गठित किया गया। इस आयोग ने प्रौढ़ शिक्षा के संचालन पर बल दिया जिससे अधिक उम्र की महिलाएँ भी साक्षरता से कमोबेश लाभान्वित हुईं।

भारतीय संविधान के अनुच्छेद 15 (3 तथा 4) में महिलाओं और सामाजिक दृष्टि से पिछड़े लोगों की शिक्षा के उपबन्ध बनाने में कोई प्रतिबन्ध नहीं लगाया गया और राज्यों को इस हेतु स्वतन्त्रता दी गयी। राष्ट्रीय शिक्षा-नीति पर 1968, 1979, 1986 और 1992 में कार्य हुआ। समय की माँग और आवश्यकतानुसार इस शिक्षा-नीति में बदलाव भी होता रहा। वर्ष 1992 की राष्ट्रीय शिक्षा-नीति में महिलाओं के उन्नयन हेतु महिला-शिक्षा पर विशेष ध्यान दिये जाने की संस्तुति की गयी है। पुरुष एवं महिला में भेद-भाव (Gender Difference) को कम करने हेतु प्राविधिक एवं व्यावसायिक शिक्षा में महिलाओं को समुचित स्थान दिये जाने तथा पाठ्यक्रम एवं पाठ्य-पुस्तकों के चयन

में भेद-भाव दूर करने की संस्तुति की गयी है। राष्ट्रीय प्रतिरक्षा अकादमी, सैनिक स्कूल, केन्द्रीय विद्यालय, नवोदय विद्यालय एवं राष्ट्रीय मुक्त विश्वविद्यालय आदि राष्ट्रीय महत्त्व की शिक्षा संस्थाएँ हैं। दूरस्थ शिक्षा, पत्राचार शिक्षा, भारतीय प्रौद्योगिक संस्थान, भारतीय प्रबन्ध संस्थान, विश्वविद्यालय अनुदान आयोग और गुरुकुल शिक्षा-प्रणाली से शिक्षा का विस्तार हुआ है साथ ही गुणात्मक शिक्षा का विकास हुआ है जिससे महिला-शिक्षा का भी उन्नयन हुआ। महिलाओं हेतु कतिपय विशिष्ट शिक्षण संस्थाएँ जैसे कन्या गुरुकुल देहरादून, आर्य कन्या महाविद्यालय बड़ौदा, कन्या गुरुकुल सासनी, कन्या महाविद्यालय जालन्धर, आर्य कन्या महाविद्यालय पोरबन्दर, विश्वभारती बनस्थली विद्यापीठ, कस्तूरबा गाँधी बालिका विद्यालय आदि बालिकाओं की शिक्षा के सुदृढ़ विकास में योगदान दे रही हैं। कई अभिभावक या माता-पिता का बालिकाओं की शिक्षा के प्रति समुचित दृष्टिकोण नहीं है जो महिला-शिक्षा की प्रगति में बाधक है। अतः इस प्रकार के पक्षपातपूर्ण एवं संकीर्ण दृष्टिकोण को दूर किये जाने की नितान्त आवश्यकता है।

वर्ष 2011 में पुरुष और महिला साक्षरता के मध्य अन्तर 16.88 प्रतिशत का है जो वर्ष 1951 से लेकर अब तक में सबसे कम अन्तर है लेकिन इस अन्तर को दूर किये जाने की आवश्यकता है और साक्षरता प्रतिशत बढ़ाये जाने की भी। विक्टर ह्यूगो का कथन है कि पुरुष को दृष्टि होती है और नारी को अन्तर्दृष्टि। लॉ मारटाइन ने कहा है कि सम्पूर्ण महान् वस्तुओं के मूल में नारी का वास होता है। नारी के इन गुणों का विकास समुचित शिक्षा द्वारा ही सम्भव है। वर्तमान में शिक्षित नारी जीवन के प्रत्येक क्षेत्र में पुरुष से मुकाबला कर रही है। वास्तविकता तो यह है कि बालिका की शिक्षा परिवार की शिक्षा है। वह दोनों परिवारों को शिक्षा के प्रकाश से आलोकित करती है। विवाह से पूर्व अपने माता-पिता के परिवार को तथा विवाहित हो जाने पर गृहिणी के रूप में पति संग परिवार को तभी शिक्षित समाज का निर्माण हो पाता है। बालक की प्रथम शिक्षिका उसकी माँ होती है। यदि कन्या सुशिक्षित है तो निश्चय ही भावी पीढ़ी सुशिक्षित होगी। नेपोलियन का कहना था कि, "मुझे सुशिक्षित माताएँ दो, मैं एक सुशिक्षित राष्ट्र का निर्माण कर दूँगा।" इससे सिद्ध होता है कि महिला-शिक्षा अनिवार्य है। विश्वविद्यालय शिक्षा आयोग का मत है कि स्त्री-शिक्षा के बिना लोग शिक्षित नहीं हो सकते हैं। समाज का नवनिर्माण तभी हो सकता है जब महिलाओं को पुरुषों के समान शिक्षा का समान अवसर मिले। बौद्ध-काल में शुभा, अनुपमा और सुमेधा आदि विदुषियाँ थीं। ईस्ट इण्डिया कम्पनी के शासनकाल में स्त्री-शिक्षा उपेक्षित रही। ईसाई मिशनरियों द्वारा स्त्री-शिक्षा का विकास प्रारम्भ हुआ। वर्ष 1913 में दिल्ली में लेडी हार्डिंग मेडिकल कॉलेज की स्थापना हुई। महात्मा गाँधी आदि राष्ट्रीय नेताओं ने स्त्री-शिक्षा के लिए महत्त्वपूर्ण योगदान दिया। शिक्षित स्त्री परिवार को सुखी बनाने में योगदान देती है और सामाजिक प्रगति के लिए भी स्त्री-शिक्षा आवश्यक है। राजनैतिक क्षेत्र में भी

स्त्रियाँ योगदान दे रही हैं और सम्पूर्ण विश्व में उनकी सराहना भी हुई है। शिक्षित नारी परिवार की आर्थिक समस्याओं को सुलझाने में जीविकोपार्जन कर योगदान देती हैं।

भारत में 69 फीसदी शिक्षा का लक्ष्य 1999 में प्राप्त किया गया। वर्ष 2009 तक यह लक्ष्य और बढ़ाया गया। आज भी स्थिति यह है कि लगभग छह करोड़ बच्चे विद्यालय नहीं जा पाते हैं। हमारे देश में लगभग पाँच लाख शिक्षकों की कमी है। शिक्षा पर जी. डी. पी. का केवल चार प्रतिशत खर्च होता है जबकि लक्ष्य छह प्रतिशत खर्च करने का है। वर्ष 2011 के अनुसार हमारे देश में 26 प्रतिशत लोग अशिक्षित हैं। अन्य देशों से तुलना करें तो चीन में 7 प्रतिशत, रूस में 0.6 प्रतिशत तथा ब्राजील में 10 प्रतिशत लोग ही अशिक्षित हैं। हमारे यहाँ पढ़ाई करनेवाले बच्चों में केवल 15 प्रतिशत लोग हाईस्कूल कर पाते हैं तथा 7 प्रतिशत लोग ग्रेजुएशन की शिक्षा पूर्ण करते हैं। ह्यूमन रिसोर्स डेवलपमेण्ट मन्त्रालय की रिपोर्ट के अनुसार जूनियर हाईस्कूल यानी कक्षा आठ तक में ड्राप आउट का प्रतिशत 40.6 है। शिक्षा के अधिकार अधिनियम के अनुसार 60 बच्चों पर दो, 61 से 90 बच्चों पर तीन, 91 से 120 बच्चों पर चार और 121 से 200 बच्चों पर पाँच शिक्षक तथा 150 से अधिक बच्चों के प्राथमिक स्कूल में होने पर एक प्रधानाध्यापक भी होना चाहिए। एनुअल स्टेट्स ऑफ एजूकेशन रिपोर्ट, 2013 के अनुसार उत्तर प्रदेश के 42 हजार से अधिक परिषदीय स्कूलों में एकल शिक्षक है। 6,828 परिषदीय स्कूलों में शिक्षक ही नहीं हैं। किसी प्रकार अन्य विद्यालयों से शिक्षक या शिक्षामित्रों को सम्बद्ध कर कार्य चलाया जा रहा है। प्रतिवर्ष 12 से 14 हजार शिक्षक सेवानिवृत्त होते हैं। प्रदेश में वर्ष 2014 से पूर्व परिषदीय विद्यालयों का विवरण इस प्रकार है—प्राथमिक स्कूलों की संख्या 1,13,197, उच्च प्राथमिक स्कूल 46,133, शिक्षकों के सृजित पद 3,65,881, कार्यरत शिक्षक 1,70,037, शिक्षामित्रों के सृजित पद 1,75,917, कार्यरत शिक्षामित्र 1,66,822! आर. टी. ई. मानक के अनुसार प्राइमरी में 4,56,486 शिक्षक होने चाहिए। इसी प्रकार उच्च प्राथमिक विद्यालयों में 1,71,355 शिक्षक होने चाहिए। लगभग 2500 परिषदीय विद्यालयों में पीने के पानी की सुविधा उपलब्ध नहीं है। सर्वशिक्षा अभियान की समीक्षा के अनुसार 12,112 परिषदीय विद्यालयों में बालिकाओं के लिए शौचालय नहीं हैं। जहाँ शौचालय हैं भी उनमें कई निष्क्रिय हैं अर्थात् उपयोग हेतु अनुपयुक्त हैं। विश्व के निरक्षर युवाओं के 37 फीसदी निरक्षर भारत में हैं। देश में सार्वभौमिक साक्षरता-दर महिलाओं में 2,080 तक प्राप्त होने का अनुमान है। 'असर' की वार्षिक रिपोर्ट में किये गये सर्वे के अनुसार—शिक्षक छात्र अनुपात के मानक के अनुसार उत्तर प्रदेश के 21.3 प्रतिशत विद्यालय (प्राथमिक एवं उच्च प्राथमिक) ऐसे हैं जो मानक पूरा करते हैं। 80.9 प्रतिशत विद्यालयों में पेयजल उपलब्ध हैं जबकि सम्पूर्ण भारत में यह 78.8 प्रतिशत के लगभग है। 79.9 प्रतिशत स्कूलों में लड़कियों के लिए अलग से शौचालय है पर इनमें उपयोग लायक 44.3 प्रतिशत ही हैं। योजना आयोग के अनुसार 6 से 14 वय-वर्ग के लगभग 95 प्रतिशत

बच्चों का नामांकन है। ड्राप आउट रेट चालीस प्रतिशत तक हो गया है। कथन है कि, "A good teacher is of more use than a hundred Priests." अर्थात् सौ धर्म-प्रचारकों या धर्मोपदेशकों से अधिक उपयोगी एक अच्छा शिक्षक है। अतः बच्चों को सुशिक्षित करने हेतु शिक्षकों की कमी को दूर करना आवश्यक है।

स्त्री-शिक्षा की प्रगति न हो पाने के कई कारक हैं जिसमें सामाजिक रूढ़ियाँ, बालिका विद्यालयों की कमी, अध्यापिकाओं की कमी, अशिक्षा और आर्थिक कठिनाइयाँ आदि हैं। इसके अतिरिक्त उपयुक्त पाठ्यक्रम का न होना, अभिभावकों का संकीर्ण दृष्टिकोण, सरकार तथा प्रशासन की उदासीनता आदि कारण भी उत्तरदायी हैं। केन्द्र सरकार को चाहिए कि महिलाओं के लिए शिक्षा-नीति निर्धारित करे और सभी राज्यों में उसका क्रियान्वयन हो। ग्रामीण क्षेत्रों में बालिकाओं के लिए शिक्षा-सुविधाओं का विस्तार हो, प्राथमिक एवं माध्यमिक स्तर पर बालिकाओं के लिए विद्यालयों की संख्या में बढ़ोतरी हो, प्रशिक्षित अध्यापिकाओं की संख्या बढ़ायी जाये तथा महिला-शिक्षा हेतु प्रशासन में भी सुधार हो। वयस्क या प्रौढ़ महिलाएँ जो अशिक्षित हैं उनकी शिक्षा पर समुचित ध्यान दिया जाये। समाज का भी दायित्व है कि संकीर्ण मनोवृत्तियों से ऊपर उठें, बालिकाओं की शिक्षा में रुचि लें और स्त्री-शिक्षा के लिए प्रगतिशील दृष्टिकोण अपनायें। संविधान द्वारा स्त्री-पुरुष को समान अधिकार प्राप्त है। महिलाओं को चाहिए कि वे संगठित होकर स्त्री-शिक्षा की व्यवस्था के लिए आवाज उठायें और बालिकाओं की शिक्षा की हिमायती बनें, लिंग-भेद की भावना को समाप्त करें जिससे उन्नति के पथ पर शिक्षा ग्रहण कर वे बालिकाएँ अग्रसर हो सकें।

भारत के प्रथम प्रधानमन्त्री जवाहरलाल नेहरू का कथन है—"शिक्षा का उद्देश्य मनुष्य के मन को मुक्त करना है न कि उसे बाँधे हुए चौखटों में बन्द करना है। शैक्षिक प्रक्रिया को अनिवार्यतः महिलाओं और पुरुषों की आयु के अनुरूप तथा उनके द्वारा किये जानेवाले कार्यों के समुचित विकास में मददगार होना चाहिए। सम्भवतः इसे बालक-बालिकाओं के चरित्र-निर्माण तथा जीवन के प्रति सही दृष्टिकोण अपनाने के कतिपय बुनियादी पहलुओं से सम्बद्ध होना चाहिए।" 1951 में महिला साक्षरता दर 8.86 प्रतिशत थी जो वर्ष 2011 में बढ़कर 65.48 फीसदी है तथा उत्तर प्रदेश में 59.26 प्रतिशत है। पहली एवं दूसरी कक्षा तक लगभग 40 प्रतिशत लड़कियाँ पढ़ाई छोड़ देती हैं तथा पाँचवीं कक्षा तक लगभग सत्तर प्रतिशत तक ड्राप आउट हो जाती हैं। महिलाओं में शिक्षा की कमी के विविध कारण हैं। प्रमुख कारण आर्थिक विषमता है। जनसंख्या वृद्धि के कारण परिवार की क्रय-शक्ति घटती है। सांस्कृतिक प्रतिबन्ध, परम्पराएँ एवं वर्जनाएँ भी उनकी शिक्षा के मार्ग के अवरोधक हैं। महात्मा गाँधी का कहना था कि, "एक पुरुष के पढ़ाने से एक व्यक्ति पढ़ेगा लेकिन एक महिला को पढ़ाने से पूरा परिवार पढ़ जायेगा।" महिला समाख्या (एम. एस.) कार्यक्रम राष्ट्रीय शिक्षा-नीति का महत्त्वपूर्ण अंग है जो महिला-शिक्षा के प्रति प्रतिबद्ध है और सकारात्मक कार्रवाई करता है। राष्ट्रीय शिक्षा संस्थान भी इस दिशा में कार्यरत है लेकिन अपेक्षित

लाभ नहीं हो पा रहा है। वर्तमान में महिलाओं की उच्च शिक्षा के लिए समुचित प्रबन्ध नहीं है। 0-6 आयु वर्ग की लड़कियों में उत्तर प्रदेश में 2001 की तुलना में वर्ष 2011 में 6.88 प्रतिशत की कमी हुई है। विचित्र बात यह है कि उत्तर प्रदेश के जिन जिलों में साक्षरता दर कम है वहाँ लड़कियों का अनुपात बढ़ा है जैसे बलरामपुर, बहराइच, मुरादाबाद और सिद्धार्थनगर आदि इसी के साथ हरदोई, बलिया, कुशीनगर, बिजनौर और सोनभद्र आदि जिलों में लिंगानुपात में सुधार हुआ है लेकिन बागपत, बुलन्दशहर, गाजियाबाद, मुजफ्फरनगर, सहारनपुर, ज्योतिबा फुले नगर, मेरठ, गौतम बुद्ध नगर, अलीगढ़, महामायानगर, फर्रूखाबाद, कन्नौज, इटावा, औरैया, कानपुर देहात, कानपुर, नगर, जालौन, झाँसी, हमीरपुर, महोबा, बाँदा, वाराणसी, सन्त रविदास नगर और एटा आदि में से लिंगानुपात में काफी कमी आयी है। 0-6 आयु वर्ग में बच्चों की कुल संख्या में से उत्तर प्रदेश में लड़कों की संख्या 1,65,09,033 है तथा लड़कियों की संख्या 1,51,15,595 है। महिलाओं के अधिक-से-अधिक शिक्षित होने से ही देश की प्रगति सम्भव है।

यौन शिक्षा

कई बच्चे चौदह वर्ष की आयु में ही सेक्स सम्बन्ध बना लेते हैं। 13 से 19 आयु-वर्ग के पन्द्रह हजार बच्चों पर एक सर्वे किया गया। ये बच्चे आठ मेट्रो और बारह शहरों से सम्बन्धित थे। सर्वे से यह तथ्य ज्ञात हुआ कि 8.9 प्रतिशत बच्चे यौन संक्रामक रोग से पीड़ित हो चुके हैं। वर्ष 2006 में किये गये नेशनल हेल्थ सर्वे के अनुसार 15 से 24 वर्ष तक की आयु के लोगों में 22 प्रतिशत तक लड़कों ने तथा 6 फीसदी तक लड़कियों ने कम उम्र में ही शारीरिक सम्बन्ध बना लिये थे। शारीरिक सम्बन्ध बनानेवाले लड़कों ने 15.25 की औसत आयु में तथा लड़कियों ने 16.66 की औसत आयु में सेक्स सम्बन्ध का अनुभव प्राप्त कर लिया था। यौन शिक्षा या सेक्स एजूकेशन की आवश्यकता इसलिए भी है क्योंकि किशोर-काल में जिस विशेष ऊर्जा का संचार होता है उसको चैनलाइज करने की जरूरत है। वर्ल्ड हेल्थ ऑर्गेनाइजेशन भी किशोरावस्था में ही सेक्स एजूकेशन दिये जाने की पक्षधर है। इस शिक्षा से सेक्स से जुड़ी समस्याओं का समाधान सम्भव है, एड्स जैसी, गम्भीर बीमारियों से बचाव के साथ सेक्स क्राइम में भी कमी आना सम्भव है जैसा कि स्वीडन और नार्वे आदि देशों में हुआ है। लड़कियों में बदलाव पूर्व किशोरावस्था अर्थात् 13 से 15 वर्ष की आयु में आना शुरू हो जाता है। अतः दस या बारह वर्ष की आयु से इस प्रकार की शिक्षा देने से एड्स अनचाहे गर्भ और सेक्सुअल बीमारियों से बचाव हो सकेगा। हमारे देश में लगभग एक-तिहाई लोग किशोर एवं आरम्भिक युवावस्था के हैं अतः इनके लिए यह शिक्षा उपयोगी होगी ओर देश के विकास में सहायक भी होगी।

महिलाओं की शिक्षा के लिए आर्थिक कठिनाइयों के कारण पृथक् से विद्यालय यदि न खोले जा सकें तो सहशिक्षा के माध्यम से इस कमी को दूर किया जा सकता है। सहशिक्षा का अर्थ है कि बालक और बालिकाएँ एक स्थान पर एक ही संस्था में समान ढंग से शिक्षा प्राप्त कर सकें। सहशिक्षावाले संस्थानों में बालकों के लिए कृषि, तकनीकी

और सैन्यविज्ञान आदि विषयों की शिक्षा की व्यवस्था होती है वहीं पर बालिकाओं के लिए गृहविज्ञान, चित्रकारी, संगीत और सिलाई आदि विषयों के शिक्षण की व्यवस्था होनी चाहिए। प्रायः लोग प्राथमिक स्तर पर सहशिक्षा का विरोध नहीं करते पर माध्यमिक स्तर से वे सहशिक्षा के पक्षधर नहीं होते हैं। हमारे देश में वैदिक काल में सहशिक्षा थी और बौद्ध-काल में भी गुरुकुलों एवं बौद्ध विहारों में सहशिक्षा थी। मध्यकाल में पर्दाप्रथा के कारण सहशिक्षा का चलन नहीं था। आधुनिक काल में सहशिक्षा के पक्ष एवं विपक्ष में लोगों के अपने मत हैं। ज्यादातर ग्रामीण क्षेत्रों में लोग सहशिक्षा को उपयुक्त नहीं मानते हैं। उनका कहना है कि लड़कों-लड़कियों में परस्पर आकर्षण बढ़ने से समय नष्ट होता है, अध्ययन भी प्रभावित होता है और यह भारतीय संस्कृति के अनुकूल नहीं है साथ ही संकोच के कारण अभिव्यक्ति बाधित होती है जिसका प्रभाव नेतृत्व के विकास पर पड़ता है फिर भी परस्पर स्पर्द्धा बढ़ने से प्रेरणा मिलती है सहशिक्षा से और अच्छा परफार्म करने के लिए। शिक्षण-सामग्री का अधिक उपयोग हो जाता है। एक-दूसरे के प्रति जिज्ञासा या कौतूहल की मनोवृत्ति सन्तुष्ट होती है और परस्पर विश्वास उत्पन्न होता है जिससे लड़कियों के प्रति दूषित मनोवृत्ति में कमी आती है। सहशिक्षावाली संस्थाओं में लड़कियों के लिए बैठक व्यवस्था कक्षा में ही पृथक् से होनी चाहिए। उनके लिए पृथक् विश्राम-कक्ष हो तथा प्रयोगशाला एवं पुस्तकालय में ऐसी व्यवस्था हो जिससे लड़कियों को कोई असुविधा न हो। कतिपय विषयों जैसे गृहविज्ञान, कला और संगीत के शिक्षण की व्यवस्था अलग होना उचित होगा। यौन शिक्षा अवस्था के अनुसार दी जानी चाहिए। अच्छा होगा कि थोड़ा पहले ही सम्भावित शारीरिक एवं मानसिक परिवर्तनों के विषय में उन्हें जानकारी दी जाये जिससे वे गलत राह पर अग्रसर न हो सकें। वर्तमान में यौन शिक्षा पर भी विवाद है फिर भी अधिकांश शिक्षाविद् एवं मनोवैज्ञानिक इसको दिये जाने के पक्ष में हैं क्योंकि इससे एक-दूसरे के प्रति स्वस्थ दृष्टिकोण का विकास होता है। लड़कियों के लिए पाठ्य सहगामी क्रियाओं की व्यवस्था होनी चाहिए यथा खेलकूद, गाइडिंग, समाजसेवा एवं सांस्कृतिक कार्यक्रमों में भाग लेने की सुविधा आदि। इससे लड़कियों की बहुमुखी प्रतिभा का विकास होगा। संस्थान में अध्यापिकाओं की संख्या लड़कियों की संख्या के अनुसार होनी चाहिए। अनुशासन के प्रति सतर्कता बरतनी आवश्यक है जिससे वे अनैतिकता की ओर उन्मुख न हो सकें। निर्देशन प्रदान करने से अभिभावकों की संकीर्ण विचारधारा को दूर करने में मदद मिलेगी और बालिकाओं की शैक्षिक समस्याओं का निराकरण भी हो सकेगा।

स्वतन्त्रता-प्राप्ति के पश्चात् स्त्री-शिक्षा में प्रगति अवश्य हुई है पर यह प्रगति अपेक्षा के अनुरूप नहीं है। आवश्यकता इस बात की है कि लिंग-भेद की भावना दूर की जाये। हमारे संविधान के अनुच्छेद 15(1), 16(1) और 16(2) में लिंग के आधार पर भेद-भाव किये जाने का निषेध है। विश्वविद्यालय आयोग, 1948 ने स्त्रियों के लिए शिक्षा के अवसरों की वृद्धि, उचित मार्गदर्शन, उचित प्रशिक्षण एवं शैक्षिक परामर्श दिये जाने की संस्तुति की है। माध्यमिक शिक्षा आयोग, 1952 ने भी महिला शिक्षा के प्रसार की

आवश्यकता पर बल दिया है और गृहविज्ञान की शिक्षा के लिए विशेष विद्यालय तथा बालिकाओं के विद्यालयों की संख्या में बढ़ोतरी हेतु सुझाव दिया है। वर्ष 1958 में दुर्गाबाई देशमुख की अध्यक्षता में राष्ट्रीय महिला शिक्षा आयोग गठित किया गया। इस समिति के सुझाव थे कि महिला शिक्षा की ओर विशेष ध्यान दिया जाये, प्रशासनिक व्यवस्था पृथक् से हो, महिला-शिक्षा के विस्तार की नीति क्रियान्वित हो और इसके लिए केन्द्र से राज्य सरकारों को बजट मुहैया कराया जाये। समान शिक्षा दी जाये, ग्रामीण क्षेत्रों में महिला शिक्षा का विस्तार हो, राष्ट्रीय महिला शिक्षा परिषद् का गठन हो और राज्य परिषदें भी स्थापित की जायें। वर्ष 1962 में राष्ट्रीय शिक्षा परिषद् में श्रीमती हंसा मेहता समिति गठित की गयी। जिसने बालिकाओं के लिए व्यावसायिक शिक्षा संस्थाएँ खोले जाने का सुझाव दिया। वर्ष 1963 में भक्तवत्सलम समिति ने स्त्री-शिक्षा के लिए लोकमत जागृत करने तथा प्रौढ़ महिलाओं के लिए संक्षिप्त पाठ्यक्रम की अनुशंसा की। वर्ष 1966 में प्रस्तुत कोठारी आयोग द्वारा प्रतिवेदन में कहा गया कि बालिकाओं की शिक्षा के लिए यथेष्ट प्रयास किये जायें। उनके लिए अल्पकालीन एवं व्यावसायिक शिक्षा का प्रबन्ध हो, छात्रवृत्तियाँ दी जायें, निःशुल्क छात्रावास उपलब्ध कराया जाये और उच्च शिक्षा के लिए प्रोत्साहन दिया जाये। महिलाओं की शिक्षा के लिए अनुसन्धान इकाइयाँ गठित की जायें। वर्ष 1986 की राष्ट्रीय शिक्षा-नीति में स्त्री अध्ययन को तथा स्त्री विकास को बढ़ावा देने, व्यावसायिक, तकनीकी और वृत्तिक शिक्षा में उनकी भागीदारी बढ़ाने पर बल दिया गया। वर्ष 1991 में प्रो. राममूर्ति समिति ने महिला अनुसन्धान केन्द्रों की स्थापना पर बल दिया। वर्ष 1989 में महिला समाख्या योजना आरम्भ हुई। इसके अन्तर्गत आठ राज्यों के इक्यावन जिलों में यह योजना संचालित की गयी। लड़कियों के लिए अनौपचारिक शिक्षा केन्द्र संचालित हुए। इस योजना में ड्राप आउट और पन्द्रह वर्ष या उससे अधिक आयुवाली महिलाओं के लिए हुनर के प्रशिक्षण की व्यवस्था की गयी। जिससे वे आत्मनिर्भरता की ओर उन्मुख हो सकें। नवोदय विद्यालयों में 33 प्रतिशत स्थान बालिकाओं के लिए रखे गये हैं। स्त्री-शिक्षा के विकास हेतु विवाह अधिनियम में कन्याओं के विवाह की न्यूनतम आयु अट्ठारह वर्ष निर्धारित की गयी तथा अन्तर्जातीय विवाह को वैध माना गया। वर्ष 1990 में राष्ट्रीय महिला आयोग अधिनियम बनाया गया जिसमें महिलाओं को कानूनी सुरक्षा दिये जाने का प्रावधान है। मानविकी विज्ञान, सामाजिक विज्ञान, इंजीनियरिंग एवं प्रौद्योगिकी में पोस्ट डाक्टरल अनुसन्धान के लिए अंशकालीन एसोशिएटशिप की व्यवस्था की गयी है। स्त्री-शिक्षा के विस्तार एवं साक्षरता वृद्धि से ही महिलाओं का कल्याण सम्भव है। उनकी उन्नति से समाज व देश का सम्यक् विकास होगा जिससे नैतिक मूल्य भी विकसित होंगे और उनकी शिक्षा में वृद्धि से नौनिहालों का शैक्षिक एवं सांस्कारिक विकास होगा। अतः सरकार व समाज का दायित्व है कि महिलाओं की साक्षरता दर शत-प्रतिशत किये जाने का प्रयास किया जाये तभी उनका चहुँमुखी विकास होगा और विकसित राष्ट्र के रूप में हमारा देश प्रगति की ओर उन्मुख होगा।

नारी-स्वास्थ्य

स्वास्थ्य जीवन की अमूल्य निधि है। शारीरिक एवं मानसिक दोनों रूप से स्वस्थ होने पर ही व्यक्ति को स्वस्थ कहा जा सकता है। विश्व स्वास्थ्य संगठन के अनुसार–"स्वस्थ रहने का अभिप्राय बीमारियों की केवल अनुपस्थिति ही नहीं है। स्वास्थ्य एक ऐसी स्थिति है जिसमें व्यक्ति मानसिक व शारीरिक रूप से पूर्ण स्वस्थ रहने के अलावा सामाजिक रूप से भी स्वयं को उत्तरदायी महसूस करता है।" स्वास्थ्य की दृष्टि से महिलाओं की स्थिति सन्तोषजनक कदापि नहीं कही जा सकती है। स्वस्थ महिलाओं में सन्तोष, सक्रियता, आत्मविश्वास, समायोजनशीलता, आशावादिता, तनावहीनता, जीवन-लक्ष्य के प्रति उन्मुखता, सांवेगिक सन्तुलन और समय प्रबन्धन आदि प्रचुर मात्रा में होता है। अच्छे स्वास्थ्य से जीवन-विस्तार (Life Span) बढ़ता है।

ग्रामीण क्षेत्रों में स्वास्थ्य सुविधाएँ अपर्याप्त हैं। जटिलताओंवाली गर्भवती महिलाओं को कभी-कभी खून चढ़ाने या ऑपरेशन कराने के लिए दूरस्थ स्वास्थ्य केन्द्रों पर रेफर किया जाता है। ग्रामीण चिकित्सा केन्द्रों पर ब्लड गैस एनालिसिस सुविधा की कमी है। इण्डियन नर्सिंग काउन्सिल की रिपोर्ट के अनुसार तीन बेड पर एक नर्स तथा आई. सी. यू. के प्रत्येक बेड के हिसाब से एक नर्स होनी चाहिए। इस दृष्टि से नर्सों की पर्याप्त कमी है। उत्तर प्रदेश में जननी सुरक्षा योजना में प्रसूताओं को एक हजार चार सौ रुपये का चेक दिया जाता है नवजात शिशु की देख-रेख हेतु। नवजात शिशुओं में प्रति हजार में 67 बच्चे काल-कवलित हो जाते हैं तथा प्रति लाख महिलाओं में प्रसव के दौरान 301 महिलाओं की मृत्यु हो जाती है। गर्भवती स्त्री यदि मधुमेह से पीड़ित है तो जन्म लेनेवाला शिशु इससे प्रभावित हो सकता है। गर्भकालीन मधुमेह को जेस्टेशन डायबिटीज मेलिटस भी कहते हैं। गर्भवती स्त्रियों में लगभग पन्द्रह प्रतिशत लोगों को यह रोग हो सकता है। बहुत-सी स्त्रियों को इसके गम्भीर परिणाम का ज्ञान ही नहीं होता है। उन्हें यह पता ही नहीं है कि गर्भकाल में इस रोग की जाँच कब करवानी चाहिए। समुचित जाँच से माँ और होनेवाले बच्चे दोनों के जान की सुरक्षा की जा सकती है। कुछ राज्यों की सरकारों ने गर्भवती स्त्रियों में रोग की जाँच सुनिश्चत करने के लिए प्रयास शुरू कर दिये हैं। गर्भवती स्त्रियों में आधे से भी कम लोगों को गर्भकालीन

अवस्था में मधुमेह की जानकारी है। गर्भपात होने के पश्चात् हृदय रोग या हृदयाघात की सम्भावना 40 फीसदी बढ़ जाती है। इसी प्रकार मृत शिशु को जन्म देने पर तीन से पाँच गुने तक हार्ट अटैक की सम्भावना बढ़ सकती है। मोटापे के कारण हृदय के मसल्स के आकार में परिवर्तन आने से हृदयगति विकार उत्पन्न होता है तथा हार्ट अटैक का खतरा बढ़ता है। विंटामिन डी की कमी से मधुमेह, हाइपरटेन्शन और हृदय रोग की सम्भावना बढ़ती है। इसकी कमी याददाश्त कमजोर कर सकती है, कूल्हे, पसलियों और हड्डियों में दर्द बढ़ सकता है साथ ही किडनी भी प्रभावित होती है।

अंगदान के सन्दर्भ में जहाँ तक किडनी दान का सम्बन्ध है महिलाएँ, पुरुषों से आगे हैं। कई महिलाओं ने अपने पति या पारिवारिक सदस्य को किडनी दान में दी है। यह एक कल्याणकारी कार्य है और दान प्राप्त करनेवाले व्यक्ति को सामान्य जीवन जीने में सहायता मिलती है। यौनजनित रोग से एड्स और एच. आई. वी. की आशंका बढ़ती है। 2009 में भारत में 250 एड्स उपचार केन्द्र स्थापित किये गये हैं। आँकड़ों के अनुसार गाँव-देहात के लगभग पन्द्रह प्रतिशत वेश्यागमन करते हैं और नौ प्रतिशत महिलाएँ पति के अलावा अन्य से सम्बन्ध स्थापित कर लेती हैं। नाको के आँकड़ों के अनुसार 87.1 प्रतिशत एच. आई. वी. संक्रमण विषमलिंगीय व्यक्तियों से सम्बन्ध बनाने के कारण तथा शेष अन्य कारणों से होते हैं। पति-पत्नी के संसर्ग में यदि कोई पूर्व से ही इस रोग से पीड़ित है तो दूसरा भी प्रभावित होगा और ऐसी स्थिति में गर्भ में पल रहे बच्चे पर भी इसका प्रभाव पड़ेगा। जन-जागृति लाने और सुरक्षा के उपाय अपनाने से इस रोग से बचाव होता है।

स्तनपान से शिशु मृत्युदर में कमी आती है। माँ का दूध, हार्मोन तथा एण्टी आक्सीडेण्ट से पूर्ण होता है। यदि सभी शिशु स्तनपान करने लगें तो एक अनुमान के अनुसार प्रतिवर्ष पन्द्रह लाख बच्चों के जीवन को बचाया जा सकता है। डी. एल. एच. एस. 2008 की रिपोर्ट के अनुसार हमारे राज्य उत्तर प्रदेश में केवल 19.4 प्रतिशत बच्चे ही जन्म से पाँच वर्ष की आयु तक स्तनपान करते हैं। चिकित्सकों का कहना है कि बच्चे के जन्म से आधे घण्टे में या अधिक-से-अधिक एक घण्टे में स्तनपान करा देना चाहिए। यदि ऐसा किया जाये तो प्रतिवर्ष उनचास हजार से अधिक संख्या में बच्चों के जीवन को बचाया जा सकता है और सही विधि से स्तनपान कराकर लगभग सत्तर हजार बालमृत्यु को समाप्त किया जा सकता है। महिलाओं में गर्भाशय जब अपनी जगह से खिसकता है तो उसे यूटराइन प्रोलैप्स कहते हैं। इसकी विभिन्न अवस्थाएँ हैं, अन्तिम अवस्था में यह वैजाइना के रास्ते बाहर आ जाता है। इसका कारण इस्ट्रोजन हारमोन की कमी हो सकती है, कोशिकाओं का कमजोर होना तथा नयी कोशिकाओं का न बनना भी अन्य कारण हो सकते हैं। ऐसी स्थिति में चिकित्सक से सम्पर्क करना चाहिए।

उत्तर प्रदेश में सी. एच. सी., पी. एच. सी. और जिला अस्पतालों में डॉक्टरों की कमी है। जिससे स्वास्थ्य सेवाएँ प्रभावी ढंग से कार्य नहीं कर पा रही हैं। प्रदेश में

गाइनोकॉलॉजिस्ट की काफी कमी है। वर्ष 2014 में 3,300 होने चाहिए लेकिन लगभग 400 ही कार्यरत हैं। इसी प्रकार रेडियोलॉजिस्ट, पैथालॉजिस्ट, एनेस्थेटिस्ट, फिजीशियन, सर्जन, हार्टस्पेशलिस्ट, न्यूरोसर्जन एवं प्लास्टिक सर्जन आदि पदों पर स्वीकृत पदों से कम संख्या में ही लोग कार्यरत हैं। इसके अतिरिक्त महानिदेशक, निदेशक, अपर निदेशक, संयुक्त निदेशक, एल-3, एल-2 एवं एल-1 पर कार्यरत वरिष्ठ डॉक्टर, डॉक्टर तथा जूनियर डॉक्टर के पदों पर भी स्वीकृत पदों से कम संख्या में लोग कार्यरत हैं। इस प्रकार चिकित्सकों की कमी से स्वास्थ्य सेवाएँ प्रभावित हो रही हैं और जनसामान्य को अपेक्षित लाभ नहीं मिल पा रहा है।

स्तन कैन्सर का अर्थ है स्तन में गाँठ पड़ जाना या इससे खून अथवा मवाद का आना। एक अनुमान के अनुसार हमारे देश में वर्ष 2020 तक सात महिलाओं में से एक महिला स्तन कैन्सर से पीड़ित होगी। शिशुओं को कम अवधि तक स्तनपान कराने एवं स्त्री हारमोन्स के असन्तुलन से यह रोग हो सकता है। सर्वाइकल कैन्सर में स्त्री के जननांगों से पानी ज्यादा निकलता है, समागम के समय रक्तस्राव होता है तथा बदबूदार रिसाव जननांगों से होता है। इस रोग का सम्बन्ध बच्चेदानी के मुँह से भी हो सकता है। पैपस्मीयर और कालपोस्कोपी जाँच से सर्वाइकल कैन्सर की जानकारी होती है। महिलाओं को तीस वर्ष के पश्चात् समय-समय पर कैन्सर सम्बन्धी जाँच कराते रहना चाहिए। अन्तरराष्ट्रीय शोध पत्रिका 'लैन्सेट' में प्रकाशित रिपोर्ट के अनुसार कैन्सर से तम्बाकू के कारण होनेवाली मौतों में 18.3 प्रतिशत महिलाओं का होता है क्योंकि वे भी तम्बाकू का सेवन करते देखी जा सकती हैं।

मिरगी (Epilepsy) में व्यक्ति मूर्च्छित हो जाता है। उसके शरीर में कम्पन होता है, हाथ व पैर ऐंठने लगते हैं, मुँह से झाग भी निकलने लगता है। यह अवस्था अल्पकालिक होती है। थोड़ी देर बाद वह सामान्य हो जाता है। यह एक प्रकार की बेहोशी की स्थिति है जिसे अचेतन अवस्था भी कह सकते हैं। यह एक प्रकार का दौरा होता है इसीलिए कहते हैं कि अमुक को दौरा पड़ता है। विश्व में 0.5 फीसदी लोग इस बीमारी से प्रभावित होते हैं। पुरुषों और स्त्रियों में इस बीमारी का अनुपात 10 और 8 का है अर्थात् जहाँ दस पुरुष इस दौरे से ग्रस्त होते हैं वहीं स्त्रियों की संख्या तुलनात्मक रूप में आठ है। यह एक ऐसी अवस्था है जिसमें मस्तिष्क की क्रियाएँ असामान्य हो जाती हैं जिसका कारण मस्तिष्क में उत्पन्न रासायनिक परिवर्तन है। आग या पानी देखकर अथवा मानसिक आघात के कारण यह बीमारी हो सकती है तथा तीव्र ज्वर होना, रक्त संचार में गड़बड़ी, मस्तिष्क में रसौली होना, सिर में चोट लगना तथा विशेष गन्ध आदि कारण भी हो सकते हैं इस बीमारी से ग्रस्त होने के। इसका इलाज दीर्घकालिक है। मस्तिष्क विशेषज्ञ से इलाज कराना लाभप्रद है। हमारे देश में महिलाओं को जिन बीमारियों का सामना करना पड़ता है वे हैं एनीमिया, थाइरॉइड का असन्तुलन, डायबिटीज, आस्टियोपोरोसिस, ब्रेस्ट और सर्वाइकल कैन्सर तथा दिल के रोग आदि। थाइरॉइड

डिसआर्डर से देश की 26.89 प्रतिशत महिलाएँ पीड़ित हैं। इसके लिए इक्कीस वर्ष की आयु के बाद समय-समय पर जाँच कराते रहना चाहिए। 28.03 प्रतिशत महिलाएँ या तो डायबिटीज रोग से ग्रस्त हैं या इसकी ओर उन्मुख हैं। कई महिलाओं में कोलेस्ट्राल और ट्राइग्लीसराइड का लेवल भी ज्यादा होता है। डायबिटीज रोग के कारक हैं असंयमित खान-पान, उपयुक्त जीवन-शैली एवं व्यायाम आदि का अभाव। देश की लगभग 76.24 प्रतिशत महिलाएँ विटामिन-डी की कमी से पीड़ित हैं। इसी प्रकार 59.27 प्रतिशत महिलाएँ एनीमिया से ग्रस्त हैं। इसका प्रमुख कारण आयरनवाले फूड की कमी का होना है। इसकी भी जाँच कराते रहना चाहिए विशेष रूप से गर्भवती होने की स्थिति में। कोलेस्ट्राल एवं ट्राइग्लीसराइड के स्तर के बढ़ने से दिल के रोग से ग्रस्त होने की आशंका बढ़ जाती है। इसके अलावा महिलाओं में ब्रेस्ट कैन्सर और सर्वाइकल कैन्सर अर्थात् बच्चेदानी के मुँह के कैन्सर रोग तेजी से बढ़ते जा रहे हैं। एक प्रतिशत महिलाएँ सर्वाइकल कैन्सर से ग्रस्त हैं। चिकित्सक के निर्देशानुसार उपचार कराते रहना चाहिए।

लड़कियाँ जब रजस्वला होती हैं तो उन्हें कई चीजों की मनाही की जाती है जैसे मन्दिर जाने पर रोक, अचार, पापड़ छूने की मनाही या अशुद्ध होने का दावा किया जाना तथा अलग बिस्तर पर सोने के निर्देश दिये जाते हैं लेकिन ये सब दकियानूसी दृष्टिकोण हैं जिसका कोई औचित्य नहीं है। मेन्स्ट्रुएशन एक बायोलॉजिकल प्रासेस है इसलिए जरूरी है कि लोग मेन्स्ट्रुपीडिया के बारे में जानें। नवम्बर, 2012 में लांच इस वेबसाइट को अच्छी सकारात्मक प्रतिक्रिया मिली है और कॉमिक बुक टेल्स ऑफ चेंज तैयार की जा रही है, पहले अंग्रेजी और हिन्दी में फिर पन्द्रह भारतीय भाषाओं में। चीनी भाषा में भी अनुवाद होने की सम्भावना है। यह लोगों में जागृति लाने का प्रयास है जिससे लोग अवैज्ञानिकता से बचें और वैज्ञानिक दृष्टिकोण से इसे समझते हुए अपेक्षित आचरण करें। गूगल पर menstrupedia लिखकर सर्च करने से माहवारी के सम्बन्ध में जानकारी मिलती है। माहवारी के दौरान शारीरिक दर्द का सामना करते हुए मानसिक दंश को जब-तब झेलना पड़ता है जो एक त्रासदी है। जरूरत है कि इस पर चर्चा हो ताकि लोगों को इसके सम्बन्ध में सही जानकारी मिले। हमारे यहाँ इस बात पर चर्चा नहीं की जाती है, कइयों को दर्द के साथ क्रैम्प्स भी आते हैं। हमारे देश में केवल बारह प्रतिशत महिलाएँ ही सैनिटेरि नैपकिन्स इस्तेमाल करती हैं। कई लोग इस दौरान कपड़ों का इस्तेमाल करती हैं जो अनहाइजीनिक होता है। लड़कियों को इस दिशा में जागरूक करने से वे इसे सहज रूप में लेंगी तथा इस दौरान उत्पन्न समस्याओं का आसानी से निराकरण भी हो सकेगा।

लड़कियों के लिए विवाह हेतु उपयुक्त समय 20 से 28 वर्ष तक का है। 28 वर्ष के पश्चात् उनके शरीर में विभिन्न प्रकार के बदलाव होते हैं जैसे ओवेलुएशन का लेट होना तथा रिप्रोडक्शन पीरियड का पूर्वापेक्षा कम फर्टाइल रह जाना आदि जिससे

इन्फर्टिलिटी विकसित होने लगती है तथा कन्सीव करने में भी समस्या हो सकती है। इस आयु से अधिक आयु में विवाह करने पर बच्चे के लिए जन्मजात मानसिक एवं शारीरिक बीमारियों का खतरा बढ़ सकता है तथा बच्चे का विकास समुचित रूप से होने में भी दिक्कत आती है। यदि प्रीमैच्योर बेबी का जन्म होता है तो किडनी और हड्डी से सम्बन्धित बीमारियाँ हो सकती हैं। तीस साल के बाद महिलाओं की हड्डियाँ सख्त होने लगती हैं जिससे सिजेरियन बच्चे होने की सम्भावना साठ प्रतिशत तक बढ़ जाती है। महिलाओं को अधेड़ावस्था में सामान्यतया 45 से 50 वर्ष तक की आयु में मेनोपॉज होता है जिसका अर्थ है रजोनिवृत्ति। यह कोई बीमारी नहीं है बल्कि स्थिति हैं। ऐसी स्थिति में वे गर्भधारण के योग्य नहीं रह जाती हैं। इस आयु में प्रायः उनमें कैल्शियम की कमी हो जाती है और हड्डियाँ कमजोर हो सकती हैं। उन्हें किडनी या हाइपरटेन्शन की समस्या हो सकती है। आघात होने पर टूट-फूट की सम्भावना बढ़ जाती है और आस्टियोपोरोसिस या अर्थराइटिस की समस्या हो सकती है। बोन मास कम होने से वे भुरभुरी हो जाती हैं जिससे फ्रैक्चर की सम्भावना बढ़ जाती है। चिकित्सक के परामर्श के अनुसार हारमोन रिप्लेसमेण्ट थेरेपी से लाभ होता है साथ ही योगासन, व्यायाम, दुरुस्त खान-पान एवं उपयुक्त जीवन-शैली से लाभ होता है। थाइरॉइड और हीमोग्लोबिन के असन्तुलन से तथा विशिष्ट हार्मोन की कमी से मस्तिष्क में मौजूद थर्मोस्टेट भली-भाँति काम नहीं करता है, हाटफ्लैशन प्रारम्भ हो सकते हैं, सोने के दौरान पसीना आने से नींद उचट सकती है तथा हाथ-पैरों में जलन महसूस हो सकती है अतः आवश्यकतानुसार चिकित्सकीय जाँच कराने एवं तदनुसार उपचार कराने से फायदा होगा। पुरुषों की अपेक्षा स्त्रियाँ आस्टियोपोरोसिस से अधिक ग्रस्त होती हैं क्योंकि उन्हें मेनोपॉज की स्थिति से गुजरना पड़ता है।

'सेव द चिल्ड्रेन' संस्था की रिपोर्ट के अनुसार मातृत्व सुरक्षा की दृष्टि से भारत 179 देशों की सूची में 140वें स्थान पर है। इस दृष्टि से भारत का स्थान दुनिया के सबसे खराब देशों में चालीसवाँ है। डॉक्टरों की उपलब्धता, टीकाकरण, पोषण एवं संक्रामक रोगों से समुचित बचाव व होने पर महिलाओं का स्वास्थ्य कुप्रभावित होता है। आकलन यह बताते हैं कि हमारे देश में 74 हजार मान्यता-प्राप्त सामाजिक स्वास्थ्यकर्त्ताओं की तथा 21 हजार नर्स मिडवाइफ की कमी है। शिक्षा का अभाव एक प्रमुख कारक है मातृ एवं बाल मृत्युदर में वृद्धि होने का। हमारे देश की 56.1 प्रतिशत महिलाएँ खून की कमी से ग्रस्त हैं जिसके कारण गर्भकाल में ही बीस प्रतिशत या इससे अधिक मृत्यु गर्भस्थ शिशु की हो जाती है। यूनिसेफ की रिपोर्ट के अनुसार तीन-चौथाई पिछड़ी जातियों के बच्चे खून की कमी से ग्रस्त हैं। जननी की सुरक्षा से ही शिशु की सुरक्षा होगी तथा मृत्युदर में कमी आयेगी।

एक अध्ययन के अनुसार 6 या 7 घण्टे सोनेवाले व्यक्तियों का ब्लडशुगर नियन्त्रित रहता है अपेक्षाकृत उन व्यक्तियों के जो इससे कम सोते हैं। कम नींद लेनेवाली महिलाओं और पुरुषों में डिप्रेशन, डायबिटीज, मोटापा और हाई ब्लडप्रेशर से ग्रस्त होने

की सम्भावना अधिक होती है अपेक्षाकृत उन व्यक्तियों के जो पर्याप्त नींद लेते हैं। निद्रावस्था में शरीर की मरम्मत होती रहती है। कम नींद लेने से मरम्मत के कार्य हेतु समुचित समय नहीं मिल पाता है जिससे विभिन्न रोगों की आशंका बढ़ती है। उम्र बढ़ने के साथ ब्रेन एट्रोफी प्रक्रिया के कारण हमारा दिमाग सिकुड़ना प्रारम्भ कर देता है। इसकी रोक-थाम हेतु सन्तुलित आहार और व्यायाम आवश्यक हैं। फलों एवं सब्जियों से एण्टी आक्सीडेण्ट्स की प्राप्ति होती है जो एक प्रकार से रोगरक्षक एवं जीवनरक्षक हैं। ब्लू बेरी फल मस्तिष्क के लिए लाभप्रद है। यह याददाश्त को बढ़ाने में सहायक है साथ ही शरीर के वृद्ध होने की प्रक्रिया मन्द पड़ जाती है। सूखे मेवे जैसे--काजू, बादाम, पिस्ता, किशमिश और बीज यथा--खरबूजे एवं तरबूज के बीज आदि के सेवन से दिमाग की सेहत में लाभ होता है। इसमें विभिन्न तत्त्व होते हैं जैसे ओमेगा 3 व 6, फोलेट, विटामिन ई और विटामिन बी-6। ये मस्तिष्क की शक्ति का संवर्द्धन करते हैं और अवसाद को दूर करते हैं। पालक, पत्तागोभी आदि पत्तेदार सब्जियाँ भी मस्तिष्क की शक्ति व स्वास्थ्य के लिए लाभदायक हैं। चाकलेट में कोकोआ तत्त्व विद्यमान रहता है। यह रक्त प्रवाह को तेज करने में सहायक है। दही का सेवन दिमाग व शरीर की नसों को क्रियाशील बनाता है।

सेण्ट्रल ब्यूरो ऑफ हेल्थ इण्टेलिजेन्स के अनुसार वर्ष 2014 में 2,932 लोगों की मृत्यु साँस-सम्बन्धी बीमारियों जिसमें फ्लू भी सम्मिलित है, के कारण हुई थी। इस प्रकार की बीमारियों से 3.48 करोड़ व्यक्ति पीड़ित थे जिसमें महिलाओं की संख्या 1.67 करोड़ पायी गयी। यह बीमारी नाक, गला, साँस की नली और फेफड़ों में संक्रमण के कारण होती है जिसमें वायरस और बैक्टीरिया दोनों प्रभाव डालते हैं। बच्चे के जन्म के समय माताओं की होनेवाली मृत्युदर एक लाख बच्चों के जन्म पर 140 है। इस मातृ मृत्युदर को 109 पर लाने का लक्ष्य रखा गया है। ब्रिटेन में एक महिला रोजाना चार लीटर कोकाकोला पी जाती थी जिससे 454 ग्राम शुगर का सेवन हो जाता था। उसका भार 110 किलो तक पहुँच गया। इस लत को छोड़ने के बाद उसके वजन में 54 किलो की कमी आयी और उसका वजन 56 किलो हो गया। कोल्ड ड्रिंक या शुगर की अधिकता से वजन बढ़ता है। अतः इसके सेवन के प्रति सतर्कता बरतनी चाहिए। हार्मोन्स का असन्तुलन महिलाओं के स्वास्थ्य पर पुरुषों की अपेक्षा अधिक प्रभावी होता है। तनाव बढ़ने से कार्टिसोल हार्मोन्स का स्तर बढ़ता है जिससे मोटापा बढ़ता है। मेनोपॉज की स्थिति में एस्ट्रोजन हार्मोन्स में कमी आती है। यह भी मोटापा का एक कारक है। इन्सुलिन हार्मोन्स के बढ़ने से महिलाओं में वसा और कार्बोहाइड्रेट बढ़ता है, टेस्टस्टेरान हार्मोन बढ़ने से माँसपेशियाँ कड़ी हो जाती हैं जो मोटापे की वृद्धि में सहायक हैं। प्रोजेस्टेरान हार्मोन्स की कमी से भी मोटापा बढ़ता है। थाइरॉइड हार्मोन में असन्तुलन से महिलाएँ या तो मोटी हो जाती हैं या दुबली। इसके अतिरिक्त जीवन-शैली, न्यूट्रीशन की कमी, इक्सरसाइज का अभाव एवं अन्य कारणों से भी महिलाओं में मोटापा बढ़ता है।

उत्तर प्रदेश में वर्ष 2000 में कुपोषित बच्चों की संख्या 42 हजार थी। वर्तमान में 11 लाख से अधिक है जो वजन के आधार पर ज्ञात हुआ। वैसे आँकड़ों के अनुसार एक लाख अस्सी हजार बच्चे अति कुपोषित हैं वर्ष 2014 के प्रारम्भ तक में। 0-5 आयु वर्ग के 1.87 करोड़ बच्चों का वजन लिया गया जब कि इस आयु वर्ग के बच्चों की संख्या 2.13 करोड़ है। देवरिया, लखीमपुर खीरी, मिर्जापुर, कुशीनगर और हरदोई अति कुपोषित जिले हैं। हमारे देश में एक हजार व्यक्तियों पर 1.5 नर्सों का औसत है जब कि WHO के अनुसार 2.5 होनी चाहिए। हमारे यहाँ प्रतिदिन पूजा-पाठ के समय तथा वातावरण की शुद्धि के लिए अगरबत्ती का उपयोग किया जाता है। एक शोध के द्वारा ज्ञात हुआ कि इसके धुएँ से डी. एन. ए. में परिवर्तन की सम्भावना बढ़ती है। इसमें कई प्रकार के केमिकल्स होते हैं जो तम्बाकू के धुएँ से अधिक खतरनाक हैं। यूनिवर्सिटी ऑफ नार्थ कैरोलिना के ग्लिग्स स्कूल ऑफ ग्लोबल पब्लिक हेल्थ के द्वारा पूर्व में किये गये शोध अध्ययन से यह निष्कर्ष निकला है कि इसके धुएँ से फेफड़ों के सेल्स कुप्रभावित होते हैं। साँस सम्बन्धी जिन्हें तकलीफ है उनके लिए अगरबत्ती का प्रयोग ज्यादा हानिकारक है।

भारत में वर्ष 1990 से 2013 तक महिलाओं के औसतन जीने की उम्र में 10.3 वर्ष की वृद्धि हुई है जब कि विश्व में औसत वृद्धि 6.2 वर्ष पायी गयी लेकिन हमारे देश में अन्य बीमारियों में वृद्धि हुई अर्थात् बुढ़ापेवाले रोग जैसे ब्लडप्रेशर, मधुमेह और अवसाद आदि कम उम्र में ही होने लगी है जिससे अस्वस्थता में जीवन जीने की विवशता हो गयी है। उत्तर प्रदेश सरकार ने दस करोड़ रुपये स्वीकृत किये हैं सरकारी स्कूलों में छात्राओं को सैनिटेरि नैपकिन के लिए वित्तीय वर्ष 2015-16 हेतु। प्रदेश में 102 नेशनल एम्बुलेन्स सेवा के अन्तर्गत 1912 एम्बुलेन्स कार्यरत हैं, गर्भवती महिलाओं व नवजात शिशुओं को 24 घण्टे तत्काल एवं निःशुल्क स्वास्थ्य सेवाएँ उपलब्ध कराने हेतु।

क्यूबा में 95 प्रतिशत बीमार लोगों का खर्च सरकार वहन करती है। हमारे देश में प्रति हजार पर छह चिकित्सक हैं। यदि अधिक संख्या में प्राइमरी हेल्थ केयर सेण्टर खोले जायें तो बड़े अस्पतालों की आवश्यकता स्वयमेव कम हो जायेगी। भारत में लगभग 350 मेडिकल कॉलेज हैं, इनकी संख्या बढ़नी चाहिए। परम्परागत चिकित्सा-पद्धति से मेडिकल खर्च कम होता है अतः इसके विकास पर ध्यान देना चाहिए। कर्नाटक में बीस रुपयेवाली हेल्थ इन्श्योरेन्स पॉलिसी लेने पर गम्भीर रोगों का इलाज सम्भव हो जाता है। जेनरिक वर्जन की दवाएँ ब्रैण्डेड दवाओं की अपेक्षा काफी सस्ती होती हैं पर यह आसानी से उपलब्ध नहीं हो पाती हैं तथा डॉक्टर भी महँगी दवाएँ लिखते हैं कारण है ड्रग्स लाबी का हावी होना जिसमें दवा कम्पनियों, केमिस्ट्स और डॉक्टरों की मिलीभगत होती है। हमारे यहाँ पब्लिक हेल्थ सिस्टम कमजोर होने की वजह से इलाज महँगा होता है।

लगभग 15 प्रतिशत लोगों का आर. एच. निगेटिव होता है शेष लोगों का पॉजिटिव। गर्भस्थ शिशु और माँ का आर. एच. यदि पृथक् है तो समस्या हो सकती है। पति-पत्नी दोनों का ब्लड ग्रूप पॉजिटिव या निगेटिव होना बेहतर होता है। यदि ओवेरियन ग्रोथ या सिस्ट का आकार तीन इंच से ज्यादा हो तो ओवेरियन कैन्सर की सम्भावना बढ़ सकती है। गर्भवती को यदि टार्च बीमारी है तो बच्चा मानसिक अथवा शारीरिक विकलांग हो सकता है। प्रीमेरिटल वेरिफिकेशन में परिवार की पृष्ठभूमि, बिजनेस या जॉब स्टेटस, अल्कोहलिक स्टेटस और वित्तीय स्थिति आदि चीजें सम्मिलित होती हैं। मसाज स्वास्थ्य की दृष्टि से महिलाओं के लिए लाभकारी है चाहे वह फूड मसाज हो या थाई मसाज अथवा अन्य कोई मसाज। फूड मसाज में पैरों को एक्वेरियम में डुबो दिया जाता है और उसमें मौजूद मछलियाँ पैरों के तलवे में चिपकी हुई गन्दगी और डेड स्किन्स को खा जाती हैं जिससे व्यक्ति रिलैक्स्ड महसूस करता है।

म्यूज़िक थेरेपी मेण्टल डिसआर्डर के इलाज में सहायक है। बोलने की दिक्कत इससे दूर होती है। अल्जाइमर के रोगी के लिए भी यह लाभप्रद है। यह क्लीनिकल इम्प्रोवाइजेशन मेथड है। इससे पेशेण्ट के रिस्पॉन्स में बढ़ोतरी होती है। एच. आई. वी., डिप्रेशन, स्ट्रेस और कैन्सर के इलाज में यह थेरेपी प्रयुक्त होती है। इससे नकारात्मकता दूर होती है। ड्रग एडिक्ट के उपचार में भी इसका प्रयोग होता है। इससे रोगी स्वयं को रिलैक्स महसूस करता है। मस्तिष्क का दाहिना हिस्सा संगीत को जल्दी ग्रहण करता है जिससे ब्रेन रिजनरेट होता है, उसकी क्षमता बढ़ती है और याददाश्त को वापस लाने में, सहायता मिलती है। मिठास डिप्रेशन को दूर करने में सहायक है। इससे ग्रस्त महिलाओं व पुरुषों के लिए चीनी, जैम, टोस्ट, ओट, मिल्क, अण्डा (इसमें मौजूद डी. एच. ए. पचास प्रतिशत तक डिप्रेशन दूर करने में सहायक है), केक, पालक और आयरनयुक्त चीजों का सेवन लाभकारी होता है।

टीन एज में लड़की में मोटापा बढ़ने से (पी. सी. ओ. डी.) पालिसिस्टिक ओवरी डिजीज हो सकती है जिससे माँ बनने की सम्भावना नष्ट हो सकती है। इण्डियन सोसाइटी फार असिस्टेड रिप्रोडक्शन (आई. एस. ए. आर.) के अनुसार वर्ष 2010 से 2012 तक में इन्फर्टिलिटी से ग्रस्त महिलाओं की संख्या में 15 प्रतिशत इजाफा हुआ है। इस बीमारी में ओवरी में अतिरिक्त एग्स बनने लगते हैं जिससे माहवारी में असन्तुलन उत्पन्न होता है और सिस्ट बनता है जो प्रजनन में रुकावट उत्पन्न करता है। इसके लिए उन्हें क्रियाशील होना होगा। स्विमिंग, डान्सिग, आउटडोर गेम्स एवं टहलने में लड़कियों को प्रतिभाग करना चाहिए। उन्हें चाहिए कि ड्राईफ्रूट्स, हेल्दी फूड, लस्सी, छाछ और नींबू का पानी आदि चीजों का सेवन करें तथा यथासम्भव जंक फूड से बचें। भारत में हर पाँच महिलाओं में से तीन में पैंतीस साल की आयु से दिल की बीमारी की आशंका बढ़ जाती है, विशेष रूप से 35-40 आयु-वर्ग की महिलाओं में 60 प्रतिशत महिलाएँ मोटापे से ग्रस्त हैं। महिलाओं की रक्त धमनियाँ आकार में पुरुष की

अपेक्षा छोटी होती हैं इसलिए कोलेस्ट्राल के कम होने से धमनियों के ब्लाक होने की सम्भावना बढ़ जाती है। तनाव में रासायनिक हार्मोन कोर्टिकोस्टेरायड का स्राव होता है जो अल्जाइमर रोग से पीड़ित व्यक्तियों में अन्य रोगों से पीड़ित व्यक्तियों की तुलना में दो से तीन गुना ज्यादा होता है। यह रिसर्च अमेरिका के टेम्पल्स स्कूल ऑफ मेडिसिन में औषध विज्ञान, सूक्ष्म जीवविज्ञान और प्रतिरक्षा विज्ञान के प्रोफेसर डोमेनिको प्राटिको द्वारा की गयी है। व्यायाम करने से डिमेन्शिया का प्रभाव पूर्वापेक्षा कम हो जाता है। धूम्रपान करनेवाली महिलाओं की संख्या पुरुषों की तुलना में कम अवश्य है फिर भी धूम्रपान करनेवाली महिलाओं की संख्या लगभग 1.21 करोड़ है। राष्ट्रीय मानवाधिकार आयोग ने मेडिकल काउन्सिल ऑफ इण्डिया को परास्नातक स्तर पर बुजुर्गों की चिकित्सा हेतु गेराण्टालजी नामक कोर्स आरम्भ करने की संस्तुति की है जिससे उम्र के साथ बढ़ती हुई आवश्यकताओं और समस्याओं को दृष्टिगत रखते हुए चिकित्सा की जा सके।

आस्ट्रेलिया में 8,800 लोगों पर छह वर्ष तक अध्ययन के पश्चात् यह निष्कर्ष प्राप्त हुआ है कि अधिक टी वी देखने से दिल की बीमारियों तथा कैन्सर का खतरा बढ़ जाता है। टीवी से निकलनेवाली रोशनी हमारी प्राकृतिक बाडी क्लाक को असन्तुलित करती है जिसके कारण ब्रेन हार्मोन मेलाटोनिन का स्राव कम हो जाता है जिससे उपयुक्त नींद नहीं आती है तथा लड़कियों में समय से पहले रजस्राव आरम्भ हो जाता है साथ ही डायबिटीज और मोटापे की सम्भावना बढ़ती है। इसके कारण ध्यान की एकाग्रता में कमी आती है, आँखों पर भी कुप्रभाव पड़ता है और व्यवहारगत कठिनाइयाँ बढ़ती हैं। एशिया के विभिन्न देशों में हुए एक अध्ययन के अनुसार लगभग 90 प्रतिशत डॉक्टर्स उपचार हेतु गूगल का सहारा लेते हैं। यू. के. की हेल्थ केयर डेटा एनालिटिक्स फर्म के चीफ एक्ज़ेक्यूटिव पेटेरीड के अनुसार डॉक्टर नेट सर्च करते हैं और इससे उन्हें नये तथ्यों की जानकारी होती है। स्वस्थ महिलाओं को चाहिए कि वे ब्लड डोनेशन के प्रति प्रेरित हों क्योंकि इससे मरीजों की जान की सुरक्षा होती है। तीन माह में एक बार ब्लड डोनेशन किया जा सकता है, इससे कैलरी बर्न होती है, नया रक्त बनता है तथा यह कार्डियोवैस्कुलर हेल्थ को बनाये रखने में सहायक है साथ ही इससे शरीर में आयरन का लेबल सन्तुलित रहता है और शरीर की सही फंक्शनिंग जारी रहती है। यदि शरीर में आयरन की मात्रा अधिक हो जाये तो आक्सीडेटिव डैमेजिंग की आशंका बढ़ती है। अतः ब्लड डोनेशन एक सुखद अहसास है क्योंकि यह आत्मसन्तुष्टि प्रदान करता है। पैराफीलिया, सप्रेस इमोशन डिसआर्डर है जिसमें रोगी अपोजिट सेक्स के लोगों की तरह आत्मसन्तुष्टि के लिए व्यवहार करता है। एन. आर. एच. एम. के एम. डी. अमित घोष का कथन है कि उत्तर प्रदेश की 52 फीसदी किशोरवय की लड़कियाँ एनीमिक हैं। छह साल तक की उम्र का चाइल्ड सेक्स रेशियो भयावह है। उनके अनुसार सीतापुर जनपद की 60 फीसदी महिलाएँ परिवार नियोजन की जानकारी से अनभिज्ञ हैं तथा

40 फीसदी से अधिक मामलों में जो डिलिवरी से सम्बन्धित हैं, बच्चों में एक साल से अधिक गैप नहीं होता है।

महिलाओं में हार्मोन एस्ट्रोजन और प्रोजेस्टोरोन हर महीने बनता है जो स्वास्थ्य के सन्तुलन में लाभकारी होता है। लगातार बैठने से होनेवाली हानि स्मोकिंग की अपेक्षा अधिक होती है। अमेरिकन कैन्सर सोसाइटी ने चौदह वर्ष के अनुसन्धान के पश्चात् निष्कर्ष दिया है कि जो व्यक्ति छह घण्टे या इससे अधिक समय तक बैठे रहते हैं, उनमें पुरुषों में 20 प्रतिशत और महिलाओं में 40 प्रतिशत मृत्यु की सम्भावना बढ़ जाती है। क्वीन्सलैण्ड यूनिवर्सिटी के शोध के अनुसार पचीस साल से अधिक आयु के व्यक्ति द्वारा एक घण्टा लगातार बैठकर टीवी देखने से उसकी जीवन प्रत्याशा में बाईस मिनट की कमी आती है। लीसेस्टर यूनिवर्सिटी ने संयुक्त प्रयास करके अध्ययन द्वारा निष्कर्ष निकाला है कि इक्सरसाइज करने के पश्चात् खाली बैठे रहना हानिप्रद है। बैठने से कैलरी बर्निंग कम हो जाती है और नब्बे फीसदी तक एंजाइम्स कम हो जाते हैं। एंजाइम्स फैट के सन्तुलन में महत्त्वपूर्ण भूमिका का निर्वहन करते हैं। सिटिंग जॉबवालों को स्टैण्डिंग जॉब करनेवालों की अपेक्षा दिल की बीमारी की सम्भावना अधिक होती है इसलिए समय निकालकर टहलने की आदत डालना स्वास्थ्य की दृष्टि से अच्छा है।

OAB का अर्थ है OVER ACTIVE BLADDER। इस समस्या में व्यक्ति बार-बार टायलेट जाता है और उसे यूरीनेशन की इच्छा बनी रहती है। यह एक ऐसी बीमारी है जिसमें पेशाबवाली थैली अधिक क्रियाशील हो जाती है। यह थैली मुलायम पेशियों से बनी होती है और इसके बार-बार सिकुड़ने यानी अधिक क्रियाशीलता से बार-बार पेशाब करने की आवश्यकता महसूस होती है। एक अनुमान के अनुसार 12 फीसदी लोग इस समस्या से ग्रस्त हैं। पुरुषों की अपेक्षा महिलाओं को यह समस्या ज्यादा होती है। इस समस्या के दो स्वरूप हैं पहला मधुमेह, पार्किन्सन या स्पाइनल कार्ड में इञ्जरी के कारण, दूसरे में कारण ज्ञात नहीं होता है। वैसे यह बीमारी स्मोकिंग, अधिक कॉफी या चाय पीने से अथवा मोटापे के कारण होती है। पेल्विक फ्लोर इक्सरसाइज से लाभ पहुँचता है। दवा से यदि फायदा न हो रहा हो तो वोटुलिनम टाक्सिन टाइप ए इंजेक्शन से एक साल के लिए निजात मिल सकती है। यह बीमारी शरीर, मस्तिष्क, जीवन-शैली, यौन सम्बन्ध एवं कार्यक्षमता आदि को कुप्रभावित करती है।

प्रायः लोग सपनों को भूल जाते हैं। फ्रान्स के लायन न्यूरोसाइन्स रिसर्च सेण्टर की एक स्टडी जो न्यूरोसाइकोफार्मालॉजी जर्नल में प्रकाशित हुई है, में यह तथ्य उभरकर आया है कि जिन व्यक्तियों का इन्फार्मेशन प्रोसेसिंग हब ज्यादा क्रियाशील होता है वे सपनों को ज्यादातर याद रखते हैं। ऐसे व्यक्तियों का दिमाग ज्यादा अच्छा होता है और स्वप्नावस्था में या सुषुप्तावस्था में उनका दिमाग क्रियाशील बना रहता है। जिन्हें सपने अधिक याद रहते हैं उनके ब्रेन का टेम्पो पैरेटल जंक्शन अधिक क्रियाशील पाया गया है। स्लीप एपनिया एक ऐसी बीमारी है जिसमें सोते समय साँस रुकने से नींद टूट जाती है जिससे हड्डियाँ कमजोर हो जाती हैं और फ्रैक्चर की आशंका बढ़ जाती है। मोटापा या हाइपरटेन्शन बढ़ सकता है क्योंकि ऑक्सीजन की सप्लाई कम हो जाती है। कालान्तर में बुजुर्ग स्त्री-पुरुष में यह आस्टियोपोरोसिस का रूप धारण कर सकता है।

'सेव द चिल्ड्रेन' संस्था के अनुसार हमारे देश में घरों में प्रसव का औसत 52.3 है तथा उत्तर प्रदेश में यह 74.5 है। देश में सेफ डिलिवरी का प्रतिशत घरों में डिलिवरी की तुलना में कम है तथा उत्तर प्रदेश में तो यह और भी कम है। शिशु मृत्यु विभिन्न बीमारियों के कारण होती हैं जिनमें 24 प्रतिशत शिशु मृत्यु डायरिया के कारण, 23 प्रतिशत रिस्प्रिरेटरी इन्फेक्शन, 16 प्रतिशत अन्य इन्फेक्शन और पैरासिटिक डिजीज के कारण, 8 प्रतिशत यूनिनेटल इंजरील, 7 प्रतिशत मलेरिया, 4.8 प्रतिशत न्यूट्रीशनल डिफिशियन्सी, 3 प्रतिशत अननोन फीवर तथा 1.7 प्रतिशत डाइजेस्टिव डिजीज एवं शेष अन्य कारणों से होती है।

हमारे देश में नारी-स्वास्थ्य की स्थिति सन्तोषजनक नहीं है। उनके स्वास्थ्य से सम्बन्धित अनेक समस्याएँ हैं जिसे दूर करने हेतु पर्याप्त प्रभावी उपायों को क्रियान्वित किये जाने की आवश्यकता है। देश में स्वास्थ्य सुविधा केन्द्रों की संख्या बढ़ायी जाये साथ ही मेडिकल एवं पैरामेडिकल स्टाफ की संख्या भी बढ़नी चाहिए। महिलाओं के लिए इलाज सस्ता हो इसके लिए ब्रैण्डेड दवाओं के बजाय जेनरिक दवाओं की उपलब्धता को सुनिश्चित किया जाये। उन्हें परिवार नियोजन के सम्बन्ध में समुचित जानकारी दी जाये जिससे सीमित परिवार के लिए वे प्रयासरत हो सकें। इससे जनसंख्या नियन्त्रित होगी साथ ही सीमित परिवार से परिवार की खुशहाली बढ़ेगी। इसके लिए जरूरी है कि प्रत्येक स्वास्थ्य केन्द्रों पर काउन्सलर की सेवाएँ उपलब्ध हों और परिवार नियोजन के साधनों की निःशुल्क उपलब्धता हो। उनमें शिक्षा अधिक-से-अधिक बढ़े जिससे वे अपने स्वास्थ्य के प्रति सजग हो सकें। कुपोषण की समस्या से उन्हें निजात दिलायी जाये तभी न्यूट्रीशन की दृष्टि से उनके स्वास्थ्य की बेहतरी होगी। घर में डिलिवरी अनसेफ होती है इसलिए सेफ डिलिवरी हेतु स्वास्थ्य केन्द्रों पर प्रसव कराने के सम्बन्ध में अधिकतम प्रयास किये जायें। प्रसव के समय मातृ मृत्यु दर एवं शिशु मृत्यु दर में कमी लाने हेतु यथेष्ट प्रयास किये जाने चाहिए। सभा-गोष्ठियों के आयोजन एवं लघु फिल्मों (स्वास्थ्य सम्बन्धी) के प्रसारण तथा मीडिया एवं अन्य संसाधनों द्वारा उन्हें मुख्य-मुख्य बीमारियों के सम्बन्ध में अवगत कराया जाये जिससे वे बचाव हेतु प्रयासरत हो सकें। महिलाओं को आधी दुनिया भी कहा जाता है क्योंकि उनकी संख्या सम्पूर्ण जनसंख्या के लगभग आधी है साथ ही वे परिवार की धुरी भी हैं अतः उनके स्वास्थ्य में सुधार के बिना न तो परिवार की प्रगति हो सकती है और न ही समाज व राष्ट्र की। विकसित राष्ट्र की महिलाओं के स्वास्थ्य की तुलना में विकासशील देशों की महिलाओं के स्वास्थ्य की स्थिति बदतर है अतः इसमें पर्याप्त सुधार किये जाने चाहिए। ये प्रयास सरकारी नीतियों द्वारा प्रशासकीय व्यवस्था के माध्यम से, समाज सेवी संस्थाओं या स्वैच्छिक संगठनों अर्थात् सरकारी एवं गैरसरकारी दोनों स्तर पर होने चाहिए तभी उनके स्वास्थ्य में प्रगति होगी और उनका सशक्तीकरण होगा जिससे परिवार व राष्ट्र की प्रगति भी सम्भव होगी।

●

बदलते परिदृश्य और प्रगति

महिलाओं ने शोषण, अत्याचार और असमानता के विरुद्ध सतत संघर्षरत रहकर प्रगति की ओर सार्थक रूप से कदम बढ़ाये हैं यद्यपि अब भी उन्हें वह सब-कुछ प्राप्त नहीं हो सका है जो उनके लिए अपेक्षित है। समाज के प्रत्येक क्षेत्र में उन्होंने अपने कौशल और क्षमता का परिचय दिया है जिसकी सराहना सभी वर्ग के लोगों ने की है। आज वे अपने वर्तमान और भविष्य को सँवारने में लगी हैं और अब लोग उनकी क्षमताओं तथा सम्भावनाओं के सन्दर्भ में अनुमान भी लगाने लगे हैं। निश्चय ही संघर्षों से जूझते हुए उन्होंने अपनी शक्ति, साहस और आत्मविश्वास का अद्भुत परिचय दिया है। उनकी यही जिजीविषा उन्हें प्रगति के मार्ग की ओर उन्मुख कर रही है।

वैश्विक परिप्रेक्ष्य में देखें तो ज्ञात होगा कि वर्ष 1792 में महिला अधिकारों के हनन के विरुद्ध मेरीवाल्स टोन क्राफ्ट्स द्वारा अभियान चलाया गया और दो सौ वर्षों के बाद सियोन डी बीय बोयर द्वारा प्रणीत 'द सेकण्ड सेक्स' ने कीर्तिमान् स्थापित किया। वर्ष 1794 में विश्व में सबसे पहले महिलाओं को न्यूजीलैण्ड में मतदान का अधिकार प्राप्त हुआ। वर्ष 1901 में आस्ट्रेलिया में भी महिलाओं को मताधिकार मिला। वर्ष 1911 में 8 मार्च को अन्तरराष्ट्रीय महिला-दिवस की नींव पड़ी। वर्ष 1917 में कनाडा में महिलाओं को मताधिकार दिया गया। वर्ष 1945 में संयुक्त राष्ट्र महासभा में महिला जागरूकता को महत्त्व दिया गया। वर्ष 1946 में मानवाधिकार आयोग की बैठक के एक माह बाद महिला आयोग की पहली बैठक की गयी। वर्ष 1948 में 10 दिसम्बर को मानवाधिकारों की घोषणा की गयी। जिससे महिलाओं को भी अधिकार मिला। वर्ष 1949 में महिला यौन उत्पीड़न एवं वेश्यावृत्ति के विरुद्ध सम्पन्न सम्मेलन को संयुक्त राष्ट्र संघ ने मान्यता प्रदान की। वर्ष 1951 में अन्तरराष्ट्रीय श्रम संगठन द्वारा लिंग-भेद किये बिना समान कार्य के लिए समान वेतन की संस्तुति की गयी। वर्ष 1952 में संयुक्त राष्ट्र संघ द्वारा महिलाओं को राष्ट्रीय अधिकारों के लिए मान्यता प्रदान किया गया। वर्ष 1957 में महिला के विवाह करने के पश्चात् उसकी स्वीकृति से पति को राष्ट्रीयता प्रदान करने के सम्बन्ध में संयुक्त राष्ट्र संघ ने सहमति दी। वर्ष 1962 में विवाह हेतु स्त्री-पुरुष दोनों की सहमति को आवश्यक माना गया तथा विवाह के लिए

स्त्री-पुरुष दोनों की न्यूनतम आयु का निर्धारण किया गया, साथ ही विवाह के रजिस्ट्रेशन को आवश्यक बताया गया। वर्ष 1967 में ईरान में परिवार सुरक्षा कानून बना जिसमें पति की अनुमति के बिना महिलाओं को काम करने की आजादी दी गयी। वर्ष 1968 में संयुक्त राष्ट्र संघ द्वारा महिलाओं से भेद-भाव की समाप्ति के सम्बन्ध में प्रस्ताव पारित किया गया। वर्ष 1974 में संयुक्त राष्ट्र संघ ने आपात्काल और शस्त्र संघर्ष में शिशुओं और महिलाओं की सुरक्षा का संकल्प लिया। वर्ष 1975 में अन्तरराष्ट्रीय महिला-वर्ष सम्मेलन हुआ तथा मैक्सिको घोषणा-पत्र में महिलाओं को समता, विकास और शान्ति प्रदान करने का संकल्प घोषित किया गया। वर्ष 1976 के मार्च में बेल्जियम में महिलाओं के विरुद्ध अपराधों पर न्यायाधिकरण का गठन किया गया जिसमें चालीस देशों के दो हजार महिला प्रतिनिधियों ने भाग लिया। वर्ष 1979 में महिलाओं के विरुद्ध प्रत्येक प्रकार के भेद-भाव के निराकरण हेतु सम्मेलन आयोजित हुआ। इसमें महिलाओं के विकास, उनके आधुनिकीकरण तथा समान अधिकारों को दिलाने का प्रयास किया गया। वर्ष 1980 में डेनमार्क के कोपेनहेगन में महिलाओं के लिए दशकीय सम्मेलन 14 से 29 जुलाई तक आयोजित हुआ और इसका दस्तावेज प्रस्तुत किया गया। वर्ष 1981 में 25 नवम्बर को महिला के विरुद्ध हिंसा समाप्ति के रूप में मनाने का निश्चय किया गया। वर्ष 1985 में केन्या के नैरोबी में वर्ष 1975 से 1985 तक की अवधि के मध्य दशक की समाप्ति पर अन्तरराष्ट्रीय सम्मेलन 15 से 26 जुलाई तक आयोजित किया गया, साथ ही अमानवीय, मानहानि एवं उत्पीड़क व्यवह (या दण्ड के विरुद्ध अन्तरराष्ट्रीय सन्धि की गयी और महिलाओं के सर्वांगीण विकास की रणनीति बनी। वर्ष 1990 में महिलाओं के विरुद्ध हिंसा के विरोध में पहली बार 16 दिनों तक 25 नवम्बर से 10 दिसम्बर तक विश्व-भर में प्रदर्शन किया गया। वर्ष 1993 में न्यूजीलैण्ड में महिलाओं के मताधिकार के सौ वर्ष पूर्ण होने पर समारोह आयोजित किया गया तथा 15 से 20 जून तक मानवाधिकारों पर अन्तरराष्ट्रीय सम्मेलन हुआ और महिलाओं के विरुद्ध हो रही हिंसा के खिलाफ पाँच लाख लोगों के हस्ताक्षर कराकर संयुक्त राष्ट्र संघ को प्रतिवेदन प्रस्तुत किया गया। गैरसरकारी संगठनों ने विश्वस्तरीय मानवाधिकार न्यायाधिकरण बनाया। दिसम्बर में संयुक्त राष्ट्र संघ ने आम सभा में महिलाओं के विरुद्ध अत्याचार के निराकरण हेतु घोषणा-पत्र जारी किया और मानवाधिकारों की सुरक्षा के लिए आयुक्त की नियुक्ति और 10 वर्षों हेतु योजना तैयार करने पर बल दिया। वर्ष 1994 में रंगभेद के बिना सभी महिलाओं को वोट देने का अधिकार मिला। इण्डोनेशिया के जकार्ता में एशिया और प्रशान्त क्षेत्र की महिलाओं के लिए घोषणा-पत्र जारी किया गया। मिस्र के काहिरा में 5 से 13 सितम्बर तक 'जनसंख्या नियन्त्रण और विकास' पर अन्तरराष्ट्रीय सम्मेलन हुआ। गर्भनिरोधक साधनों में महिलाओं द्वारा निर्णय लिये जाने की पहल की गयी। 11 से 12 मार्च तक डेनमार्क के कोपेनहेगन में विश्व शिखर सम्मेलन हुआ जिसमें महिलाओं की निर्धनता, व्यवसाय के अवसर और

सामाजिक उत्थान हेतु चर्चा की गयी। 4 से 5 सितम्बर तक चीन के बीजिंग में चतुर्थ अन्तरराष्ट्रीय महिला-सम्मेलन किया गया। इसमें समता, विकास और शान्ति के विषय में महिलाओं की भूमिका पर विचार-विमर्श हुआ तथा वर्ष 1996 से 2001 तक के लिए पंचवर्षीय कार्य योजना तैयार की गयी। वर्ष 1995 में 'प्लेटफार्म फॉर ऐक्शन' में राजनीति में महिलाओं की प्रतिभागिता के सम्बन्ध में प्रस्ताव तैयार किया गया। वर्ष 1997 में हमारे देश में लोक सभा एवं विधान सभा में महिलाओं को एक-तिहाई यानी 33 प्रतिशत आरक्षण देने का विधेयक लोक सभा में प्रस्तुत किया गया यद्यपि आज भी यह विधेयक कानून का रूप नहीं ले सका है। वर्ष 1998 में महिलाओं के लिए इस विधेयक को पुनः पेश किया गया। वर्ष 1999 में लोक सभा में फिर इस विधेयक को 85वें संविधान संशोधन विधेयक के रूप में पेश किया गया किन्तु पूर्ववत् स्थिति ही अभी तक बनी हुई है। वर्ष 2015 में पहली बार सऊदी अरब में महिलाओं को मताधिकार प्राप्त हुआ।

विश्व की कुल श्रम क्षमता में चालीस प्रतिशत भागीदारी महिलाओं की है। अमेरिका में 43 प्रतिशत, ब्रिटेन में 33 प्रतिशत, श्रीलंका में 17 प्रतिशत, जापान में 9 प्रतिशत तथा भारत में केवल 2.3 प्रतिशत है। वर्तमान में यह भागीदारी पूर्वापेक्षा भारत में काफी बढ़ चुकी है। हमारे देश में सबसे अधिक महिलाएँ कोयला और लिग्नाइट उद्योग में हैं जहाँ इनकी संख्या लगभग 33 हैं किन्तु निर्माण क्षेत्र में काफी कम है। पंचायत के चुनाव में महिलाओं के लिए आरक्षण अवश्य है लेकिन उसमें दो से अधिक सन्तानवाली पंचायती चुनाव के अयोग्य हैं। यह प्रावधान अनुच्छेद-175(1) के द्वारा किया गया है जिसे सुप्रीम कोर्ट ने वैध माना है अपने निर्णय में। भारतीय वयस्कता अधिनियम, 1875 की धारा-3 के अनुसार 18 वर्ष की आयु के बाद लड़का या लड़की कहीं भी आ-जा सकते हैं और किसी के साथ रह सकते हैं।

हमारे देश का सर्वोच्च पुरस्कार 'भारत रत्न' है तत्पश्चात् पद्मभूषण एवं पद्मश्री आदि। इन पुरस्कारों या सम्मान को प्राप्त करनेवाली महिलाओं ने गौरव बढ़ाया है तथा अन्य महिलाओं को प्रेरणा दी है जीवन में प्रगति की ओर उन्मुख होने में। कतिपय विवरण इस प्रकार हैं—

भारत रत्न—श्रीमती इन्दिरा गाँधी, मदर टेरेसा, अरुणा आसफ अली, एम. एस. सुब्बुलक्ष्मी एवं लता मंगेशकर।

पद्म भूषण से सम्मानित—वहीदा रहमान, अर्पिता सिंह, श्रीमती राजश्री बिड़ला, शोभना रानाडे एवं चन्दा कोचर।

पद्मश्री—नीलम मानसिंह चौधरी, तबस्सुम हाशमी खान, श्रीमती महासुन्दरी देवी, सुनयना, हजारीलाल, श्रीमती कलामण्डलम खेमवती पविथ्रान, ऊषा उत्थप, काजोल, शीला पटेल, अनीता रेड्डी, डॉ. सुमन सहाय, शीतल महाजन, कुंजरानी देवी, कृष्णा पूनिया, डॉ. इन्दिरा हिन्दुजा, रजनीकुमार, अर्वशी बटालिया, रितु मेनन, ममांग देई, शान्ति टेरेसा लकड़ा आदि।

इसके अतिरिक्त अन्य पुरस्कारों से सम्मानित कतिपय महिलाओं का विवरण निम्नवत् है–

मैगसेसे पुरस्कार–मदर टेरेसा, एम. एस. सुब्बुलक्ष्मी, किरण बेदी, अरुणा राय, शान्ता सिन्हा, नीलिमा मिश्रा, डॉ. वानुकोयाजी, कमला देवी चट्टोपाध्याय एवं महाश्वेता देवी।

ज्ञानपीठ पुरस्कार–आशापूर्णा देवी, अमृता प्रीतम, महादेवी वर्मा, इन्दिरा गोस्वामी एवं महाश्वेता देवी!

बुकर पुरस्कार–अरुन्धति राय एवं किरण देसाई।

दादा साहब फाल्के अवॉर्ड–देविका रानी रोरिख, दुर्गा खोटे, लता मंगेशकर, आशा भोंसले, कानन देवी एवं सुलोचना।

मिस यूनिवर्स–सुष्मिता सेन एवं लारा दत्ता।

मिस वर्ल्ड–रीता फारिया, ऐश्वर्या राय, युक्ता मुखी एवं प्रियंका चोपड़ा।

हमारे देश में सर्वोच्च संवैधानिक पद राष्ट्रपति का है। इस पद को श्रीमती प्रतिभा पाटिल सुशोभित कर चुकी हैं। इसी प्रकार संसदीय प्रणाली में सबसे गरिमामयी पद प्रधानमन्त्री का है जिसे श्रीमती इन्दिरा गाँधी ने दो बार (वर्ष 1966-77 तथा 1980-84) सुशोभित किया।

राज्यपाल के पद पर महिलाएँ–सरोजिनी नायडू, पद्मजा नायडू, विजयलक्ष्मी पण्डित, शारदा मुखर्जी, ज्योति वेंकटाचलम, कुमुद बेन जोशी, राम दुलारी सिन्हा, सरला ग्रेवाल, चन्द्रावती, राजेन्द्र कुमारी वाजपेयी, शीला कौल, फातिमा बीबी, वी. एस. रामादेवी, रजनीराय, प्रतिभा पाटिल, प्रभा राव, कमला बेनवाल, मारगैरेट अल्वा एवं उर्मिला सिंह।

मुख्य मन्त्री–स्वतन्त्रता-प्राप्ति के पश्चात् भारत के विभिन्न राज्यों में समय-समय पर मुख्यमन्त्री के पद पर जो महिलाएँ आसीन रहीं उनके नाम हैं–सुचेता कृपलानी, नन्दिनी सत्पथी, शशिकला काकोदकर, सईदा अनवर तैमूर, जानकी रामचन्द्रन, जे. जयललिता, मायावती, राजिन्दर कौर भट्टल, राबड़ी देवी, सुषमा स्वराज, शीला दीक्षित, उमाभारती, वसुन्धरा राजे एवं ममता बनर्जी।

उपर्युक्त विवरण से स्पष्ट है कि भारतीय महिलाओं ने विभिन्न क्षेत्रों में योगदान तो दिया ही है, राजनीति में भी उन्होंने उल्लेखनीय कार्य किया है। वर्तमान में अखिल भारतीय कांग्रेस पार्टी की अध्यक्ष श्रीमती सोनिया गाँधी, ए. आई. डी. एम. के. की अध्यक्ष सुश्री जयललिता, बहुजन समाज पार्टी की अध्यक्ष मायावती एवं तृणमूल कांग्रेस की अध्यक्ष ममता बनर्जी हैं। इसके अतिरिक्त कई क्षेत्रों में चाहे वह देश में हो या विदेश अथवा अन्तरराष्ट्रीय स्तर पर प्रथम भारतीय महिला के रूप में योगदान देने हेतु उल्लेखनीय हैं। कतिपय विवरण इस प्रकार हैं–

इंग्लिश चैनल पार करनेवाली प्रथम महिला आरती साहा हैं। पुलिस सेवा में प्रथम महिला आई. पी. एस. बननेवाली किरण बेदी हैं। भारतीय राष्ट्रीय कांग्रेस की प्रथम

महिला अध्यक्ष होने का गौरव एनी बेसेण्ट को मिला। शान्ति के नोबेल पुरस्कार से सम्मानित प्रथम भारतीय नागरिक (महिला) मदर टेरेसा स्मरणीय हैं। केन्द्रीय मन्त्रिमण्डल में प्रथम महिला मन्त्री राजकुमारी अमृतकौर थीं। संघ लोक सेवा आयोग की प्रथम महिला अध्यक्ष रोज मिलियन मैथ्यूज थीं। वर्ष 1957 में मद्रास (अब चेन्नई) की प्रथम महिला मेयर तारा चेरियन निर्वाचित हुईं। सर्वोच्च न्यायालय की प्रथम महिला न्यायमूर्ति मीरा साहिब फातिमा बीबी थीं। राज्यसभा की प्रथम महिला उपाध्यक्ष वायलेट अल्वा वर्ष 1962 में बनीं। प्रथम महिला सेशन जज अन्ना चण्डी थीं। योजना आयोग की प्रथम महिला अध्यक्ष के रूप में श्रीमती इन्दिरा गाँधी ने कार्य किया। माउण्ट एवरेस्ट पर पहुँचनेवाली प्रथम भारतीय महिला बछेन्द्रीपाल हैं। लेनिन पुरस्कार से सम्मानित प्रथम भारतीय महिला अरुणा आसफ अली थीं। वर्ष 1977 में अण्टार्कटिका पर पहुँचनेवाली भारतीय महिला मेहर मूसा हैं। वर्ष 1993 में उत्तरी ध्रुव पर पहुँचनेवाली प्रथम भारतीय महिला प्रीति सेन गुप्ता हैं। वर्ष 1988 में उज्ज्वला पाटिल ने नौका द्वारा समस्त विश्व का चक्कर लगाया। वर्ष 1988 में भारत की प्रथम महिला चिकित्सक कादम्बिनी गांगुली थीं। प्रथम महिला चीफ इंजीनियर बनने का श्रेय पी. के. त्रेसिया नांगुली को है। प्रथम महिला रेल चालिका सुरेश शंकर यादव हैं। भारतीय वायुसेना की प्रथम महिला ट्रूपर नीता घोष बनीं। प्रथम महिला आई. ए. एस. अन्ना जार्ज (मल्होत्रा) नियुक्त हुईं। प्रथम अंग्रेजी लेखिका के रूप में तोरुदत्त का नाम उल्लेखनीय है। प्रथम महिला पत्रिका की प्रथम महिला सम्पादक के रूप में कमला स्वामीनाथन (इण्डियन लेडीज मैगजीन, मद्रास 1901) ने योगदान दिया। कस्टम ऐण्ड इक्साइज विभाग में प्रथम महिला कमिश्नर कौशल्या नारायण नियुक्त हुईं। सिण्डीकेट बैंक के मैनेजर के रूप में शान्ता कुमार को प्रथम महिला बैंक मैनेजर होने का श्रेय प्राप्त हुआ। दूरदर्शन में प्रथम महिला समाचार वाचिका प्रतिमा पुरी बनीं। अम्बदाबाई पेसलकर प्रथम महिला सर्कस कलाकार थीं। फिंगरप्रिण्ट विशेषज्ञ के रूप में सीता थम्बल एवं मृगा थम्बल इन दोनों बहनों के नाम उल्लेखनीय हैं। संयुक्त राष्ट्र संघ में एम. एस. सुब्बुलक्ष्मी ने कला का उत्कृष्ट प्रदर्शन किया। वर्ष 1952 के ओलम्पिक खेलों में मेरी लीला ने भाग लिया था। भारतीय विज्ञान कांग्रेस की महिला अध्यक्ष डॉ. आशिमा चटर्जी बनीं, उन्हें शान्तिस्वरूप भटनागर पुरस्कार भी मिला। एशियाई खेलों में कमलजीत सन्धू ने स्वर्ण पदक प्राप्त किया। अशोक चक्र (वर्तमान में शौर्य चक्र) ग्लोरिया बेरी और नीरजा मिश्रा को मरणोपरान्त मिला। एम. बी. बी. एस. की डिग्री प्राप्त करनेवाली महिलाओं में सर्वप्रथम विधुमुखी बोस एवं विर्जिनिया मित्तर थीं। डॉ. प्रेमा मुखर्जी प्रथम महिला सर्जन बनीं। कोर्नोलिया सोराबजी प्रथम महिला बैरिस्टर बनीं। वर्ष 1947 में विजय लक्ष्मी पण्डित सोवियत संघ में प्रथम महिला राजदूत बनीं। वह 1937 में उत्तर प्रदेश की पहली महिला मन्त्री बनीं, इंग्लैण्ड में हाई कमिश्नर रहीं और अमेरिका में राजदूत भी तथा महाराष्ट्र की गवर्नर भी थीं। वह संयुक्त राष्ट्र संघ की पहली महिला अध्यक्ष थीं। आरती

प्रधान वर्ष 1988 में जिब्राल्टर स्ट्रेट तैरकर पार करनेवाली महिला बनीं। सुमिता लाहा ने पावर लिफ्टिंग में विश्व कीर्त्तिमान् स्थापित किया। शिरीन खुसरो कियाश ने हॉकी, क्रिकेट एवं बास्केट बाल में देश का प्रतिनिधित्व किया। श्रीमती जयन्ती पटनायक वर्ष 1992 में राष्ट्रीय महिला आयोग की अध्यक्ष नियुक्त हुईं। भारत में प्रथम टेस्टट्यूब बेबी के रूप में हर्षा का जन्म वर्ष 1986 में हुआ। अकेले वायुयान उड़ानेवाली महिला हरिता देओल हैं। सन्तोष यादव एकमात्र भारतीय महिला हैं जो दो बार माउण्ट एवरेस्ट शिखर पर पहुँची। जी. बी. सत्यवती ने भारतीय चिकित्सा अनुसन्धान परिषद् के महानिदेशक के रूप में कार्य किया।

सर्वश्रेष्ठ अभिनेत्री के राष्ट्रीय पुरस्कार से सम्मानित होनेवाली हैं—नरगिस दत्त, वहीदा रहमान, शबाना अजमी, शर्मिला टैगोर, स्मिता पाटिल, रेखा, डिम्पल कपाड़िया, तब्बू, रवीना टण्डन एवं कोंकणा सेन आदि।

विभिन्न खेलों में महिला खिलाड़ियों ने प्रशसंनीय योगदान दिया है, उनमें कतिपय नाम निम्नवत् हैं—

बैडमिण्टन—मधुमिता सिंह बिष्ट, साइना नेहवाल (पूर्व में विश्व की नम्बर एक तथा ओलम्पिक की पदक विजेता), पी. वी. सन्धू, अर्चना पोपट, अश्विनी पोनप्पा, श्रुति कुरियन, अपर्णा पोपट, ज्वाला गट्टा।

शतरंज—भाग्यश्री थिप्से, रोहिणी खादिलकर कोनेरू हम्पी, तानिया सचदेव, द्रोनावल्ली हरिका, ऐशा करवडे, अनुपमा गोखले, एस. विजयलक्ष्मी, आरती रामास्वामी, निशा मोहता।

भारोत्तोलन—मल्लेश्वरी कर्णम, कुंजुरानी देवी, भारती सिंह, के. मालेश्वरी, लक्ष्मी नीलम शेट्टी, छाया, ज्योत्स्ना दत्त, सानामाचा चानू, प्रतिभा कुमारी, शैलजा पुजारी, सानिया चानू, सन्ध्यारानी, निधि पटेल।

क्रिकेट—मिताली राज, सुनीता, शर्मा।

हॉकी—एन. लम्सडेन, रजिया जैदी, सूरजलता देवी, रानी रामपाल, जसप्रीत कौर, प्रीति दुबे, दीपग्रेस एक्का, नवनीत कौर, नवनीत बारला, रेणुका यादव।

टेबिल टेनिस —अनन्दिता चक्रवर्ती, नियतिशाह, बी. भुवनेश्वरी, अर्चना राव।

साइकिलिंग—एच. सुनीता देवी।

रेस—पी. टी. ऊषा, शाइनी विल्सन, कमल सन्धू, एस. गीता तथा जिस्ना मैथ्यू।

कैरम—डी. स्वर्णलता, ए. अपूर्वा, एफ. निर्मला, के. सुवर्णा।

ऊँची कूद एवं लम्बी कूद आदि—राजीव गाँधी खेल रत्न पुरस्कार विजेता अंजू जार्ज, एस. संगीता, बाबी एलायसियस, भायूखा जानी, एम. ए. प्रजूषा, ट्रिन्सी मैथ्यू, अनुरानी।

बिलियर्ड, स्नूकर—अनुजा ठाकुर, आर. उमादेवी।

निशानेबाजी—बलजीत कौर, सोभादत्ता अंजलि, पाठक, सीमा शीरूर, राजकुमारी, श्वेता चौधरी, शैलजा पुजारी, इन्दु गुप्ता, तेजस्विनी सावन्त एवं सन्ध्या रानी देवी (दोनों अर्जुन अवॉर्ड विनर)।

डिस्कस थ्रो—नीलम जे सिंह।

एथलेटिक्स—अंजू बाबी जार्ज, सुधा सिंह, दुती चन्द्र, जासमीन कौर, जे. जे. शोभा।

टेनिस—सानिया मिर्जा (विश्व स्तर पर डबल्स में नम्बर वन एवं कई ग्रैण्ड स्लैम विजेता एवं राजीव गाँधी खेल रत्न पुरस्कार से सम्मानित), रश्मि चक्रवर्ती निरूपमा बैद्यनाथन, परीना मालू, संजना कपूर, किरण आहूजा, जी. के. श्वेता एवं मेधा सारस्वत।

तैराकी—बूला चौधरी, संगीता राव, रिचा मिश्रा, शिखा, टण्डन, निशा मिलेट, रेशमा मिलेट, परिता पारिख, अवामी सावन्त, शिवरंजनी।

जेबलीन थ्रो—गुरमीत कौर, लीसा मेहता, रेम्या वी, अम्बिका आयंगर, अन्नू।

जूडो—पूनम चोपड़ा।

जिम्नास्टिक—पी. रेनुका, नीलम जीत कौर।

रेसलर—सरित, सोनिका, दीपिका कालीरमन, गीता, बबीता फोगट समीक्षा मलिक।

ताइक्वाण्डो—पूर्णिमा, वर्मा, रिया कनौजिया, श्रद्धा दीक्षित।

गोल्फ—अदिति अशोक, शर्मिला निकोलेट एवं स्मृति मेहरा।

तीरन्दाजी—दीपिका कुमारी।

स्क्वैश—दीपिका पल्लीकल, मिशा ग्रेवाल, जोशना चिनप्पा।

घुड़सवारी—स्थवी अस्थाना।

उपर्युक्त खेलों में महिला प्रतिभागियों के साथ ही उल्लेखनीय है कि बारह वर्षीया रूपाली राम रेहाले ने इंग्लिश चैनल पार करने का करनामा कर दिखाया। केरल में महिलाएँ हाउसबोट चला रही हैं। जवाहरलाल नेहरू अन्तरराष्ट्रीय सद्भावना पुरस्कार जिन भारतीय महिलाओं को मिला उनके नाम हैं—मदर टेरेसा, श्रीमती इन्दिरा गाँधी एवं श्रीमती अरुणा आसफ अली। सरस्वती सम्मान प्राप्त करनेवाली महिलाएँ हैं—श्रीमती एन. बालमणि अम्मा एवं डॉ. इन्दिरा पार्थसारथी। चित्रा मुद्गल को व्यास सम्मान से तथा डॉ. प्रभा खेतान को बिहारी पुरस्कार से नवाजा गया है। भारतीय चित्रकला में अमृता शेरगिल का योगदान उल्लेखनीय है। भारतीय संगीत एवं नृत्य में उत्कृष्ट योगदान देनेवाली महिलाएँ हैं—हीराबाई बड़ौदकर, श्रीमती एम.एस. सुब्बुलक्ष्मी, रुक्मिनी देवी एवं संयुक्ता पाणिग्रही। अंग्रेजी लेखन में भी भारतीय महिलाएँ पीछे नहीं रही हैं। अनिता देसाई, गीता मेहता, गीता हरिहरन, निशा डी कुन्हा, शोभा डे, माला सेन और भारती मुखर्जी ने अंग्रेजी लेखन में ख्याति प्राप्त की है। भारतीय फिल्मों में पहली संगीत निर्देशिका जद्दन बाई थीं जिन्होंने वर्ष 1935 में 'तलाश-ए-हक' फिल्म में संगीत दिया। भारतीय फिल्मों की पहली महिला सिनेमेटोग्राफर बी. आर. विजयलक्ष्मी थीं। फिल्म फेयर पुरस्कार से सम्मानित प्रथम अभिनेत्री नरगिस दत्त थीं। गायन के क्षेत्र में बेगम अख्तर उल्लेखनीय हैं और जरीना बेगम तथा सुनीता झिंगरन को बेगम अख्तर सम्मान से सम्मानित किया गया है। सोभा बिस्वास, माधुरी सिंह, सूरजलता देवी, मिताली राज तथा एम. सी. मैरीकाम (बाक्सिंग में पाँच बार विश्व चैम्पियन तथा

ओलम्पिक में पदक विजेता) को अर्जुन पुरस्कार से सम्मानित किया गया है। पी. टी. ऊषा को गोल्डन गर्ल के रूप में भी जाना जाता है। बुला चौधरी को तेनजिंग नार्गे राष्ट्रीय एडवेंचर अवॉर्ड से सम्मानित किया गया है। पी. टी. ऊषा प्रथम भारतीय महिला हैं जो ओलम्पिक के फाइनल इवेण्ट में पहुँचीं। वर्तमान में वह स्पोर्ट्स अकादमी का संचालन कर रही हैं। उद्यमी किरन मजूमदार शा बायोटेक क्वीन हैं। इन्हें वर्ष 2005 में पद्मभूषण अवॉर्ड से सम्मानित किया गया। हरियाणा के करनाल में जन्मीं कल्पना चावला प्रथम भारतीय महिला थीं जो अमेरिकी स्पेस अभियान से जुड़ी थीं। नासा एस्ट्रोनाट के रूप में सुनीता विलियम ने उत्कृष्ट योगदान दिया है। मीरा नायर फिल्म निर्देशिका हैं और बालीवुड में सराहनीय योगदान दे रही हैं। सुब्बुलक्ष्मी क्लासिकल गायिका हैं और इन्हें मैगसेसे पुरस्कार मिल चुका है। सोनल मानसिंह शास्त्रीय नृत्य में पारंगत हैं तथा पद्मभूषण से सम्मानित हैं। पद्म सुब्रम्यन भरत नाट्यम में पारंगत हैं तथा शास्त्रीय नृत्य में ख्याति अर्जित किया है। मीराँ बाई (भगवान् कृष्ण की उपासिका एवं आधुनिक युग की राधा) प्रथम भारतीय महिला हैं जिनका चित्र भारतीय टिकट पर वर्ष 1952 में छपा। गीता गोपीनाथ प्रथम भारतीय महिला हैं जो हार्वर्ड विश्वविद्यालय में अर्थशास्त्र की प्रोफेसर बनीं।

भारत में प्रथम महिला विश्वविद्यालय पुणे के रूप में वर्ष 1916 में स्थापित हुआ जिसे अब महिला विश्वविद्यालय मुम्बई के रूप में जाना जाता है। कार्नेलिया सोराबजी प्रथम भारतीय महिला थीं जिसने कानून की डिग्री वर्ष 1894 में प्राप्त की। अंजलि शुक्ला प्रथम महिला सिनेमेटोग्राफर हैं जिसे राष्ट्रीय फिल्म पुरस्कार मिला। रानी जुबेदा आलमआरा प्रथम भारतीय महिला ऐक्ट्रेस थीं। प्रथम भारतीय महिला जो फोटो जर्नलिस्ट बनीं वह हैं होमई न्यारावाला। कादम्बरी गांगुली प्रथम भारतीय लेडी डॉक्टर वर्ष 1886 में बनीं। राजकुमारी अमृत कौर प्रथम भारतीय महिला थीं जो वर्ष 1950 में वर्ल्ड हेल्थ असेम्बली की अध्यक्ष बनीं। निक्की हेली भारतीय मूल की प्रथम महिला हैं जो जनवरी, 2011 में अमेरिका के साउथ कैरोलिना की गवर्नर नियुक्त हुईं। तेजस्विनी सावन्त प्रथम भारतीय महिला शूटर हैं जिन्होंने विश्व शूटिंग में गोल्ड मेडल प्राप्त किया। एस. विजयलक्ष्मी प्रथम भारतीय महिला हैं जो वर्ष 2000 में शतरंज की ग्रैण्ड मास्टर बनीं। इसी प्रकार कर्णम मल्लेश्वरी ने वर्ष 2000 में ओलम्पिक गेम के वेट लिफ्टिंग में कांस्य पदक प्राप्त किया और कमलजीत सन्धू ने वर्ष 1970 में 400 मीटर की दौड़ में एशियन गेम्स में गोल्ड मेडल प्राप्त किया। राइटर झुम्पा लाहिड़ी को अमेरिकी राष्ट्रपति ने नेशनल ह्यूमैनिटी मेडल प्रदानकर सम्मानित किया। आई. सी. सी. आई. की ज्योत्स्ना सूरी आई. सी. आई. सी. आई. की चन्दा कोचर, एस. बी. आई. की अरुन्धति भट्टाचार्य और रक्षा मन्त्रालय के संस्थान रक्षा अनुसन्धान एवं विकास संगठन (डी. आर. डी. ओ) की महानिदेशक जे. मंजुला ने अपने-अपने संस्थान की प्रगति में उत्कृष्ट योगदान दिया है। इन विवरणों से स्पष्ट है कि महिलाएँ विभिन्न क्षेत्रों में अग्रणी भूमिका का निर्वहन

कुशलतापूर्वक कर रही हैं और उनके कार्य सराहनीय हैं क्योंकि ये प्रगति को सुदृढ़ बनाने में सहायक हैं।

ब्रिटेन के मेनसा आई. क्यू. परीक्षण में भारतीय मूल की बारह वर्षीया लीडिया सेबेस्टियन का आई. क्यू. 162 निकला जो सर्वाधिक रहा। ज्ञातव्य है कि अल्बर्ट आइन्स्टीन और स्टीफन हाकिंग का आई. क्यू. 160 पाया गया था। इस प्रकार लीडिया सेबेस्टियन की यह बुद्धिलब्धि उल्लेखनीय है। भारतीय महिलाओं ने लेखन के क्षेत्र में अपना परचम लहराया है। कतिपय लेखिकाओं एवं उनकी चर्चित पुस्तकों का विवरण इस प्रकार है। नयनतारा सहगल की कृतियाँ हैं—ए वायस फार फ्रीडम, रिच लाइक अस एवं इन्दिरा गाँधी' ज इमेजेज ऐण्ड स्टाइल्स। अनिता देसाई ने 'दि विलेज बाई दि सी' कृति की रचना की तथा अमृता प्रीतम की प्रकाशित चर्चित पुस्तकें हैं—कोरे कागज, कागज ते कनवास एवं रसीदी टिकट। भारत कोकिला सरोजिनी नायडू ने 'दि सांग्स ऑफ इण्डिया' और 'गोल्डेन थ्रेसशोल्ड' ग्रन्थों की रचना की। आशा पूर्णा देवी की कृति 'प्रथम प्रतिश्रुति', प्रमिला कल्हन की 'ब्लैक वेडनस डे', तथा इन्दिरा गाँधी की 'माई ट्रुथ' चर्चित रही हैं। एनी बेसेण्ट की प्रमुख कृतियाँ 'माई ओन विटनेस' एवं 'वेक अप इण्डिया' मृणाल पाण्डे की 'ओ उव्वीरी' तथा मृदुला सिन्हा की कृति 'ज्यों मेंहदी के रंग' ख्यातिप्राप्त हैं। माला सेन ने 'डेथ बाय फायर' मोनिका शाह ने 'इण्डियाज बेण्डिट क्वीन, 'जी मन्त्री जी' एवं 'टीटू' की रचना की। अरुन्धति राय की 'गाड ऑफ स्माल थिंग्स' मृणालिनी साराभाई की 'क्रियेशन्स' और गीता मेहता की 'ए रिवर सूत्रा' चर्चित रही है। शोभा डे की 'सिस्टर्स', 'स्ट्रेंज आबसेशन' गायत्री देवी की 'ए प्रिन्सेस रिमेमबर्स' 'शूटिंग फ्राम दि हिप', 'स्नैपशाट्स' एवं 'स्माल बिट्रेयल' तथा मेनका गाँधी की 'हेड्स एण्ड टेल्स' आदि प्रमुख कृतियाँ हैं। इला पाल ने 'बियोण्ड द कैनवस : एन अनफिनिश्ड पोर्ट्रेट' तवलीन सिंह ने 'कश्मीर : ए ट्रैजिडी ऑफ एरर्स', नमिता गोखले ने 'गाड्स ग्रोब्स ऐण्ड ग्रैण्ड मदर' तथा भारती मुखर्जी ने 'द होल्डर ऑफ द वर्ल्ड' पुस्तकें लिखीं। हिन्दी साहित्य की प्रसिद्ध विदुषी महादेवी वर्मा की प्रमुख प्रकाशित कृतियाँ 'यामा', 'नीरजा' 'अतीत के चलचित्र' एवं 'स्मृति की रेखाएँ' आदि हैं।

इतिहास के अध्ययन से विदित होता है कि ऋग्वेद में पत्नी ही गृह है, कहकर महिला के महत्त्व को दर्शाया गया है। गुप्त काल में स्त्री को व्यक्तिगत सम्पत्ति समझा जाता था। सती-प्रथा के चलन का आरम्भ इस काल में हुआ। गुप्तोत्तर काल अर्थात् 500 से 1200 ई. में स्त्रियों की स्थिति अच्छी नहीं थी। देवदासी, बाल-विवाह एवं वेश्यावृत्ति आदि कुप्रथाएँ इस काल में बढ़ीं। वैसे कुछ विदुषियों ने संस्कृत भाषा में रचनाएँ भी कीं जिसमें इन्द्रलेखा, मोरिक, पद्मश्री, मदालसा एवं सुभद्रा आदि के नाम उल्लेखनीय हैं। संगमकाल में ओवैयर एवं नच्चेलिमर आदि कवयित्रियाँ थीं। इस काल में लड़की के जन्म को अशुभ माना जाने लगा तथा महिलाएँ खेतों में काम करती थीं। कतिपय महिलाओं ने शासिका के रूप में कुशलतापूर्वक राज्य संचालन किया यद्यपि वे गिनी-चुनी ही रहीं। इनमें रजिया सुल्तान ने दिल्ली में वर्ष 1236 से 1239 तक शासन किया। गोण्डवाना की शासिका रानी दुर्गावती थीं जिन्होंने वर्ष 1564 ईस्वी तक

शासन किया। छत्रपति शिवा जी के पुत्र राजाराम की पत्नी ताराबाई ने वर्ष 1700 से 1708 तक मराठा साम्राज्य की वास्तविक संरक्षिका के रूप में शासन किया। झाँसी की रानी लक्ष्मीबाई ने वर्ष 1858 तक शासन किया तथा अंग्रेजों के विरुद्ध राज्य की सुरक्षा के लिए युद्ध लड़ा। स्वतन्त्रता संग्राम में अवध की बेगम हजरतमहल ने अपूर्व योगदान दिया। स्वतन्त्र भारत में महिलाओं ने विभिन्न क्षेत्रों में कीर्त्ति के आयाम स्थापित किये हैं। सुपरबाइक्स चलानेवाली महिलाओं में मराल यजारलू (फैशन डिजाइनर), वन श्री मिराजकर एवं सोमा डोरा आदि के.नाम उल्लेखनीय हैं। ये सभी 33 वर्ष से 42 वर्ष के आयु वर्ग की हैं।

न्यूयार्क सिटी की पहली महिला जज राज राजेश्वरी का जन्म भारत में हुआ है। इसके पूर्व वह आपराधिक अदालत नारकोटिक्स और यौन अपराध पीड़ितों के विशेष ब्यूरो में उपप्रमुख भी रह चुकी हैं। धीरे-धीरे लोग धर्म एवं जाति के बन्धन से ऊपर उठ रहे हैं। संकीर्ण मानसिकता को त्यागकर प्रगतिशील दृष्टिकोण को अपना रहे हैं फिर चाहे वह नर हो या नारी। स्वतन्त्रता-प्राप्ति के समय से लेकर अब तक महिलाओं में साक्षरता दर की पर्याप्त वृद्धि हो चुकी है यद्यपि अभी भी यह अपेक्षा के अनुकूल नहीं है। उत्तर प्रदेश सरकार ने गीता चैम्पियन विजेता मरियम सिद्दकी को ग्यारह लाख रुपये का पुरस्कार प्रदान किया है। हमारे देश में महिला पायलटों की संख्या किसी भी देश की तुलना में सर्वाधिक है। अब महिलाएँ रेल इंजन ड्राइवर, टी.टी.ई., बस ड्राइवर, बस कण्डक्टर, कूड़े ढोनेवाली गाड़ियों के ड्राइवर, आटो, आटोरिक्शा एवं कैब की ड्राइवर भी बनने लगी हैं। तकनीकी क्षेत्रों में उनके कार्यरत होने की संख्या में तेजी से वृद्धि हो रही है। पुरुष भी महिलाओं के उत्थान में सहयोग देने लगे हैं। यू. एन. ने लैंगिक समानता अभियान के लिए ऐक्टर अनुपम खेर को दूत चुना है और उन्होंने पूर्ण सहयोग का आश्वासन दिया है। वाशिंगटन यूनिवर्सिटी की इन्स्टीट्यूट फार हेल्थ मेट्रिक्स ऐण्ड इवेल्यूशन के तहत विभिन्न देशों के अनुसन्धानकर्त्ताओं द्वारा किये गये सर्वे के अनुसार हमारे देश में वर्ष 1990 से 2013 के मध्य महिलाओं के जीने की औसत उम्र में 10.3 वर्ष की वृद्धि हुई है और यह 68.64 वर्ष हो गयी है। यह भी सच है कि कानूनों में संशोधन और विभिन्न नये कानून बनने के पश्चात् भी महिलाओं के विरुद्ध होनेवाले उत्पीड़न एवं आपराधिक कृत्यों में बढ़ोतरी हो रही है। गुरुदेव रवीन्द्रनाथ टैगोर का कथन है—"विश्वास वह पक्षी है जो प्रभात के पूर्व अन्धकार में ही प्रकाश का अनुभव करने लगता है और गाने लगता है।" इस कथन को साकार कर रही हैं आज की महिलाएँ, अब वे अपने जीवन की त्रासदी से मुक्त होने के लिए आवाज बुलन्द कर रही हैं। महिलाओं के उत्थान हेतु विभिन्न अभियानों में वे अपना योगदान दे रही हैं। कोई भी क्षेत्र ऐसा नहीं है जहाँ वे पुरुषों के समकक्ष होने का प्रयास न कर रही हों। यही जागरण उनमें आत्मविश्वास उत्पन्न करेगा और निस्सन्देह बदलते परिदृश्य में वे प्रगति की ओर अपने बढ़ते कदमों से अपने सुनहरे स्वप्नों को साकार करने में सक्षम हो सकेंगी।

●

महिला सशक्तीकरण

नर और नारी दोनों एक-दूसरे के पूरक हैं। नारी केवल सन्तान को जन्म देनेवाली एवं गृह का प्रबन्धन करनेवाली ही नहीं होती है अपितु सामाजिक, आर्थिक और राजनीतिक सभी क्षेत्रों में वह पुरुषों के समकक्ष है अर्थात् उसे वे सभी अधिकार होने चाहिए जो पुरुषों को हैं। वैदिक काल में स्त्रियाँ भोग्या नहीं अपितु आदर की पात्र थीं। नारी का पराभव मध्यकालीन युग में बढ़ा, सती प्रथा, देवदासी प्रथा, बाल-विवाह, दहेज प्रथा, विधवाओं के प्रति अमानवीय व्यवहार, कन्या वध एवं दासी प्रथा आदि कुरीतियों का चलन बढ़ा। समय-समय पर विभिन्न नारियों ने अपनी योग्यताओं का अनुपम उदाहरण प्रस्तुत किया है। एक लम्बी शृंखला है ऐसी नारियों की जिनमें कतिपय हैं—गार्गी, अपाला, अहिल्या, रजिया सुल्तान, दुर्गावती, चाँदबीबी, नूरजहाँ, जीजा बाई, मीराँ बाई कस्तूरबा गाँधी, कैप्टन लक्ष्मी सहगल, दुर्गाबाई देशमुख, सरोजिनी नायडू, अरुणा आसफ अली, भीखाजी कामा, एनी बेसेण्ट, विजय लक्ष्मी पण्डित, इन्दिरा गाँधी, जयललिता, सुचेता कृपलानी, ममता बनर्जी, मायावती, प्रतिभा पाटिल, मीरा कुमार, रानी लक्ष्मीबाई, बेगम हजरतमहल एवं सिस्टर निवेदिता आदि जो प्रेरणास्रोत रहीं हैं। कई कुप्रथाओं का अन्त हो चुका है। इनके निवारणार्थ सशक्त कानून बने हैं तथा कुछ कुरीतियाँ जो शेष हैं, उन्हें जनजागृति लाकर दूर करना होगा। आधुनिक काल में वे प्रगति के पथ पर अग्रसर हैं। समस्याएँ आज भी बहुत-सी हैं उनके समक्ष। आवश्यकता है मिल-जुलकर उनके निराकरण की। वे एकोऽहं बहुस्याम के कथन को चरितार्थ करती हुई समाज की जनसंख्या का सृजन करती हैं। नारी सन्तान की पालिका एवं संचालिका भी है। वे पुरुषों की उद्योग उपलब्धियों को व्यवस्थित करने में योगदान देती हैं। जिस प्रकार की स्थिति अधिकांश नारियों की किसी राष्ट्र में होगी उसी प्रकार का वह राष्ट्र बनेगा। नारी जब तक अशक्त रहेगी वह पुरुष पक्ष के लिए भार रहेगी। राष्ट्रकवि मैथिलीशरण गुप्त ने नारी का सटीक चित्रण इन पंक्तियों में किया है—

भागे न क्यों, हमसे भला दूर सारी सिद्धियाँ।
पाती स्त्रियाँ आदर जहाँ, रहतीं वहीं सब सिद्धियाँ।।

इस पुरुषप्रधान समाज में जो स्त्रियाँ अपने हक के लिए लड़ने का साहस रखती हैं वे भी विभिन्न सीमाओं के कारण अग्रसर नहीं हो पाती हैं। उन्हें यह बोध होता है कि दूसरे लोग क्या कहेंगे? यह सोचकर वे बढ़े हुए कदम वापस खींच लेती हैं। रोम साम्राज्य के विस्तार के समय भी महिलाएँ नागरिकता के अधिकार से वंचित रही थीं। आज भी कुछ देश ऐसे हैं जहाँ महिलाएँ वोट देने का अधिकार नहीं रखती हैं। वे विषमतापूर्ण जीवन जी रही हैं तथा त्रासदी का शिकार हो रही हैं। परिवार के बड़े बुजुर्ग भी उन्हें तथाकथित नारी धर्म की शिक्षा देते हैं जो पुरुष के वर्चस्व की अभिव्यक्ति है। हमारे समाज में पुरुष के वर्चस्व को अभिव्यक्त करनेवाले कार्य या पद ऐसे हैं जिसमें पुरुष के अस्तित्व की झलक मिलती है जैसे फायरमैन, बारमैन, मैनफुली, मैनपावर, क्राफ्ट्समैन, सेल्समैन, मेलमैन, चेयरमैन, मैन, ब्रदर्ली, बिजनेसमैन, लैण्डलार्ड, स्पोर्ट्समैन आदि लेकिन अब इनके स्थान पर क्रमशः फायर फाइटर, बर्टेण्डर, वैलेण्टली, ह्यूमन इनर्जी या ह्यूमन रिसोर्सेज, क्राफ्ट वर्कर, सेल्स असिस्टेण्ट, मेल करियर, ह्यूमन बीइंग, फ्रेण्डली, बिजनेस मैनेजर, ओनर या प्रोप्राइटर एवं एथलीट आदि शब्दों का चलन बढ़ा है क्योंकि नारी अब सभी क्षेत्रों में सहभागी बन चुकी हैं और यह उनके सशक्तीकरण को इंगित करता है।

अधिकांश पुरुषों की मानसिकता रहती है कि पत्नी घर में सीमित रहे भले ही वे परस्त्रियों के साथ मौजमस्ती करते रहें। स्त्री यदि प्यार से वंचित रहती है तो जीवन की मुश्किलें बढ़ती रहती हैं। नारी के सौन्दर्य के मानदण्ड भी बदलते रहते हैं। पहले मांसल देहयष्टि सौन्दर्य की प्रतीक थी अब दुबली-पतली या छरहरी काया और विभिन्न अंगों की माप के अनुसार सौन्दर्य का निर्धारण होने लगा है। बहुतेरों की दृष्टि में नारी आज भी भोग्या है। विज्ञापनों में वह कमोडिटी के रूप में प्रदर्शित होती है। स्लिम होने के लिए वह जिम जाती है, प्लास्टिक सर्जरी कराती है जिससे वह सुन्दर दिखायी पड़े। वेश्यालयों की संख्या में भले ही कमी आयी हो लेकिन सेक्स रैकटों का विस्तार हुआ है। कानून के दायरे में उसे विभिन्न सुविधाएँ प्राप्त हैं लेकिन अपने अधिकार के लिए वह आज भी संघर्षशील नहीं है। कारण है पराश्रित होना। वह परिवार के सदस्यों को खिलाकर बचा-खुचा खाकर सन्तोष करती है चाहे क्षुधातृप्ति हो या न हो। पुरुषों में स्वेच्छाचारिता स्त्रियों की अपेक्षा कहीं अधिक हैं। शिक्षित स्त्रियों विशेष रूप से आत्मनिर्भर स्त्रियों की स्थिति अशिक्षित एवं घरेलू स्त्रियों की अपेक्षा अवश्य बेहतर है पर सभी की नहीं। कई स्त्रियों को स्वार्जित आय को इच्छानुसार व्यय करने का अधिकार घर में नहीं है क्योंकि वे पति की अनुमति से खर्च करती हैं नारी अकेले जीवनयापन करने में दुश्वारियाँ झेलती हैं। उसे घर, पति या अभिभावक के सहारे की आवश्यकता रहती है। विडम्बना यह है कि बलात्कारी ससुर को पति बना दिया जाता है और पति बेटा बन जाता है, प्रेम विवाह कर लेने पर एक गोत्र या गाँव के होने के कारण पत्नी बहन बना दी जाती है कतिपय खाप पंचायत या मौलवियों के निर्णयानुसार। ये सब नारी की दयनीय दशा को दर्शाते हैं। आज भी ऊँचे ओहदे, धर्म, राजनीति आदि में पुरुषों

का वर्चस्व स्त्रियों की अपेक्षा कहीं अधिक है। औरतें पूर्व की भाँति पुरुषों की सम्पत्ति नहीं रह गयी हैं। उनमें जागरूकता बढ़ी है जो अच्छा संकेत है। लिव टूगेदर का चलन बढ़ा है, पक्ष-विपक्ष में दलीलें दी जा सकती हैं पर बगैर विवाह किये किसी पुरुष के साथ महिला रह सकती है और इसके बाद भी विशिष्ट स्थितियों में उसे संरक्षण का प्रावधान भी है। महिला आयोग में शिकायत दर्ज की जा सकती है यदि कोई अनाचार या अत्याचार होता है।

नारी संगठन भी आगे बढ़ा है औरत के हक में आवाज उठाने के लिए। औरत को अपनी सहायता खुद करनी होगी। शोषण के विरुद्ध उसे आवाज बुलन्द करनी होगी और नारी-स्वाधीनता को सच्चे अर्थों में सार्थक करना होगा। परिवार में बाल्यावस्था से ही लड़के-लड़कियों में फर्क करना दूषित मानसिकता की द्योतक है। महिलाओं के लिए तलाक लेना जितना सहज होगा उतनी ही उसकी प्रताड़ना में कमी आयेगी। अन्य विकसित देशों की तुलना में हमारे देश में तलाक की दर कम है। समाज की बेड़ियाँ ऐसी हैं कि यौन रूप से अक्षम पति के साथ बहुतेरी स्त्रियों को साथ रहकर जीने को विवश होना पड़ता है। हमारे देश में स्त्रियाँ यौन जबर्दस्ती के प्रयास, बलात्कार, हिंसा और हत्या की शिकार होती हैं। सब्जबाग दिखाकर, नौकरी का लालच देकर स्त्रियों को विदेश भेज दिया जाता है और पासपोर्ट तथा वीजा हथियाकर उन्हें अभिशप्त जीवन बिताने के लिए विवश कर दिया जाता है। महिलाओं ने समय-समय पर प्रतिकार के लिए संघर्ष भी किया है और आज भी वे इस दिशा में अग्रसर हैं। वर्ष 1909 में अमेरिका में 28 फरवरी को राष्ट्रीय नारी-दिवस मनाने की शुरुआत की गयी। वर्ष 1910 में यूरोप की महिलाओं ने फरवरी के अन्तिम इतवार को महिला-दिवस मनाया। 19 मार्च, 1911 को यूरोप में अन्तरराष्ट्रीय नारी-दिवस मनाया गया। 8 मार्च, 1913 एवं 1914 में यूरोप, अमेरिका में अन्तरराष्ट्रीय नारी-दिवस मनाया गया। 8 मार्च, 1975 से संयुक्त राष्ट्र संघ द्वारा घोषित होने पर अन्तरराष्ट्रीय महिला-दिवस मनाया जाने लगा है। महिलाओं के हक में इतने कानून बन जाने के बाद भी उनके प्रति अपराधों की संख्या बढ़ी है। आज नारी की स्थिति पूर्वापेक्षा बेहतर अवश्य है पर इस स्थिति को लाने के पीछे उनका सदियों का परिश्रम भी रहा है। अभी उन्हें मीलों आगे बढ़ना है इसलिए उन्हें ये प्रयास और भी दृढ़ रूप में जारी रखने पड़ेंगे अपने को सशक्त बनाने हेतु।

महाकवि कालिदास कृत 'कुमार सम्भव' तथा 'मेघदूत' में क्रमशः पार्वती द्वारा कन्दुक क्रीड़ा और अलकापुरी की कन्याओं के खेल का उल्लेख मिलता है। आज भारतीय नारियाँ खेल के क्षेत्र में भी वर्चस्व स्थापित करने की होड़ में आगे बढ़ रही हैं। 'पोजीशन ऑफ वीमेन इन इण्डिया' में उल्लेख मिलता है कि चालुक्य वंश के शासन काल में स्त्रियों को प्रशासकीय क्षेत्रों में भागीदारी दी जाती थी। महाकवि कालिदास ने 'कुमार सम्भव' में यह तथ्य दर्शाया है कि बुद्धिहीन व्यक्ति ही कन्या और पुत्र में भेद करते हैं, समझदार व्यक्ति कन्या व पुत्र का समान स्नेह से पालन-पोषण करते हैं। याद

रखें कि नारी के रुग्ण एवं दीन-हीन होने की स्थिति का प्रभाव उसकी सन्तान पर भी होगा। महात्मा गाँधी ने नारी की दुर्दशा पर मर्माहत होकर कहा था—"औरतों का अधिकांश समय पुरुषों की सेवा में तथा महज उनके मनोरंजन और वासनापूर्ति का साधन बनने में ही व्यतीत हो जाता है। यह दासता नहीं तो और क्या है। मैं तो इसे पुरुष की बर्बरता की क्रूर निशानी कहूँगा।" अधिकांशतया नारी को साहित्य, चित्र, काव्य, मंच और गीत आदि में रमणी और कामिनी के रूप में दर्शाया जाता है। उसके अन्य स्वरूपों या पक्षों का उल्लेख कम किया जाता है। अमेरिका की बेट्टी प्राइडन नारी-मुक्ति आन्दोलन की सर्जक हैं। उन्होंने नारी को आदर्श एवं व्यावहारिक दृष्टिकोण को अपनाने के प्रति प्रेरित किया है। अन्तर्जातीय एवं अन्तर्प्रान्तीय विवाहों ने नारी की स्वतन्त्रता का पोषण किया है। पं. जवाहरलाल नेहरू का कथन है कि किसी देश की प्रगति का मापदण्ड है कि उसका महिला समाज कितनी प्रगति कर चुका है। रोमानिया एक छोटा देश है। वहाँ की महिला समाज ने समाज के उत्कर्ष में महती भूमिका का निर्वहन किया है। नारी के विकास से ही अन्य बहुत-सारी समस्याएँ सुलझ सकेंगी। उनके सहयोग से ही विकास के द्वार खुलते हैं।

महिलाओं में व्याप्त आत्महीनता की भावना के निवारण में सभी का सहयोग अपेक्षित है। उनके जागरण में शिक्षा की महती भूमिका है। आज भी महिलाओं की साक्षरता दर पुरुषों की तुलना में कम है। उनमें शिक्षा के प्रति अभिरुचि का विकास करना होगा। क्यूबा देश में शिक्षा के क्षेत्र में डिग्री तभी दी जाती है जब व्यक्ति पाँच निरक्षरों को साक्षर बना दे। कुछ इसी प्रकार की व्यवस्था हो हमारे देश में अर्थात् प्रत्येक शिक्षित व्यक्ति अशिक्षित व्यक्ति को साक्षर बनाने में सहयोग दे। ग्रामीण क्षेत्र की महिलाएँ जो कम शिक्षित या अशिक्षित हैं उन्हें आत्मनिर्भर बनाने की दृष्टि से सिलाई, कढ़ाई, बुनाई, रंगाई, साबुन बनाने, घरेलू शाक वाटिका में सब्जी उगाने, फर्नीचर पर पॉलिश, मरम्मत कार्य एवं दस्तकारी आदि कार्य सिखाकर उनके कौशल का विकास किया जाये। तात्पर्य यह है कि नारी को अनुत्पादक न समझा जाये। उन्हें भाग्य पर सन्तोष करने की मनोवृत्ति को त्यागकर जागृत होना होगा। टेपरिकार्डर, वीडियो, स्लाइड प्रोजेक्टर, चार्ट, नक्शे, चित्र एवं चित्र प्रदर्शिनियों के माध्यम से प्रगतिशीलता की ओर उन्मुख करने के कार्यों का सम्पादन होना चाहिए। साक्षर महिलाओं के लिए जगह-जगह पर पुस्तकालय स्थापित किये जायें जिससे वे ज्ञानार्जन कर सकें। याद रखें कि नारी परिवार का मेरूदण्ड है। उसकी प्रगति के बिना न परिवार की उन्नति हो सकती है और न समाज की ही। पिछड़े देशों में नारी एक ओर शोषण से ग्रस्त है दूसरी ओर विकसित देशों में नारी प्रलोभन से ग्रस्त है। सभी देशों में नारी से सम्बन्धित समस्याएँ किसी-न-किसी रूप में व्याप्त हैं अन्तर कम और अधिक का हो सकता है। लेखनी और वाणी द्वारा उनके लिए लोक शिक्षण का कार्य होना चाहिए। लोकमानस में परिवर्तन लाने हेतु उचित होगा कि नारी-उत्थान हेतु गोष्ठियाँ और सभा-सम्मेलनों का आयोजन

हो साथ ही सस्ते साहित्य का प्रकाशन भी जिसमें नारी-समस्याओं से सम्बन्धित विभिन्न पहलुओं पर प्रकाश डाला जाये।

भारतीय संविधान के अनुच्छेद-14, 15(1), 16 और 39(4) में समानता, भेद-भाव निषेध, समान अवसर तथा समान कार्य के लिए समान वेतन के अधिकार की बात कही गयी है साथ ही अनुच्छेद-42 में मातृत्व अवकाश की व्यवस्था है। महिलाओं के विरुद्ध किये जानेवाले आपराधिक कृत्यों के निवारण हेतु विभिन्न प्रकार के कानून बने, संशोधन हुए, आवश्यकतानुसार नये एवं सख्त कानून बनाये गये और बन रहे हैं जिनका एकमात्र उद्देश्य उनकी सुरक्षा और उन्नयन है। समाज में विभिन्न प्रकार की कुरीतियों का चलन बढ़ा, नारी की स्थिति हेय बनी, स्वतन्त्रता-प्राप्ति के पश्चात् उनकी स्थिति में सुधार आया, साक्षरता दर बढ़ी, विभिन्न क्षेत्रों में वे पुरुषों के साथ कन्धे-से-कन्धा मिलाकर आज उन्नति के पथ पर अग्रसर हैं। विभिन्न कुप्रथाओं का उन्मूलन हुआ, विभिन्न क्षेत्रों में उनकी हिस्सेदारी या प्रतिभागिता बढ़ी लेकिन अभी भी बहुत-कुछ प्राप्त होना शेष है उनकी सशक्तीकरण के लिए। विभिन्न पंचवर्षीय योजनाओं में महिला विकास को ध्यान में रखा गया है। उनके सशक्तीकरण से उनकी रचनात्मक शक्ति का विकास होगा और प्रगति का मार्ग प्रशस्त होगा।

नारी जागरण से महिलाएँ परम्परागत छवि की जकड़न से मुक्त हो रही हैं। वैश्वीकरण की पूँजीवादी व्यवस्था में स्त्री को एक उपकरण के रूप में मानने के दृष्टिकोण के विरुद्ध उन्होंने अपनी आवाज बुलन्द की है। वे केवल सौन्दर्य की प्रतीक नहीं हैं अपितु शक्ति की भी प्रतीक हैं। राष्ट्रकवि मैथिलीशरण गुप्त ने कहा है—"एक नहीं दो-दो मात्राएँ, नर से भारी नारी।" यह पंक्ति सत्यार्थ को इंगित करती है। साहित्यकार शरतचन्द्र का कथन है—"यदि कहीं कठोर अत्याचार और अनाचार के बदले भी स्नेह और प्रेम हो सकता है तो यह स्त्रियों में ही हो सकता है।" यह उक्ति नारी की महानता की छवि का आभास कराती है। समय बदल चुका है, अत्याचार और अनाचार के विरुद्ध अब वे संघर्ष करने को तत्पर हैं। विक्टर ह्यूगो ने व्यक्त किया है कि नर को दृष्टि होती है और नारी को अन्तर्दृष्टि। जार्ज हरबर्ट ने माना है कि एक अच्छी माता सौ शिक्षकों के बराबर है। एकनिष्ठ प्रेम और शारीरिक पवित्रता की बातें अर्थहीन होती जा रही हैं क्योंकि अविवाहिताओं को भी माँ बनने का अधिकार है और मातृत्व अवकाश के लिए वे अधिकृत हैं। आर्थिक स्वतन्त्रता या आत्मनिर्भर होने की स्थिति में आज की नारी अनावश्यक हस्तक्षेप या बन्दिशों की सीमा से ऊपर उठ चुकी हैं। उन्हें अपने अधिकार चाहिए। इसके लिए वे भरसक प्रयासरत भी हैं। आज सामाजिक रवैये को बदलने की आवश्यकता है अर्थात् नारी के प्रति संकीर्ण नजरिये का हम सभी परित्याग करें। उन्हें सहयोग करें विकास हेतु। कहने को तो क्राइम वीमेन सेल बना है लेकिन प्रभावी क्रियान्वयन नहीं हो पाया है। विभिन्न महिला संगठन जैसे इण्डियन फेडरेशन ऑफ वीमेन लायर्स, कल्याण व नारी रक्षा समिति, कल्याणी संस्था, हेल्प एज इण्डिया, ब्रेक

थ्रू एवं अन्य कई संस्थाएँ महिलाओं को कानूनी अधिकारों की जानकारी देती हैं, संघर्ष में सहयोग प्रदान करती हैं जिससे वे पुरुष के साथ बराबरी का रिश्ता बनायें और अपने स्वतन्त्र व्यक्तित्व का विकास करें।

बलिकाओं के घटते अनुपात को दूर करने, भ्रूणहत्या रोकने, उन्हें सम्मानजनक आत्मनिर्भर बनाने की दृष्टि से उत्तर प्रदेश में महामाया गरीब बालिका आशीर्वाद योजना, आशा योजना, सौभाग्यवती मातृत्व योजना तथा जननी सुरक्षा आदि योजनाएँ संचालित हैं। नारी के विभिन्न रूप हैं जिनमें एक रूप माँ का भी है। मातृत्व एक सुखद अहसास है और नारी की पूर्णता मातृत्व में है। कहा भी गया है–"पुत्र कुपुत्र भवति माता कुमाता न भवेत" अर्थात् पुत्र कुपुत्र हो सकता है पर माता कुमाता नहीं होती है। तैत्तिरीय ब्राह्मण में कहा गया है–मातृ देवो भव अर्थात् माँ को देवी का स्थान दिया गया है। यक्ष के प्रश्न–पृथ्वी से भारी क्या है? के उत्तर में युधिष्ठिर ने माँ को बताया था। छान्दोग्य उपनिषद् में कहा गया है कि स्वप्न में भी माँ के दर्शन होने से समृद्धि मिलती है। स्वामी दयानन्द सरस्वती के अनुसार, "माता के समान सन्तानों को प्रेम करनेवाला अन्यत्र कोई नहीं हो सकता है।" नारी के लिए प्रकृति का वरदान है मातृत्व, इसके बिना वह अधूरी है। नारी के अन्य रूप हैं–पुत्री, पत्नी, पुत्रवधू, ननद, देवरानी, जेठानी, बुआ, मौसी, चाची, मामी, नानी एवं दादी। माँ, संरक्षक, मित्र, शुभचिन्तक और हितैषी अर्थात् सब-कुछ है फिर भी कई माँएँ, आजकल वृद्धाश्रम में दुर्दिन व्यतीत करते देखी जा सकती हैं। नारी से ही परिवार का सृजन होता है। "ओऽमू स्वस्ति मात्र उत्र पित्रे नो अस्तु स्वस्ति गोम्यो पुरुषेभ्यः" अर्थात् विश्व परिवारों से बनता है तथा परिवार में प्रमुख माता-पिता हैं। परिवार समाज का मूलाधार है। नियोजित परिवार के परिप्रेक्ष्य में जनसंख्या नीति का प्रत्येक देश द्वारा व्यावहारिक रूप से अपनाया जाना और फलस्वरूप प्रजनन क्षमता का दुनिया भर में कम होने लगना इतिहास की एक मौन क्रान्ति है। विधवाओं के उन्नयन के सम्बन्ध में स्वामी विवेकानन्द ने ऐसी किसी भी धार्मिक आस्था को त्याज्य बताया जो किसी विधवा के आँसू नहीं पोंछ सकता है। वर्तमान में निराश्रित एवं असहाय विधवाओं को पेन्शन दिये जाने का प्रावधान है और उनका पुनर्विवाह होता है। सुधार लाने के लिए जरूरी है कि उनको शिक्षित किया जाये, व्यावसायिक प्रशिक्षण दिया जाये, पुनर्विवाह में योगदान दिया जाये और निराश्रितों के लिए आश्रम की संख्या में बढ़ोतरी हो।

विश्व की यूनिसेफ संस्था ने वर्ष 1995 में मीना संचार पहल के अन्तर्गत विभिन्न पहलुओं यथा स्वास्थ्य, पर्यावरण, शिक्षा, बाल अधिकार और कौशल विकास आदि पर बच्चों से संवाद स्थापित करने हेतु एनिमेटेड मीना कार्टून की शुरुआत कहानी और फिल्मों के माध्यम से की। उत्तर प्रदेश में इसे वर्ष 1998 में प्रारम्भ किया गया। राज्य के अधिकांश बच्चों का रोल मॉडल मीना है जो चमकती आँखों, गुलाबी टाप और लाल स्कर्ट में तोते के साथ दृष्टिगत होती है। यह एक काल्पनिक चरित्र है जो सच बोलती

है, अधिकारों के लिए संघर्ष करती है, लिंग समानता का समर्थन करती है, विद्यालय में उपस्थिति के महत्त्व को दर्शाती है, पर्यावरण संरक्षण का ध्यान रखती है, उचित खान-पान, शौचालय के निर्माण व स्वच्छता की वकालत करती है। मीना मंच और मीना रेडियो प्रसारण में लड़कियों को आयरन की गोलियाँ खाने, टीकाकरण, हाथ की धुलाई, प्रदूषण के निवारण, वृक्षारोपण और हरियाली के विकास आदि के महत्त्व को बताया जाता है। उत्तर प्रदेश के 746 कस्तूरबा गाँधी बालिका विद्यालयों के छह लाख से अधिक बच्चे 'मीना की दुनिया' शीर्षक रेडियो कार्यक्रम को सुनते हैं। इसके सकारात्मक परिणाम आये हैं जैसे बाल-विवाह में कमी, नियमित उपस्थिति में वृद्धि, टीकाकरण के प्रति जागरूकता, स्वच्छता की आदत का निर्माण, सामूहिक कार्यकलापों में प्रतिभागिता में वृद्धि और पर्यावरण के प्रति जागरूकता में वृद्धि आदि। पाकिस्तान की मलाला यूसुफजई ने अदम्य साहस का परिचय देते हुए लड़कियों की साक्षरता में अमूल्य योगदान दिया। उसके जीवन को समाप्त करने के लिए गोली मारी गयी। किन्तु विदेश में समुचित चिकित्सा सुविधा मिलने से उसका जीवन बच गया। उसे नोबेल प्राइज के सम्मान सहित अनेक सम्मानों से विभूषित किया गया तथा संयुक्त राष्ट्र संघ ने वर्ष 2012 से प्रतिवर्ष 10 नवम्बर को मलाला दिवस मनाने का निर्णय लिया। वह प्रेरणा स्रोत हैं महिलाओं की शिक्षा के सन्दर्भ में। बालिकाओं की शिक्षा में वृद्धि हेतु उसने अनूठा उदाहरण प्रस्तुत किया है जो अन्य लोगों के लिए भी महिला सशक्तीकरण की दृष्टि से अनुकरणीय है।

सन्तान के उत्पन्न होने पर देख-रेख की जिम्मेदारी उसके माता-पिता की होती है लेकिन अधिकांशतया माँ को ही दायित्व का निर्वहन करना पड़ता है जिससे उस पर कार्याधिक्य का बोझ पड़ता है। सर्विसवाली महिलाओं को इसके लिए मेटरनिटी लीव मिलती है दो बच्चों तक में अतः अब पिता के लिए पैटरनिटी लीव का प्रावधान किया जाने लगा है कहीं-कहीं पर जिससे दोनों बच्चे के प्रति दायित्व पूर्ण कर सकें। यह भी महिला सशक्तीकरण की दिशा में एक कदम है जिससे कार्याधिक्य के बोझ से उसे मुक्ति मिल सके। भारत में कतिपय कम्पनियाँ बच्चे के जन्म के पन्द्रह दिन पहले से लेकर छह महीने तक की अवधि में यह लीव देती हैं। उन्हें अट्ठारह हफ्ते की अनपेड लीव मिल सकती है। स्वीडन में इसकी शुरुआत वर्ष 1974 में हुई। वर्ष 1995 में वहाँ इसकी अवधि एक महीने की रखी गयी। वर्ष 2002 में एक महीने का अवकाश और बढ़ाया गया। 1993 में नार्वे में इसकी शुरुआत एक महीने की लीव से की गयी जो अब ढाई महीने की हो गयी है। अमेरिका में न तो पैटरनिटी लीव मिलती है और न ही मेटरनिटी लीव। वर्ष 1999 में भारत सरकार ने केन्द्रीय कर्मचारियों के लिए पन्द्रह दिन के अवकाश का प्रावधान किया। प्राइवेट कम्पनियों में इस सम्बन्ध में कोई नियम नहीं है। कुछ कम्पनियाँ 5 से 7 दिन तक की लीव देती हैं और कुछ नहीं देती हैं। इस अवकाश से तलाक में कमी आती है क्योंकि माता-पिता मिलकर बच्चे का दायित्व सँभालते हैं। आइसलैण्ड में 120 दिन की पेड लीव मिलती है और नब्बे दिन की अनपेड

लीव। स्वीडन में 70 दिन की लीव 80 फीसदी वेतन के साथ मिलती है। इटली में भी 80 फीसदी सैलरी के साथ 90 दिन की लीव का प्रावधान है। नार्वे में 70 दिन की लीव सवेतन तथा 30 हफ्ते की लीव 80 फीसदी वेतन के साथ मिलती है। स्वीडन में अब साठ दिन की पेड लीव तथा माता-पिता दोनों को मिलाकर साठ हफ्ते के अवकाश का प्रावधान किया गया है। फिनलैण्ड में यह सीमा 54 दिन की है वेतन के साथ और 22 हफ्ते का अवकाश बिना वेतन के मिल सकता है। ब्रिटेन में वेतन के साथ 14 दिन का अवकाश मिलता है पैटरनिटी लीव के रूप में तथा 25 हफ्ते का अवकाश बिना वेतन के लिया जा सकता है। बेल्जियम में दस दिन का सवेतन अवकाश तथा 17 हफ्ते का अवकाश बिना वेतन के लिया जा सकता है। डेनमार्क में 14 दिन की पेडलीव का प्रावधान है तथा 33 हफ्ते का अवकाश माता-पिता में से किसी एक को मिल सकता है। फ्रान्स में केवल ग्यारह दिन के अवकाश का प्रावधान किया गया है तथा छह महीने का अवकाश बिना वेतन के देय है। इसी प्रकार स्पेन में 15 दिन का अवकाश पिता को वेतन सहित मिलता है तथा तीन वर्ष का अवकाश बिना वेतन के पिता ले सकता है। इस प्रकार पैटरनिटी लीव का प्रावधान अलग-अलग जगहों पर भिन्न-भिन्न है।

वर्ष 2011 की जनगणना के अनुसार हमारे देश में लगभग छह लाख ट्रान्सजेण्डर हैं यद्यपि ये आँकड़े प्रामाणिक नहीं हैं। वर्तमान सरकार उन्हें आधिकारिक रूप में मान्यता देने के प्रयास में है। सामाजिक न्याय और सशक्तीकरण मन्त्रालय 'राइट ऑफ ट्रान्सजेण्डर पर्सन्स बिल' तैयार कर रहा है जिसके अन्तर्गत उन्हें पहचान-पत्र मिलेगा तथा ओ.बी.सी कैटेगरी में आरक्षण का लाभ भी। हर जिले में पाँच सदस्यों की कमेटी बनेगी, डी. एम. उसके अध्यक्ष होंगे साथ ही सी. एम. ओ. ट्रान्सजेण्डर कम्युनिटी के प्रतिनिधि और सामाजिक कार्यकर्त्ता उसके सदस्य बनेंगे। ट्रान्सजेण्डरों को किन्नर या हिजड़े भी कहा जाता है। देश में इनकी सही संख्या जानने का ठोस प्रयास नहीं किया गया है। वे समाज में उपहास के पात्र होते हैं, उपेक्षित रहते हैं, व्यवसाय या रोजगार में उनको स्थान नहीं दिया जाता है। वे गा-बजाकर या नाचकर खुशी के अवसर पर नेग के लिए झगड़ते दिखायी पड़ते हैं। टी. वी., साहित्य या फिल्म में भी इनकी स्थिति यथावत् रखी गयी है। उनमें से कई वेश्यावृत्ति को अपना लेते हैं और गम्भीर रोग से पीड़ित होकर भीख माँगकर गुजारा करते दिखायी पड़ते हैं। अब जनगणना में इनके नाम के समक्ष T अर्थात् ट्रान्सजेण्डर लिखा जायेगा। पहले ये अदर्स की श्रेणी में डाले जाते थे। न्यायालय ने इन्हें ओ.बी.सी. की श्रेणी में रखने की पहल की है जिससे इन्हें सर्विस में आरक्षण का लाभ मिलेगा। उनके उन्नयन के लिए जरूरी है कि शिक्षा की समुचित पहल हो तथा समाज का नजरिया बदले। अब चुनाव में ये प्रत्याशी बनने लगे हैं, एक-दो जीते भी हैं। इनका प्रतिनिधित्व बढ़ना चाहिए जिससे उनके जीवन में सुधार हेतु अपेक्षित प्रयास किये जा सकें।

एक रिसर्च के अनुसार स्त्री के मस्तिष्क में दाहिना और बायाँ गोलार्द्ध ज्यादा सक्रिय रहता है जिसकी वजह से वे एक समय में कई काम कर पाती हैं जबकि पुरुषों के

मस्तिष्क में हर काम के लिए एक खास जगह तय होती है और वे एक समय में एक ही काम कर पाते हैं। पुरुषों के न्यूरोकेमिकल्स बताते हैं कि वे वफा करेंगे, निभायेंगे या बेवफा होंगे। उन पर भरोसा किया जाये या नहीं यह बात उनकी एक जीन तय करती है जो सत्रह अलग-अलग आकारों में होती है। सबसे लम्बी जीनवाले पुरुष भरोसेमन्द होते हैं। स्त्रियों में निर्भरता का कारण भी यही जीन है। उनका मस्तिष्क चेहरे को पढ़ने की अद्भुत क्षमता रखता है। वे पुरुषों की तुलना में चार गुना ज्यादा रोती हैं। दर्द झेलने और उबाऊ कार्य करने की क्षमता स्त्रियों में पुरुषों से अधिक होती है। स्त्रियों के सम्बन्ध में कुछ अन्य बातें भी कही जाती हैं जैसे सामान्यतया एक महिला जीवनभर में जितना समय दर्पण देखने में लगाती है वह दो वर्ष का होता है जबकि पुरुष केवल छह माह का समय लगाता है। इसी प्रकार एक स्त्री औसतन चौबीस घण्टे में लगभग सात हजार शब्द बोलती है जबकि पुरुष दो हजार से कुछ अधिक। ये कथन पूर्णरूप से प्रामाणिक नहीं हैं अतः यही कहा जा सकता है कि इस पर शोध की आवश्यकता और है। फिर भी सामान्यतया स्त्रियाँ पुरुष की अपेक्षा तैयार होने में अधिक समय लगाती हैं तो स्वाभाविक है कि दर्पण देखने में, साज-सज्जा करने में उन्हें अधिक समय लगता है। इसी प्रकार स्त्रियाँ पुरुषों की अपेक्षा अधिक वाचाल होती हैं अर्थात् वे बातें ज्यादा करती हैं। इसके अपवाद भी कई हो सकते हैं पर ज्यादातर केसेज में ऐसा पाया जाता है। अतः ये कथन भले ही पूर्ण सत्य न हों पर सत्य के निकट हैं।

स्वीडन में कार्नोलिस्का संस्थान की खोज के अनुसार किसी महिला के सामान्य जीन्स में भिन्नता हो तो सफल वैवाहिक जीवन केवल पचास प्रतिशत सम्भावित है। यह जीन तलाक, वैवाहिक जीवन में उथल-पुथल और ऑक्सीटोसिन हार्मोन के असन्तुलित होने के लिए उत्तरदायी है। ला मारटाइन का कथन है–"सम्पूर्ण महान् वस्तुओं के मूल में नारी का वास होता है।" इसे इस रूप में भी देख सकते हैं कि अधिकांश महान् एवं सफल पुरुष के जीवन में कहीं-न-कहीं नारी होती है। उम्मीद संस्था की ओर से पीड़िताओं को सहयोग करने हेतु उत्तर प्रदेश के लखनऊ के हर मुहल्ले में वीरांगना वार्डन और वीरांगना समूह का गठन किया जा रहा है। 12 सितम्बर, 2015 को दो सौ महिलाओं ने वीरांगना की उपाधि प्राप्त की। इस अभियान की सफलता में प्रिया यादव, बबीता सिंह, सत्या सिंह, आर. जे. अपराजिता, आराधना सिंह और बलबीर सिंह आदि सहयोग दे रहे हैं। अमेरिका में लगभग 105 वर्ष पूर्व पहली महिला पुलिस कर्मी की नियुक्ति हुई थी। सृजन फाउण्डेशन की ओर से उत्तर प्रदेश की राजधानी लखनऊ में आयोजित महिला पुलिसकर्मियों के सम्मान-समारोह में पूजा सिंह, वैशाली सिंह, अनीता यादव, सावित्री गिरी, उमा पाठक, इशरत अली, सुधा पाल और सत्या सिंह सम्मानित की गयीं। वर्ष 2015 के सितम्बर माह में साथ ही चाइल्ड लाइन की ऐम्बैसेडर अंकिता, शिवानी और नमिता का सम्मान किया गया। ब्रेक थ्रू संस्था द्वारा बेल बजाओ अभियान प्रारम्भ किया गया है। इस योजना में संचालित वैन के माध्यम से जगह-जगह

पर लोग नुक्कड़ नाटक, खेल और लघु फिल्मों द्वारा महिलाओं के विरुद्ध हो रही हिंसा के प्रति जागरूक करेंगे। यह बात इम्प्लीमेण्टेशन मैनेजर कृति प्रकाश ने बताया है।

चीन की एक यूनिवर्सिटी में दोस्त बनाने और डेटिंग के लिए पाठ्यक्रम शुरू किया गया है जिसमें थ्योरी, प्रेक्टिकल और सोशल इटिकेट्स के बारे में बताया जायेगा। विश्व में वृद्धजन के लिए सबसे उत्तम जगह स्विट्जरलैण्ड है। 96 देशों की सूची में भारत 71वें पायदान पर है। हेल्प एज इण्टरनेशनल द्वारा पार्टनरशिप में किये गये 'ग्लोबल एज वाच इण्डेक्स 2015' के अन्तर्गत किये गये अध्ययन से प्राप्त निष्कर्ष के अनुसार। क्रेडिट सुइस रिसर्च की रिपोर्ट के अनुसार महिला सी.ई.ओ. की नियुक्ति की दृष्टि से भारत कई विकसित देशों से आगे है। महिलाओं की नियुक्ति का वैश्विक प्रतिशत 3.9 है जबकि अमेरिका में 3.5 प्रतिशत ही है और भारत में 8.9 प्रतिशत है। उच्च प्रबन्धन में महिलाओं की संख्या 12.9 प्रतिशत है। इसका अर्थ यह है कि महिलाओं को जिम्मेदारी सौंपने के विचारों का अभी भी अभाव है। फ्रान्स, जर्मनी और जापान आदि कई ऐसे देश हैं जहाँ महिला सी.ई.ओ. हैं ही नहीं। कहा जाता है कि समाज में महिला विरोधी भाव तिरोहित होते जा रहे हैं पर आँकड़े इस कथन को झुठलाते हैं और सच्चाई को उजागर करते हैं। हाँ, इतना अवश्य है कि महिलाओं में आर्थिक आत्मनिर्भरता बढ़ी है जिससे यह आशा बढ़ती है कि महिलाओं की प्रगति अवश्यम्भावी है।

आज महिलाएँ विभिन्न क्षेत्रों में, यथा विज्ञान, प्रौद्योगिकी, तकनीकी, शिक्षा, पुलिस, रक्षा, प्रबन्धन एवं चिकित्सा आदि अपनी योग्यता का परचम लहरा रही हैं। लोक सभा एवं विधान सभा में उनके आरक्षण का मसला अभी भी अधर में है। उनके विरुद्ध अपराधों में काफी बढ़ोतरी भी हुई है जो चिन्तनीय है। कड़े कानून बनने के बाद भी उसका सही इम्प्लीमेण्टेशन नहीं हो सका है। आवश्यकता है उनके प्रति नजरिये में परिवर्तन की, उन्हें सहयोग देने की तथा प्रोत्साहन की तभी महिला सशक्तीकरण यथार्थ रूप में चरितार्थ होगा।

●

हिन्दी साहित्य में महिला साहित्यकारों द्वारा नारी स्वरूप का चित्रण

नारी के विविध स्वरूप हैं, यथा—माँ, बहन, पत्नी, प्रेमिका एवं पुत्री आदि। उसकी व्यथा की कथा असीमित है। उसका चित्रण केवल स्त्री के रूप में ही अपेक्षित नहीं है अपितु मानवी के रूप में प्रतिष्ठित किये जाने की आवश्यकता है। प्रगतिवाद से भ्रमित होकर उसकी अत्याधुनिकता ने उसे दिशाहीन भी बनाया है जिससे वह मूल्यों की पोषक की अपेक्षा मूल्यविहीन दिशा की ओर अग्रसर हुई है। साहित्यिक चिन्तन में नारी का आश्रित, पूरक और उच्च स्वरूप दृष्टिगत होता है। आधुनिक हिन्दी साहित्य में महिला साहित्यकारों की एक लम्बी शृंखला है जिन्होंने काव्य, कहानी, नाटक, निबन्ध एवं उपन्यास आदि साहित्य की विभिन्न विधाओं में नारी के विविध स्वरूपों को रूपायित किया है लेकिन वह संगठित होकर समूह में पुरुष समुदाय के विरुद्ध प्रयास करती दृष्टिगत नहीं होती है। महिला साहित्यकारों में कतिपय नाम इस प्रकार हैं—महादेवी वर्मा, अमृता प्रीतम, शिवानी, मन्नू भण्डारी, मृणाल पाण्डे, ममता कालिया, मृदुला गर्ग, सुभद्रा कुमारी चौहान, उषा प्रियम्वदा, सुमित्रा कुमारी सिन्हा, मेहरुन्निसा परवेज, सिम्मी, हर्षिता, मणिका मोहिनी, रेंजी पनिक्कर, मालती परुलधर, शशिप्रभा शास्त्री, डॉ. माजदा हसन, स्नेह लता, पद्मा शर्मा 'साधिका', कंचन लता सब्बरवाल, चन्द्रकिरन सोनरिक्सा, अचला नागर, मालती जोशी, कमला चौधरी, विद्यावती कोकिल, अमृता सचदेव, कृष्णा सोबती, निरूपमा सेवती, सरोजिनी कुलश्रेष्ठ, कृष्णा अग्निहोत्री, सई परांजपे, मृदुला साराभाई, नासिरा शर्मा, शान्ता सिन्हा, दीप्ति खण्डेलवाल एवं सत्यवती मलिक आदि।

साहित्य में नारी की अस्मिता एवं सम्मान की रक्षा का प्रयास भी अपेक्षाकृत कम हुआ है। उसके द्वारा भोगे यथार्थ की प्रस्तुति समुचित रूप में नहीं हो पायी है। उसके समूह स्वरूप को यथोचित रूप से नहीं उकेरा जा सका है। युगानुरूप एवं मूल्यपरक उसकी छवि के चित्रण किये जाने की आवश्यकता साहित्य में है। हिन्दी साहित्य में पुरुष एवं नारी के स्वरूपों की व्याख्या करने में पृथक्-पृथक् मानदण्ड अपनाये गये हैं। नारी के चित्रण में या तो उसको अबला माना गया है जिसका अश्रुमय इतिहास है या

वह त्याग एवं आदर्श की प्रतिमूर्ति के रूप में वर्णित है। उसका केवल सौन्दर्यात्मक पक्ष ही नहीं है बल्कि मानवीय संवेदनाओं से ओत-प्रोत है जिसमें कर्त्तव्य, मूल्य, अन्तर्द्वन्द्व, संघर्ष, किंकर्त्तव्यविमूढ़ता, सामाजिक-पारिवारिक चेतना, त्याग एवं समर्पण आदि विविध पक्ष समाहित हैं। नारी का सतही एवं बाह्य रूप से किये गये चित्रण का प्रभाव कम ही होता है। हमारा इतिहास अत्यन्त प्राचीन है जिसमें निरंकुशता, सामन्तवादी प्रवृत्तियाँ, शोषण, जटिलता, सामाजिक विरोधाभास, विघटन, सजगता एवं लोकतन्त्र सम्बन्धी प्रवृत्तियाँ भी रही हैं। पुरुष की अपेक्षा नारी के विरह का वर्णन अधिक हुआ है। परकीया प्रेम को अधिक उजागर किया गया है। उसके अन्य स्वरूप यथा—माँ, बहन और पुत्री आदि का सीमित वर्णन ही उपलब्ध होता है। स्वतन्त्रता के पश्चात् नारी-जागरण की स्थिति में परम्परा, उपभोग्य वस्तु और संकीर्णता को त्यागने के रूप में उसकी स्थिति ने पुरातन सीमाओं के दायरे को तोड़ा है, साथ ही, वह परमुखापेक्षी भी रही जिसमें संशय, अविश्वास, मानसिक द्वन्द्व, अनिश्चय और विरोध आदि निहित हैं। शिक्षा और आत्मनिर्भरता की ओर उन्मुख वह हताशा, सकारात्मकता, नकारात्मकता, कुण्ठा एवं हीनता से भी ग्रस्त रही है। वह विभिन्न विषयों पर वाणी मुखर करती है लेकिन स्वयं के सम्बन्ध में संवाद कम करती है, कारण यह है कि वह रूढ़ियों, बन्धनों एवं गढ़े गये आदर्शों से विमुख नहीं हो पायी है जिससे उसमें आत्मचेतना उपयुक्त ढंग से प्रस्फुटित नहीं हो पायी है। इस पितृसत्तात्मक समाज में खींची गयी लक्ष्मण रेखा का उल्लंघन करने का साहस वह आज भी नहीं जुटा पाती है। प्रगतिशीलता की ओर अग्रसर नारियों की संख्या सीमित ही है क्योंकि वे समस्त नारी जाति का प्रतिनिधित्व नहीं करती हैं कारण अधिकांश नारियाँ निर्धनता में रोजी-रोटी की समस्या से जूझ रही हैं। उनके लिए आदर्शवादी व्यवस्था गढ़ना दोहरी मानसिकता का परिचायक है क्योंकि पुरुष स्वयं के लिए इस प्रकार की सीमाओं का निर्धारण नहीं करते हैं। नारी ने जिजीविषा को जीवित रखते हुए स्वतन्त्र अस्तित्व के लिए चेष्टा की है जिससे समाज में क्रान्ति हुई है और इसकी झलक साहित्य में दृष्टिगत होती है जिससे निजता और स्वतन्त्र अस्तित्व बनाये रखने में उसे सफलता भी मिली है। उसकी संवेदनशीलता, जुझारूपन, शोषण से मुक्ति का प्रयास और विवेकशीलता को साहित्य में स्थान मिला है, साथ ही, हीनता परवशता, असहाय और शोषित स्वरूप को भी साहित्य में रेखांकित किया गया है।

हिन्दी काव्य में नारी का स्वरूप अभिसारिका के रूप में अभिव्यक्त हुआ है जिसमें स्थूल प्रेम या रमणशीलता को प्रधानता दी गयी है पर इसी के साथ शिक्षा, सामाजिक और सांस्कृतिक प्रतिभागिता को भी स्थान दिया गया है जिससे उसकी सामाजिक चेतना उद्भासित होती है। बीसवीं शताब्दी में अंग्रेजी का रोमाण्टिसिज़्म हिन्दी में छायावाद के रूप में आविर्भूत हुआ जिसमें नारी के उत्कृष्ट स्वरूप के दर्शन होते हैं। पाश्चात्य प्रभाव से यहाँ की नारी ने भी प्रगति की ओर कदम बढ़ाये और वर्ग-संघर्ष की पीड़ा को अनुभूत किया जिससे उसका जीवन्तस्वरूप देखने को मिला। विभिन्न प्रकार के दबाव, चाहे वे राजनीतिक हों या आर्थिक, सामाजिक हों या पारिवारिक, ने भी उनके व्यक्तित्व को

प्रभावित किया है फिर भी साहित्य में अधिकतर नारी के मांसल सौन्दर्य का वर्णन देखने को मिलता है।

वैदिक काल में नारी की स्थिति उत्तम थी उसके पश्चात् उसके अधिकार छिनते गये और बन्धनों का बोझ डाला गया। उसकी स्थिति पराश्रित एवं असहाय की बनी। मध्यकाल में स्थिति दयनीय होती गयी। साहित्य में भी उसके दूषित स्वरूप का वर्णन मिलता है। रीतिकालीन युग में उसके सौन्दर्य को ज्यादा उकेरा गया। आधुनिककाल में उसके अबला होने की करुणा का वर्णन है साथ ही श्रद्धा की पात्री के रूप में भी वर्णन किया गया। सुभद्रा कुमारी चौहान ने नारी के वीरांगनास्वरूप का वर्णन इस प्रकार किया है–

"खूब लड़ी मर्दानी वह तो झाँसीवाली रानी थी।"

महीयसी महादेवी वर्मा ने नारी के जीवन में अभाव, दुःख-दर्द और जिजीविषा की कमी को अपने काव्य में प्रस्तुत किया है। साहित्य में ज्ञान पक्ष की अपेक्षा भाव पक्ष का अधिक महत्त्व है।

कवयित्री स्नेहलता ने अपनी कृति 'गीत केवल गीत नहीं होते' के 'नारी' शीर्षक कविता में नारी को शक्ति का प्रतीक मानते हुए अभिव्यक्त किया है–

"नारी को कोमल मत समझो, नारी तो शक्तिस्वरूपा है।"

नारी अपने वीरानेपन से सन्त्रस्त है, उसकी कामना है किसी प्राणप्रिय के संग-साथ का जो उसे मनमोहक बना सके और सुसज्जित कर सके। इन भावों की अभिव्यक्ति 'स्नेह सुरभि' कृति के 'कैक्टस' शीर्षक कविता में इस प्रकार की गयी है–

"मैं स्वयं अपने वीराने से तंग हूँ, प्रतीक्षित हूँ एक सौन्दर्यवेत्ता की
जो मुझे यहाँ से ले चले, सजा ले मुझे अपने गुलदस्ते में।"

अभिप्राय यह है कि नारी अपने सुनहरे भविष्य के प्रति आशा सँजोये है। एक अन्य कृति 'रवि-रश्मि' की 'अपनेपन की खोज' शीर्षक कविता में नारी दुःख से सन्त्रस्त होकर अपनापन खोजती दृष्टिगत होती है। इसकी यह पंक्ति उद्धरणीय है–

"बोझिल मन, बोझिल तन, ढूँढ़ता है कहीं अपनापन।"

इसमें नारी के मर्म और आत्मीय की खोज का अद्भुत् समन्वय दृष्टिगत होता है।

सुश्री पद्मा शर्मा 'साधिका' ने नारी के उज्ज्वलस्वरूप का वर्णन इन पंक्तियों में किया है–

"शौर्य की स्रष्टा है नारी, ओज की प्रतिमा स्वयं,
कौन कहता है कि इसके बाजुओं में दम नहीं।
त्याग, निष्ठा, प्रेम, करुणा का, असीमित कोण है,
ज्ञान गरिमा, बुद्धि कौशल, में किसी से कम नहीं।।"

श्रीमती माधवी लता शुक्ला ने नारी के स्वरूप को निम्न पंक्तियों में सार्थक ढंग से अभिव्यक्त किया है जो अवलोकनीय है–

"सबल नारी ने पिये जब अश्रु तो दूध उसके वक्ष में अमृत हुआ।
हो गयी सन्तान उसकी देवता, ज्ञान-संयम-शक्ति की संचेतना।।'

इसी प्रकार अन्य कवयित्रियों ने नारी के विविध स्वरूपों का अपने-अपने ढंग से हृदयग्राही वर्णन किया है।

साहित्य की विभिन्न विधाओं में नारी के विभिन्न प्रकार के स्वरूप जो वर्णित हैं उनसे नवीन आशा, सम्भावना और विकास को दृष्टि मिली है। इसमें विशृंखलित होती मान्यताएँ, दाम्पत्य जीवन के परस्पर सम्बन्धों का सूक्ष्म विश्लेषण और अधिकार के लिए संघर्ष करती नारी को स्थान दिया गया है। कृष्णा अग्निहोत्री के उपन्यास 'बात एक औरत की' की नायिका विद्रोह की ओर अग्रसर है, वह पति को सर्वस्व नहीं समझती है और परिस्थितिवश पति से तलाक लेकर नये जीवन की ओर बढ़ती है, आत्मीय सम्बन्ध मिलने पर पुनर्विवाह करती है और ज्ञात होने पर कि उसे जबरन सेक्स आब्जेक्ट बनाया जा रहा है वह विद्रोह कर बैठती है क्योंकि वह अपने ढंग से जीवन जीना चाहती है। एक ही छत के नीचे रहनेवाले दो विषमलिंगीय प्राणियों में प्रेम और घृणा का स्वरूप स्थितिवश उत्पन्न हो सकता है जिससे अलगाव सम्भव हो जाता है। जरूरी नहीं कि नारी पति के अत्याचार को सहन करे अपितु देह धर्म और आत्मिक स्वर को प्रमुखता प्रदान कर जीवनयापन की ओर बढ़ा जा सकता है। पति का त्याग आवश्यक नहीं है, घर में ही रहकर संघर्ष किया जा सकता है अपने अधिकारों के लिए। उसकी निज की भावनाएँ होती हैं अतः उसको सम्मान या महत्त्व देना पुरुष का भी धर्म है। हिन्दी की कहानियों और उपन्यासों में नारी का मनोवैज्ञानिक सूक्ष्म विश्लेषण कथानक में देखने को मिलता है साथ ही उसके अन्तर्द्वन्द्व,. त्रासदी, विसंगतियों एवं संवेदनाओं का व्यापक वर्णन किया गया है। विवाहेतर सम्बन्ध को स्त्री और पुरुष दोनों के सन्दर्भ में समान दृष्टि से देखा जाना चाहिए। आज की नारी शोषित बने रहने की विवशता को स्वीकार करने के लिए तैयार नहीं है। उसमें स्वत्व व अहम् की भावना है। साहित्य में नारी के उपयुक्त स्वरूप का चित्रण होना चाहिए जो यथार्थ के धरातल पर हो, आदर्शोन्मुख हो, व्यावहारिक हो जिससे समाज निर्माण सम्भव हो सके।

साहित्यकार मृणाल पाण्डे का कहना है कि पुरुष लेखकों से यह बात नहीं पूछी जाती है कि वे किस विषय पर लिखें लेकिन महिला लेखकों से अपेक्षा की जाती है कि वे सेक्स, रिश्ते और राजनीति पर न लिखें। उनकी 'लेडीज' शीर्षक कहानी में नायिका को दंगों में पीड़ित बच्चों के प्रति सहानुभूति जताते हुए दर्शाया गया है। आशापूर्णा देवी ने 'उत्तर पत्र' शीर्षक कहानी में नायिका को बास के साथ लिफ्ट से उतरते एवं मार्केटिंग के लिए जाते दिखाया गया है। इस प्रकार सर्विस की विवशता में अधिकारी के सान्निध्य और चकाचौंध को अभिव्यक्ति दी गयी है। उनकी कहानियों में पति-पत्नी को कहा-सुनी करते देखा जा सकता है। मालती जोशी ने 'मध्यान्तर' शीर्षक कहानी में नायिका को बॉस के प्रति आकृष्ट होते दिखाया है और जब वास्तविकता से वह परिचित होती है तो भ्रम का अन्त हो जाता है और पति की बाँहें उसे याद आती हैं। कहानीकार

शिवानी ने 'तिलपात्र' शीर्षक कहानी में दहेज जुटाने के लिए पति-पत्नी में कलह का चित्रण किया है साथ ही घरेलू हिंसा के रूप में पति के द्वारा पत्नी को मार डालने की घटना को स्टोव से आग लग जाने और मृत्यु हो जाने की बात प्रचारित की जाती है। चित्रा मुद्‌गल की 'फातिमा' शीर्षक कहानी में शैला फेल होने पर घर से भाग जाती है और परिस्थितियों के थपेड़े से वह फातिमा के कोठे पर पहुँच जाती है तथा नाम बदलकर वेश्यावृत्ति को अपना लेती है।

कहानीकार स्नेहलता की 'व्यक्त अव्यक्त' कृति की 'दायरे' शीर्षक कहानी में नायिका सीमा नायक के प्रति आकर्षण से स्वयं को आबद्ध पाती है पर उसके स्वर मुखरित नहीं हो पाते हैं यद्यपि वह नायक का स्वयं के प्रति लगाव को गहराई से अनुभूत करती है और अन्त में वह प्रस्थान करती है यह सोचकर कि न कोई भ्रम बने न टूटे। इस प्रकार के यथार्थ को बहुत-से लोग महसूस करते हैं जिसका कोई समापन नहीं हो पाता है। मंजुला भगत की कहानी 'अनारो' में निम्न वर्ग की नारी का चित्रण किया गया है। ऋता शुक्ला की एक कहानी 'अमरो' है जिसमें एक बालिका का चित्रण है जो दिन-रात परिश्रम करती है, परिवार का भरण-पोषण करती है और बीमार पड़ने पर उपचार के अभाव में उसकी मृत्यु हो जाती है। इस प्रकार निर्धनता की विरूपता का सजीव एवं मार्मिक चित्रण हुआ है इस कहानी में। आज की नारी की विविध समस्याएँ हैं जैसे तलाकशुदा या परित्यक्ता होना, विधवा की स्थिति, विवाहपूर्व एवं विवाहेतर यौन सम्बन्ध, अविवाहित माँ लिव इन में रहने से या बलात्कार के फलस्वरूप और पति-पत्नी के बीच तीसरे का आगमन आदि जिसको साहित्य में कहानी या उपन्यास के माध्यम से विभिन्न महिला साहित्यकारों ने चित्रित किया है। आज की नारी गरिमामयी परिपूर्णता की ओर अग्रसर है। कहानी की अपेक्षा उपन्यास व्यापक होता है अतः उसमें नारी के जीवन के विभिन्न अनुभवों का सजीव एवं सूक्ष्म चित्रण अधिक सम्भावित होता है फिर भी कहानी के माध्यम से स्त्री के जीवन के विविध पहलुओं को सहजता से उकेरा जा सकता है।

नारी में गरिमा है, सौन्दर्य है, शक्ति है, मानवीय दुर्बलताएँ भी हैं। वह प्रेरणा है और दैवी गुणों से युक्त भी। सुश्री राज भटनागर 'देवयानी' ने नारी को पुरुष, परिवार और समाज की शक्ति माना है। शक्ति के आदिस्रोत नारी के सम्बन्ध में उनकी ये पंक्तियाँ द्रष्टव्य हैं:—

"तुम हो दुर्गा, जगत्राहिणी, हो तुम त्रिभुवन विजयिनी।
हो तुम तो जगकल्याणी, हो तुम तो सिंहवाहिनी।।"

औपन्यासिक दृष्टि से ज्ञात होता है कि हिन्दी के पूर्व उपन्यासों में नारी को गरिमामयी स्थान कोई विशेष प्राप्त नहीं हुआ फिर भी कतिपय नारी पात्रों में स्वतन्त्रता की उद्‌दाम ललक अवश्य रही। नारी की स्वतन्त्रता की चाह वास्तव में उसकी शाश्वत यौवनावस्था है। उसकी विभिन्न समस्याओं का उल्लेख अवश्य हुआ पर उसकी निजतावाले अस्तित्व का उल्लेख समुचित ढंग से नहीं हुआ। स्वतन्त्रता-प्राप्ति के पूर्व

राजनीतिक एवं सामाजिक उथल-पुथल थी जिसका प्रभाव यह रहा कि स्त्रियों ने घर की सीमा से बाहर आकर सामाजिक और राजनीतिक योगदान दिया। रेंजी पनिक्कर के उपन्यास 'महानगर की मीना' और डॉ. नीलिमा सिंह के दो उपन्यास 'स्वीकार है मुझे' तथा 'सत्य के शेषांश में' में स्त्री पात्र आत्मनिर्भरता की ओर उन्मुख हैं। मूल्यों का ह्रास भी है और नारी का अहम् भी जागृत रूप में है। उसने यह जाना कि दूसरों पर निर्भर रहना निराशा को आमन्त्रित करना है। उषा प्रियम्वदा की 'पचपन खम्बे, लाल दीवारें' में दहेज की त्रासदी को दर्शाया गया है जिसमें अविवाहित रहते हुए जीविकोपार्जन करना तथा परिवार का भरण-पोषण करते रहने से परिवार के सदस्यों की स्वार्थलिप्सा का वर्णन किया गया है। कहने को तो नारी को पुरुषों के बराबर अधिकार मिल गये हैं पर वास्तविकता यह है कि आज भी बहुतेरी अपनी पैतृक सम्पत्ति में अधिकार से वंचित हैं। कई उपन्यासों में नारी की विवशता, दाम्पत्य जीवन की दरार और दारुण यातना का मार्मिक चित्रण मिलता है। उपन्यास में मानव चरित्र का चित्रण होता है जब कि कहानी में एक घटना के इर्द-गिर्द ही अन्य सभी बातें होती हैं। मन्नू भण्डारी के उपन्यास 'आपका बण्टी' में एकल परिवार और अर्थोपार्जन में जुटी स्त्री तथा फलस्वरूप बालक के पालन-पोषण की समस्या का सटीक चित्रण है। आज भी नारी परिवार को बिखरने से बचाने को उद्यत है और इसके लिए वह त्याग करती है, समझौतापरस्त बनती है भले ही परम्परागत मानसिकता से वह आबद्ध रहे। आधुनिक उपन्यासों में आत्मनिर्भर नारी के थकी-हारी घर आने पर यौनिक सम्बन्ध के प्रति अनिच्छा एवं तज्जनित तनाव का विश्लेषण, मार्मिक ढंग से किया गया है। उषा प्रियम्वदा के 'रुकोगी नहीं राधिका' शीर्षक उपन्यास में नारी की अस्मिता, सजगता, अर्थवत्ता, निजता और सामाजिक चेतना आदि आयाम परिलक्षित होते हैं। वीमेन लिबर्टी आन्दोलन ने भी चिन्तन को नयी ऊँचाइयों तक पहुँचाया है जिसमें मुक्त प्रेम और यौनाचार निहित हैं और उपन्यासों में चित्रित भी हैं। नारी को यौनाकर्षण का केन्द्र बनाया जाना अभीष्ट नहीं है और न ही स्वच्छन्द दिखाया जाना अपितु उसे सामाजिक चेतना से युक्त, स्वतन्त्रता की पोषक, सहयोगिनी तथा पथ-प्रदर्शन के रूप में अंकित किया जाना समीचीन होगा।

छायावाद की स्तम्भ महादेवी वर्मा की रचनाओं में नारी की सरसता, कोमलता, दैन्य, मूल्य की पोषकता, संस्कृति एवं अनुभवजन्य अनुभूति का सजीव चित्रण मिलता है। समाज में व्याप्त कुरीतियाँ एवं प्रथाएँ जीवन की विषमताएँ और समस्याएँ, श्रम, शिक्षा-अशिक्षा, अभाव एवं विरोधाभास आदि के नारी-जीवन पर प्रभाव को अभिव्यक्ति दी है ख्यातिप्राप्त स्थापित एवं उदीयमान लेखिकाओं ने। आज की नारी अपने उत्थान के लिए संघर्षरत है। उसने विभिन्न क्षेत्रों में कीर्त्तिमान् स्थापित किया है। महिला साहित्यकारों ने नारी की दशा-दुर्दशा का जो वर्णन किया है उससे संस्कृति का संरक्षण ही हुआ है, उसे गरिमा मिली है, मूल्यों का सृजन हुआ है साथ ही कल्याण की भावना से ओत-प्रोत है।

डॉ. कुसुम श्रीवास्तव की कहानी 'आठ दिन की जिन्दगी' अत्यन्त मार्मिक है जिसमें बाहर कार्यरत पुत्र अपने परिवार के साथ रहता है, वृद्ध माता-पिता को निमन्त्रित करता है आकर रहने के लिए, वे हर्षपूर्वक तैयारी करते हैं। आठवें दिन पत्र आता है जिसमें आया के मिल जाने का उल्लेख होता है साथ ही न आने की आवश्यकता का सन्देश भी। सिम्मी हर्षिता के 'सम्बन्धों के किनारे' शीर्षक उपन्यास में किशोरवय की लड़की का चित्रण है, उसकी माँ साहूकार का कर्ज चुकाने के लिए रात्रि में दरवाजे खोल देती है साहूकार के लिए लड़की को ले जाने हेतु। शोर मचने पर साहूकार असफल हो जाता है पर वह कन्या 'बिकी हुई' शब्द के कलंक से अभिशप्त एवं एकाकी जीवनयापन करते हुए जीवन-संघर्ष में सफल होकर आत्मनिर्भरता की ओर उन्मुख हो जाती है। साहित्य में नारी की उपेक्षा, सन्त्रास, पीड़ा, वर्जनाएँ, शोषण, लांछन, अत्याचार और विवशता का वर्णन अधिक मिलता है अपेक्षाकृत सजगता और कर्मठता के। कतिपय लेखिकाओं ने आधुनिकता की होड़ में अतिवाद को अधिक महत्त्व दिया है जो यथार्थ का चित्रण नहीं करते हैं। वर्तमान में नारी एकाकीपन, अस्वीकृति, उपेक्षा, अन्तर्द्वन्द्व, मान्यताओं, परम्पराओं और नये मूल्यों को अपनाने की राह में कठिनाई के दंश से जूझ रही है। साहित्यकार शिवानी की 'कृष्ण कली में' नायिका जीवन-भर स्व एवं स्वतन्त्रता को महत्त्व देती रही। वह कोढ़ग्रस्त दम्पति की सन्तान है। परिस्थितियों के वशीभूत होकर वह गाँजे का सेवन करती है और अन्ततोगत्वा नींद की गोलियाँ खाकर अपनी इहलीला समाप्त कर देती है। उनके दूसरे उपन्यास 'चौदह फेरे' में नायिका, कर्नल से अनैतिक सम्बन्ध के होते हुए भी निजता बनाये रखती है और निज चेतना को महत्त्व देती है। वह फेरों की अपेक्षा हनीमून को अधिक महत्त्व देती है।

मृदुला गर्ग की कहानी 'तुक' में नायिका पति और विवाह को हेय समझती है। उसकी दृष्टि में पति से प्रेम करना असंगत है। वह पति को समाज में जीवनयापन का एक अंश मात्र मानती है क्योंकि इससे उसे व्यस्तता और धन दोनों प्राप्त होते हैं। उषा प्रियम्वदा की 'प्रतिध्वनियाँ' में नायिका तलाक प्राप्त कर लेने के बाद स्वतन्त्र होने का बोध करती है। ममता कालिया ने 'किशोर मन की साध' में एक ऐसी लड़की का चित्रण किया है जो हाईस्कूल में अनुत्तीर्ण इसलिए हो रही है क्योंकि उसे ज्ञात है कि हाईस्कूल के पश्चात् उसकी आगे की पढ़ाई नहीं होगी और विवाह कर दिया जायेगा।

दीप्ति खण्डेलवाल की 'हहन्वा' में प्रेम के परम्परागत स्वरूप का उपहास किया गया है। शान्ता सिन्हा की 'यूक्लिपटस' और 'दो छोटी हवाएँ' में स्त्री-पुरुष के सम्बन्ध में उत्पन्न तनाव और कुण्ठा का विश्लेषणात्मक वर्णन है। निरूपमा सेवती की कतिपय कहानियों में विवाह के द्वारा नारी का शोषण होता है तथा उसके व्यक्तित्व की स्वतन्त्रता में बाधा आती है। वह परिवर्तन चाहती है और टेस्ट बदलने में विश्वास रखती है। मणिका मोहिनी की 'ढाई आखर प्रेम का' की नायिका पति के औचित्य को मन से नहीं स्वीकारती है। वह उसे बकवास मानती है आदर्श स्थिति नहीं मानती है। कतिपय कहानियों में मातृत्व के प्रति विरक्ति प्रतिबिम्बित होती है। नारी के लिए प्रेम स्वाभाविक है। यह एक से हो सकता है तथा एक से ज्यादा व्यक्तियों से भी। पाप-पुण्य

की मीमांसा करने की आवश्यकता नहीं है। ममता कालिया की 'बेघर' में उपजे सन्देह के कारण दाम्पत्य जीवन टूट जाता है। कतिपय कहानियों में स्त्री-पुरुष के सेक्स सम्बन्धी स्वरूप का आधुनिकीकरण है। शशि प्रभा शास्त्री की 'तंग गलियाँ' में स्त्री-पुरुष के सम्बन्धों के पुराने मिथक टूटते नजर आते हैं और नये सम्बन्ध तथा चेतना उजागर होते हैं। दीप्ति खण्डेलवाल की 'प्रेत' कहानी में इसी प्रकार के भाव को चित्रित किया गया है। सुधा अरोड़ा की 'स्टेपलर' और 'बगैर तराशे हुए' कहानी-संग्रह की कहानियाँ नारी-जीवन के एकाकीपन का बोध कराती हैं। कृष्णा सोबती की कहानी 'मित्रो मरजानी' में ईश्वर के प्रति अनास्था और पाप-पुण्य, धर्म-कर्म के प्रति अविश्वास को अभिव्यक्त किया गया है। वर्तमान लेखन में जीवन-मूल्यों की अपेक्षा अनुभवों को वरीयता दी गयी है। उनमें विद्रोह स्वर है और है परम्पराओं का अवमूल्यन। आधुनिकता त्याज्य नहीं है, ग्राह्य है पर ऐसी अतिआधुनिकता से विरत रहने का प्रयास लेखन में होना चाहिए जो मूल्यों की धज्जियाँ उड़ाते हैं।

नारी-जागरण का सूत्रपात 20वीं सदी में ही हुआ। वह अधिकार-प्राप्ति के लिए सजग हुई, उसने आन्दोलनों में प्रतिभाग किया तथा परम्पराओं के बन्धन से मुक्त होने हेतु उसमें विद्रोह के स्वर भी अंकुरित हुए। वह सामंजस्य न बैठा पाने के कारण पति से मुक्त होकर दूसरा नीड़ बसाने के प्रति तत्पर दिखायी पड़ती है। रेंजी पनिक्कर ने 'मोम के मोती' में स्पष्ट किया है कि पति-पत्नी के सम्बन्ध में यौन तृप्ति न मिले तो सम्बन्ध अर्थहीन हो जाता है। आधुनिक नारी पति को सुरक्षा कवच नहीं मानती है केवल मनबहलाव का साधन मानती है विशेष रूप से शिक्षित एवं सम्पन्न घर की नारी। शेक्सपियर का कथन है कि कुमारियाँ जब तक कुमारियाँ होती हैं नयी होती हैं पर उनके पत्नी बनते ही आकाश बदल जाता है। कतिपय उपन्यासों में नायिका वैवाहिक सम्बन्ध में शिथिलता पाकर यौन सम्बन्धों की तुष्टि में अग्रसर दिखायी पड़ती है। निरूपमा सेवती के उपन्यास 'पतझड़ की आवाजें' में नायिका के प्रति बॉस की सहानुभूति की पृष्ठभूमि में सेक्स सम्बन्ध स्थापित करना है और वह उसे आश्वस्त करता है कि यदि वह असुरक्षित महसूस करती है तो परिवार नियोजन के साधन का उपयोग कर ले जिससे सेक्स सन्तुष्टि प्राप्त किया जा सके। इसमें नारी का चित्रण उपभोग्य वस्तु के रूप में है। वास्तविकता यह है कि किसी से सेक्स सम्बन्ध स्थापित करने का अर्थ यह नहीं है कि वह उससे विवाह के लिए भी लालायित हो। आज का पुरुष भी नारी को बर्फ के रूप में नहीं बल्कि आग के रूप में देखने को आतुर है जिससे उसका पुरुषत्व जागृत हो और वह आलिंगन में आबद्ध करने के लिए तत्पर हो सके। ऐसे नारी पात्र का चित्रण भी साहित्य में दृष्टिगत होता है कि नारी प्रेम सम्बन्ध स्थापित करना चाहती है पर वह विवाह के रूप में परिणत हो, इसके लिए इच्छुक नहीं है। मूल्यों में ह्रास आने के कारण वह पुरुष मित्र से यौन सम्बन्ध स्थापित करने में हिचकती नहीं है। उसमें धर्म की रूढ़ियों से मुक्त होने की छटपटाहट है। पुरुष के समकक्ष होने के लिए कतिपय नारियाँ भी कइयों से सम्बन्ध स्थापित करने में झिझकती नहीं हैं। पुरुष नारी के जिस्म पर अधिकार समझते हुए जब-तब सेक्स सम्बन्ध स्थापित करता है जिससे नारी को

प्रतीति होती है कि वह रखैल है। कुछेक सोसाइटी गर्ल्स या कॉलगर्ल के रूप में होटल, क्लबों, हिल स्टेशन, डाक बँगले या कोठियों में विचरण करते दिखायी पड़ती हैं। परिवर्तन की लहर से प्रभावित अब शिक्षित विधवाएँ भी पुनर्विवाह करने में देर नहीं करती हैं। नारी के विभिन्न वर्ग हैं—जैसे पराश्रित, शिक्षित आत्मनिर्भर, पाश्चात्य सभ्यता से प्रभावित और विद्रोहिणी आदि। वे घर के चौके-चूल्हे तक ही सीमित नहीं रहतीं अपितु खुले वातायन में स्वतन्त्र जीवन विचरण हेतु भी जब-तब दिखायी पड़ती हैं।

उपन्यास-लेखन में शिवानी के नारी पात्र उच्च कुलीनता के पद पर ज्यादातर आरूढ़ दिखायी देते हैं लेकिन उनकी व्यथा को सजीव ढंग से प्रस्तुत किया गया है। उनकी 'सुरंगमा' कृति में लक्ष्मी का बेमेल विवाह होता है जिससे उसे जीवन-भर कष्ट और पश्चात्ताप की यन्त्रणा झेलनी पड़ती है। सुरंगमा माँ के जीवन से सीख लेती है और अविवाहित रहने का संकल्प भी लेकिन मन्त्री की रक्षिता बन जाना ही उसकी नियति है। 'रथ्या' की अल्हड़ ग्रामीण युवती कैबरे डान्सर बनने के बाद भी रोती दिखायी पड़ती है। अमृता प्रीतम ने नारी की परिस्थितिजन्य विवशता और मन की कामना का समन्वयात्मक रूप जाहिर किया है। नारी मन से जिसकी होती है, जरूरी नहीं कि तन का सम्बन्ध स्थापित हो जाने के बाद विवाह भी उसी से करे। उनके द्वारा सृजित नारी पात्र ममता ऊहापोह की स्थिति से गुजरती है क्योंकि मन किसी और को चाहता है पर पति को कैसे बतायें? क्योंकि सच जानकर पति का प्रेम तिरोहित हो जायेगा और न बताने पर वह कुण्ठाग्रस्त बनी रहेगी। इसी प्रकार एक अन्य पात्र सम्प्रदाय और धर्म के शिकंजे में जकड़ी है। नारी की यही नियति है कहीं समाज की जंजीरें हैं तो कहीं मजहब। पुरुष नारी के लूटने के लिए तत्पर रहता है। 'उनकी कहानी' में बारह वर्ष की बालिका की अस्मत लूटे जाने का चित्रण है और वेश्या रतना को बागी के साथ घर बसाने के लिए अपनी पुत्री को अन्यत्र पालन-पोषण हेतु भेजना पड़ता है। 'उनचास दिन' और 'दिल्ली की गलियाँ' कहानियों में नारी-मन के विभिन्न पहलुओं को जीवन्त किया गया है और बदनामी की त्रासदी को झेलते हुए नारी का वर्णन हृदय को उद्वेलित करता है। कृष्णा सोबती ने 'डार से बिछुड़ी' में पाशो के जीवन के उतार-चढ़ाव, संघर्ष और अन्तर्द्वन्द्व के चित्र को उकेरा है। शुभा वर्मा की 'फ्री लान्सर' में शहाना के माध्यम से पुरुष की स्वेच्छाचारिता में नारी के योगदान को दिखाया गया है। ममता कालिया की 'प्रेम कहानी' नारी-मन की व्यथा, नियति, निराशा और निर्णय की असमर्थता को उजागर करती है। चन्द्रकान्ता की 'अन्तिम साक्ष्य' में मीना के जीवन में सब-कुछ गँवा देने की त्रासदी चित्रित है। खँडहररूपी घर ही साक्ष्य है जो उसके जीवन के उतार-चढ़ाव को प्रतिबिम्बित करता है। मृदुला गर्ग की 'उसके हिस्से की धूप' की मनीषा स्वयं निर्णय लेने में सक्षम है। उसे जीवन्त पुरुष चाहिए, मात्र पति नहीं। इसलिए वह पति जितेन को छोड़कर प्रेमी मधुकर में वांछित पुरुष को खोजती दिखायी पड़ती है पर उसकी तलाश अधूरी रह जाती है फिर भी नारी के स्वतन्त्र अस्तित्व की चाह उजागर होती है इस कहानी में। मृणाल पाण्डे ने 'विरुद्ध' की रजनी के माध्यम से नारी-मन के संघर्ष को अभिव्यक्ति दी है। कहानियों और उपन्यासों में विभिन्न प्रकार की नारियों का

प्रस्तुतीकरण है जो अभिशाप और दुःख-दर्द को झेलते हुए सही राह खोजने की दिशा में प्रयत्नशील दिखायी पड़ती हैं। शोषण के विरुद्ध विद्रोह और उद्घोष विकास की यात्रा की प्रतीति कराते हैं। साथ ही नारी-चेतना भी उजागर होती है।

आज की नारी में चेतना है, अधिकार-बोध है, समस्याओं पर विजय पाने का अदम्य साहस है, चुनौतीपूर्ण कार्यों को स्वीकार करने की प्रवृत्ति है, जुझारूपन है और है पुरुष के समकक्ष होने की जिजीविषा। पुरुष की वह पूरक है, नये मूल्यों को स्वीकारती है, विकृत परम्पराओं के प्रति विद्रोह करती है, प्रेम, विरह, वैविध्यपूर्ण जीवन जीने की उत्कण्ठा और यौन सम्बन्धों के प्रति मुखरता है, इन्हीं सबका चित्रण कथा-साहित्य में किया जा रहा है। विवाह होना स्वाभाविक है पर अपरिहार्य नहीं। लिव इन रिलेशन भी उसे पसन्द है। कहीं-कहीं पर विवाह उसे बन्धन लगता है, एकनिष्ठ प्रेम और मुक्त प्रेम की अनुगामिनी भी बनना चाहती है। मृदुला गर्ग की 'उनकी कैद' में लिफ्ट में फँसे स्त्री और पुरुष शारीरिक सम्बन्ध बनाकर तृप्त होते हैं। मन्नू भण्डारी और कृष्णा सोबती की कहानियों में देह-सुख को प्रधानता दी गयी है। उषा प्रियम्वदा की 'चाँद चलता रहा' में रोहिणी अपने स्व को समाप्त कर देती है तथा 'जिन्दगी और गुलाब' में नारी कहती है—"अल्टीमेटली अपने को मार डाला मैंने, जब मैं किसी के साथ सोती हूँ मेरा एक अंश मर जाता है।" एक ओर मुक्त प्रेम है दूसरी ओर मन्नू भण्डारी की 'नशा' में नायिका के लिए पति का सुख सबसे ऊपर है, वह पति के निष्ठुर व्यवहार को सहती है तथा उसके नशा के लिए धन भी जुटाती है। सुधा अरोड़ा की 'स्वप्नजीवी' में तलाक पायी नायिका, युवक के प्रस्ताव को अस्वीकारती है और पति के प्रेम के स्वप्न को जीती है। मणिका मोहिनी की 'एक ही बिस्तर' में सम्बन्ध में अतृप्ति और उससे उत्पन्न कुण्ठा को उजागर किया गया है। इसी भाव से पूरित इन्दुबाली की भी कतिपय कहानियाँ हैं। केवल महानगरों में ही नहीं बल्कि कस्बे की नारियाँ भी पुराने चोले को उतार रही हैं, पूर्वापेक्षा उनमें सहिष्णुता कम हो रही है। शाश्वत मूल्य आज भी जीवित हैं पर बदलते मूल्य से भी नारी मोहग्रस्त है। हिन्दी के उपन्यास में हिप्पी संस्कृति के भी दर्शन होते हैं जहाँ बिना विवाह के बहुतों से सम्बन्ध स्थापित किये जाते हैं और दायित्व भी नहीं ओढ़ा जाता है। नारी की भावनाग्रन्थियों, प्रतिशोध, अन्तर्व्यथा, टूटने, बिखरने, लोक जीवन में रची-बसी तथा उदात्तस्वरूप का पर्याप्त रूप से चित्रण कथानकों में किया गया है। मालती परूलकर की 'इला' में नीरा पति से मुक्त होकर कुलदीप की बन्दिनी हो जाती है और गर्म चिमटों के दाग को दिखाती है। पूर्व के कथा-साहित्य को पारिवारिक पृष्ठभूमि से जुड़ा पाते हैं बाद में स्वतन्त्र चेतना और यथार्थ वर्णित है। महिला साहित्यकारों द्वारा समयानुरूप दिशा देने का प्रयास सतत रूप से जारी है जिससे नारी स्वरूप की अभिव्यक्ति बहुआयामी दिशा की ओर अग्रसर है, साथ ही, राष्ट्रीय भावना, शाश्वत मूल्य, एकता, सृजनात्मकता एवं चेतना आदि पक्षों को समाहित किये जाने और प्रमुखता देने की आवश्यकता भी है।

●